KB042711

超越主谓结构 —— 对言语法和对言格式

주술구조를 넘어서 ❷

중국어 대언문법과 대언격식

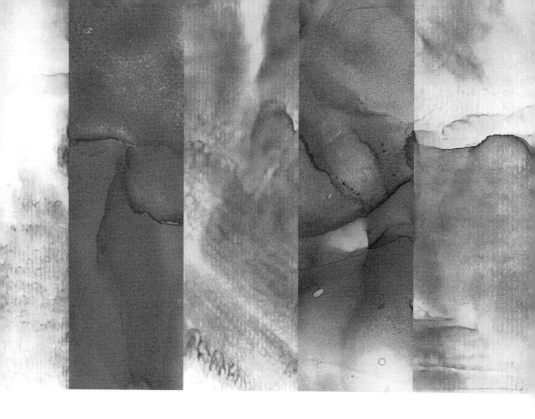

超越主谓结构 —— 对言语法和对言格式

주술구조를 넘어서 ❷

중국어 대언문법과 대언격식

선쟈쉬안沈家煊 지음 / 이선희 옮김

學古房

CHAPTER 13 다중대   203

CHAPTER 14 대언문법   249

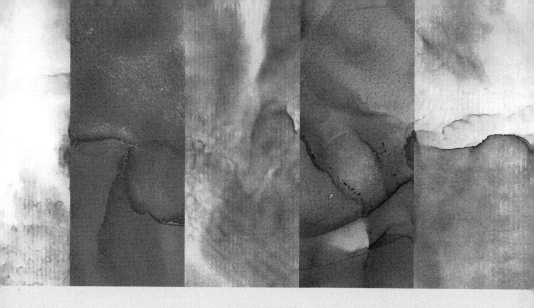

PART 2
주술구조를 넘어서

CHAPTER 09

지칭어대

언어에 대한 중국 자체의 전통적인 논술에는 주술구조, 관형어 - 중심어구조, 동목구조라는 용어와 개념이 사용되지 않았다. 만약 중국어가 이러한 구조를 가지고 있다고 말한다면, 이는 단지 인도유럽어와 억지로 비교한 견해일 뿐이다. 즉, 이들 구조가 나타내는 것과 유사한 의미관계가 중국어에도 있음을 가리킨다. 하지만 이들 의미관계는 형식적으로 고착화되지 않아서 위아래 문장에 의존해서 표현하고 이해해야 하는데, 그마저도 확실하지는 않다. Part1에서 '狗叫'와 '叫狗'의 예를 들었는데, 여기서 또 다른 예 '商铺出租'와 '出租商铺'를 보자. 전자는 주술(상가가 임대되다), 관형어 - 중심어(상가 임대), 부사어 - 중심어(상가로 임대하다)의 세 가지 문법관계가 있고, 후자는 동목(상가를 임대하다), 관형어 - 중심어(임대 상가), 주술(임대하는 것은 상가이다)의 세 가지 문법관계가 있다. 특정한 구조는 특정한 형식을 가져야 하는데, 중국어는 이러한 구조의 형식이 확정되지 못했다. 따라서 중국어 문법을 말할 때는 '구조(结构)'라는 용어의 일반화를 피하고, 주술구, 관형어 - 중심어구, 동목구의 명칭을 사용하는 것이 좋겠다.

주술구조를 넘어서는 첫걸음은 중국어에서 이르는 主语(주어)와 谓语(술어)를 논증하는 것이다. 주어와 술어는, 블룸필드의 명칭을 사용하면 두 개의 '대등항'이고(Part1 소결 참조), 본서의 명칭을 사용하면 '한 쌍의 지칭어'이다. 이 뿐만 아니라 관형어와 중심어, 동사와 목적어(보어)도 근본적으로 말하면 역시 한 쌍의 지칭어인데, 이들은 '지칭어대(指语对)'로 총칭할 수 있다. 지칭어대는 두 개의 지칭어가 병치하여 대를 이루는 것으로, 앞에 있는 것을 주어성 지칭어(起指语), 뒤에 있는 것을 술어성 지칭어(续指语)라 부른다. 다시 말해 지칭어대는 '주어성 지칭과 술어성 지칭의 대'가 된다.

❶ 지칭어대인 주술구

Part1에서 무종지문을 설명할 때 이미 지적한 바와 같이, 주술구로는 무종지문을 설명할 수 없지만, 무종지문은 주술문이나 주술구를 수용할 수 있다. 무종지문의 지칭성과 병치성은 주어와 술어가 하나로 압축될 수 있는 가능성을 제공하였다. 주어와 술어가 모두 지칭어이므로 이들은 한 쌍의 지칭어 병치가 된다.

1.1 '柴爿(장작) – 番饼(번병)' 대

언어가 지칭어를 바탕으로 한다는 것은 언어가 '지시(pointing, 指)'에서 기원한다는 이론적 가설에 부합한다. 청말에 중국에 온 서양의 선교사 가운데 미국의 해외 선교단에서 온 마틴(Martin, 丁韪良)[1]은 중국에서 60여 년간 살았다. 그는 『화갑기억(花甲记忆)』에서 자신의

---

1) 역자주: 윌리엄 마틴(William Alexander Parsons Martin, 丁韪良, 1827-1916) 미국 기독교장로회 선교사.

중국어 학습 경험을 회상하고 있다. 그가 처음 닝보(宁波)에 왔을 때 관아의 주방장이 장작개비 하나를 가지고 와서 가리키며 zaban'柴爿'이라고 말하고는, 또 손가락으로 원을 만들어 동전에 비유하면서 입으로는 fanbing'番饼'이라 말하였다. 이것이 바로 그가 맨 처음 배운 두 마디의 닝보 말이다. 장작과 동전을 상대방의 눈앞에 직접 보여주는 것은 일종의 '사물 지시'의 방식이다. 이 두 가지 지칭어가 앞뒤로 서로 연결되어 있어서 마틴은 주방장이 자신에게 장작을 살 동전을 요구한다는 것을 바로 알아차린 것이다.

柴爿者, 番饼也。 장작은 번병이다.

이것은 논리적인 판단이 아니라 '柴爿(장작)'와 '番饼(번병)[2]'이라는 한 쌍의 지칭어를 병치한 것이다. 그는 문맥과 상식 또는 경험에 의존하여 둘 사이의 의미 연결성(장작을 사려면 번병이 필요하다)을 추론해 낼 수 있었던 것이다. 만약 번병을 먼저 가리키고 장작을 나중에 가리켜서 '番饼者, 柴爿也(번병은 장작이다)'(번병을 달라고 해서 장작을 사다)라고 말한다면, 의미 표현의 중점만 바뀔 뿐이다. 중요한 것은, 마틴이 동전을 꺼내서 주방장에게 주어야만 비로소 쌍방이 '지시'의 의도를 성공적으로 전달하여 이해하게 되고, 이로써 한 차례의 교류가 완성되어 의미가 생성된 것으로 인정할 수 있다는 점이다. 이후의 교류에서는 주방장이 단지 장작을 보여주거나 '柴爿'이라는 단어를 말하기만 하면, 마틴은 곧바로 이를 알아차리고 돈을 주거나 '番

---

2) 역자주: 중국 청대에 외국에서 유입된 은주화의 명칭으로, 보통 양전(洋钱)이라고 함.

饼(여기 있어요)'이라고 말을 할 것이다. 이러한 상황에서 주방장이 장작을 가리키며 말한 '柴爿'은 '买柴爿(장작을 사다)' 또는 '买柴爿的番饼(장작을 살 번병)'을 뜻한다. 이처럼 관련된 다른 것을 지칭하는 개념적인 전환지칭(转指)[3]은 명사가 동사로 활용될 수 있는 인지적 기초가 된다. 동시에 이러한 전환지칭은 또 두 단어가 병치된 '柴爿番饼'을 관형어-중심어 관계(장작을 사는 데 쓰이는 번병)로 추정할 수 있는 인지적 기초이기도 하다.

물론, '柴爿者, 番饼也(장작은 번병이다)' 또는 '番饼者, 柴爿也(번병은 장작이다)'를 주술문(명사가 술어)이라고 할 수도 있다. 그런데 여기서 중요한 것은 주어와 술어는 근본적으로 주어성 지칭과 술어성 지칭의 대(对)라는 점이다. 중국어는 술어도 역시 지칭어라는 이유 때문에 술어가 일반적인 명사로 이루어지는 것도 배제하지 않는다. 아래의 세 가지 예(소설 『갖가지 꽃(繁花)』에서 발췌)를 보자.

上门维修的青年, 留短头发, 梳飞机头, 小裤脚管。
방문 수리하는 청년은 머리를 짧게 길러서 리젠트컷으로 빗었고, 짧은 바지통이다(바지통이 짧은 옷을 입었다).

梅瑞情绪不高, 一身名牌, 眼圈发暗。
메리는 기분이 좋지 않아 온몸을 명품으로 걸쳤지만 눈언저리가 어둡다.

我娘有气无力, 闷声不响, 拿起衣裳, 看我穿, 一把眼泪, 一把鼻涕……
우리 어머니는 맥없이 숨을 죽이고 아무 소리도 내지 못하더니, 옷을 들고 내가 입는 모습을 보는데, 눈물 한 줌, 콧물 한 줌……

---

3) 역자주: 전환지칭은 본질적으로는 환유로 볼 수 있다.

위 예에서 술어는 모두 명사구와 동사구가 뒤섞여서 나열되어 있지만, 모두는 술어성 지칭이다. 명사구인 '小裤脚管(짧은 바지통)', '一身名牌(온몸이 명품)', '一把眼泪(한 줌 눈물)' 등은 당연히 지칭어이다, 그런데 동사구인 '留短头发(머리를 짧게 기르다)', '眼圈发暗(눈가가 어두워지다)', '有气无力(숨은 붙어있으나 힘이 없다)' 등도 역시 지칭어이다. 이들은 일의 상태를 지칭한다.

다음은 작가 천춘(陈村)의 『일출·인상(日出·印象)』에 나오는 한 이야기이다. 여기서 '女人的脸(여자의 얼굴)'은 주어성 지칭이고, 뒤의 술어성 지칭은 일련의 명사 병렬로 이루어졌다.

女人的脸
番茄皮, 黄瓜头, 牛奶, 面膜, 眼影粉, 假睫毛, 口红, 粉底霜, 胭脂, 洗面膏, 粉饼, 眼线笔, 眉笔, 睫毛钳, 穿耳器, 香水, 脱毛剂。暗疮蜜, 增白剂, 防晒霜, 土豆片, 蛋清, 羊肝泥, 鱼血, 按摩器, 整容手术。镜子。

여자의 얼굴
토마토 껍질, 오이꼭지, 우유, 마스크 팩, 아이섀도우, 속눈썹, 립스틱, 파운데이션, 블러셔, 폼클렌징, 파우더, 아이라이너, 아이브로우 펜슬, 속눈썹 집게, 피어싱 기계, 향수, 탈모제. 피지연고, 표백제, 자외선차단제, 감자칩, 달걀흰자, 으깬 양의 간, 생선 피, 안마기, 성형수술. 거울.

술어가 명사인 문장은 구어적인 색채가 강하므로 숙어에 두루 존재한다. 숙어는 서민들의 노동 생산과 일상 생활이 축적되어 이루어진 고정된 표현형식이다. 천만화(陈满华 2007)가 열거한 수많은 실례 가운데, '一箭双雕(한 개의 화살로 두 마리의 수리를 떨어뜨리다)', '一日三秋(하루가 3년이다)', '三个女人一台戏(여자 셋은 한 편의 극작품.

여자 셋이 모이면 접시도 뒤집어진다)', '一个篱笆三个桩(하나의 울타리에 세 개의 말뚝)', '一个好汉三个帮(한 사람의 대장부에 세 사람의 협력자)' 등과 같이 주어가 동사, 술어가 명사인 예는 상당히 많다.

乘船走马三分险。
배를 타거나 말을 타고 가는 것은 늘 위험이 따른다.

出门千条路。
집을 나서면 천 갈래의 길이 있다. 자신의 꿈을 실천할 행동을 취한다면, 많은 기회가 있다.

伤筋动骨一百天。
근육을 다치거나 뼈가 어긋나면 100일이 지나야 회복된다.

无风三尺浪。
바람이 없는데도 세 척의 파도가 인다. 아무 이유 없이 문제가 생기다.

是药三分毒。
약이라면 다소 독소가 있다. 몸에 좋은 것도 많이 하면 나쁘다.

吃饭千口, 主事一人。

밥을 먹는 사람은 천 명이더라도 일을 주관하는 사람은 한 명이어야 한다.

迎梅一寸, 送梅一尺。
장마를 맞을 때는 비가 한 치지만, 장마를 보낼 때는 한 척이다.

船载千斤, 掌舵一人。
배에 천근을 실어도 배의 키를 잡는 것은 한 사람이다. 방향을 잡는 지도자의 역할이 매우 중요하다.

砌屋三石米, 拆屋一顿饭。

벽돌을 쌓아 집을 만드는 데는 세 섬의 쌀이 들지만, 집을 해체하는 데는 한 끼의 밥이면 된다. 부수기는 쉬워도 만드는 것은 어렵다.

大吵三六九, 小吵天天有。
큰 싸움은 사흘에 한 번, 작은 싸움은 매일 있다. 하루가 멀다 하고 싸우다.

맨 마지막 예를 보면, '天天有(날마다 있다)'(동사)와 '三六九(삼육구)'(명사)가 대를 이룬다. 이러한 대를 더욱 잘 설명해주는 예로는 '冬雪丰年, 春雪讨嫌(겨울눈은 풍년이고, 봄눈은 미움을 받는다)'이 있다. 여기서는 '讨嫌(미움을 받다)'(동사)과 '丰年(풍년)'(명사)이 대를 이룬다. 따라서 이를 개괄하면 아래의 네 가지 주술문으로 설명할 수 있다.

他, 骗子。그는 사기꾼이다.
他, 骗人。그는 남을 속인다.
逃, 孬头。도망치는 것은 겁쟁이다.
逃, 可耻。도망치는 것은 수치스럽다.

주어가 '他'이든 '逃'이든, 술어가 '骗子'와 '孬头'든 아니면 '骗人'와 '可耻'든 상관없이 위 문장은 모두 주어성 지칭 - 술어성 지칭의 대(起指—续指对)로 이루어져 있다. 정보 배열순서의 원리(구정보는 앞, 신정보는 뒤)에 따라서 자연스럽게 화제 - 평언의 관계가 도출되며, 평언은 새로운 정보로서 화제에 대한 보충설명이다.

술어가 지칭어인 언어는 중국어뿐만이 아니다. 이러한 언어는 '명사중심(名词为本)' 언어라고 하는데, 브로차트(Broschart 1997)는 통가어가 이러한 언어라는 것을 논증한 바 있다. 간단히 말하면, 통가어에는 '这只鹦鹉又圆又大的蓝脑袋(이 앵무새는 둥글고 큰 파란 머리이다)'(중국어 '小王黄头发(샤오왕은 노랑머리다)'와 유사), '那天肖纳的麦克白斯(그날은 쇼나의 맥베스이다)'(중국어 '昨晚马连良的诸葛亮(어젯밤은 마롄량의 제갈량이다)'과 유사)와 같이 중국어와 유사한 명사술어문이 있다. 또 통상적으로 지칭성의 명사구를 사용하여 사건과 상태를 진술하는 형태도 있다. 예를 들면 다음과 같다.

현有肖纳的去城里。지금 쇼나의 시내로 가는 것이 있다.
→ '쇼나는 지금 시내로 가고 있다'의 의미

曾有教堂的那些教师。한때 교회의 그 교사들이 있었다.
→ '교회에 한때 그 교사들이 있었다'의 의미

카우프만(Kaufman 2009)에 따르면, 타갈로그어도 명사중심 언어에 속한다. 인도유럽어 '동사중심론'의 영향으로 학계에서 과거에는 타갈로그어 역시 동사가 중심이 되고, 4종류의 태를 나타내는 접사를 가지는 것으로 보았다. 하지만 역사언어학, 언어유형론, 생성언어학의 세 가지 측면을 통해 종합적으로 고찰한 결과, 이른바 이러한 태 접사들은 사실 명사 접사로 분석해야 공시적, 통시적 언어사실에 대해 간결하고 합리적인 설명이 가능한 것으로 나타났다. 간단하게 정리하면, 이런 종류의 언어는 두 개의 명사구가 병치된 판단문을 사용하여 하나의 사건을 진술하는데, 이는 고대중국어의 다음과 같은 표현(판단문)에 해당한다.

始食鼠者, 猫也。
쥐를 잡아먹기 시작한 것은 고양이다.
→ '고양이가 쥐를 잡아먹기 시작했다.(猫开始吃耗子)'는 의미

猫所始食者, 鼠也。

고양이에게 잡아먹히기 시작한 것은 쥐이다.

→ '쥐가 고양이에게 먹히기 시작했다(耗子开始被猫吃)'는 의미

猫所在始食鼠者, 盘也。

고양이가 쥐를 잡아먹기 시작한 곳은 접시이다.

→ '고양이가 접시 위에서 쥐를 잡아먹기 시작했다(猫开始在盘子
上吃耗子)'는 의미

猫为之始食鼠者, 犬也。

고양이가 대신해서 쥐를 잡아먹기 시작한 것은 개다.

→ '고양이가 개를 대신해서 쥐를 잡아먹기 시작했다(猫开始替狗吃
耗子)'는 의미

이와 관련하여 상세한 것은 선쟈쉬안(沈家煊 2016a:116-120)을 참
조하기 바란다. 그리고 보면 중국어가 명사를 기본으로 하는 것이 전
세계 언어에서 결코 고립된 현상은 아니다. 언어유형론의 고찰에 따르
면, 많은 언어들 특히 어순이 동사 - 주어 - 목적어인 VSO형 언어에는
술어가 되는 동사구(동목결합)가 존재하지 않는다.4) 동사구가 없으니
핵심동사란 것도 없으며, 동사중심이라는 말도 성립하지 않는다.

1.2 모두가 판단문

중국어의 주술문은 사실은 모두 다음과 같은 판단문이다. 여기서 X
와 Y는 '대등항(对等项)'(모두 지칭어)이다. 예를 살펴보자.

---

4) 저자주: 이는 陆丙甫가 제공한 정보이다.

X, Y也。X는 Y이다.(고대중국어)

彼, 骗子也。그는 사기꾼이다.

彼, 骗人也。그는 남을 속인다.

逃, 孱头也。도망치는 것은 겁쟁이다.

逃, 可耻也。도망치는 것은 부끄러운 것이다.

X 是 Y。X는 Y이다.(현대중국어)

他是骗子。그는 사기꾼이다.

他是骗人。그는 남을 속인다.

逃是孱头。도망치는 것은 겁쟁이다.

逃是可耻的。도망치는 것은 부끄러운 것이다.

　'是'자는 고대중국어에서 지시사인데, 이 기능은 현대중국어에도 여전히 존재한다. '是'는 영어의 연결사 be와 달리 동등이나 종속관계를 나타내는 데 그치지 않고, 광범위한 의미의 판단사로 판단을 강화하는 역할을 한다. 중요한 것은 평서문도 중국어에서는 감추어진 판단문이라는 점이다. Part1 제2장에서 진술성 술어 앞에는 모두 하나의 '是'자가 숨어 있으므로 중국어는 판단의 방식을 사용하여 진술한다는 점을 설명하였다. '他是骗了你(그는 너를 속인 것이다)'라는 판단을 내릴 경우, '他骗了你(그가 너를 속였다)'라는 진술도 그 안에 포함되어 있다. 술어 앞에 숨어 있어서 드러나지는 않지만, 모든 곳에 존재하는 '是'자 외에도 중국어의 평서문이 판단문이라는 또 하나의 증거는 '了'를 가진 평서문의 경우 모두 문미에 '的'자를 붙여 명확한 판단문으로 만들 수 있다는 것이다. 예를 통해 살펴보자.

　信他写了。편지는 그가 썼다.

　信他写了的。편지는 그가 쓴 것이다.

上个星期他来了。 지난주에 그가 왔다.
上个星期他来了的。 지난주에 그가 온 것이다.

瓦特发明了蒸汽机。 와트가 증기기관을 발명했다.
瓦特发明了蒸汽机的。 와트가 증기기관을 발명한 것이다.

'的'는 '是'와 마찬가지로 판단을 강화하는 역할을 한다. 그런데, 사실 '的'를 붙이지 않을 경우에도 강조만 하지 않았을 뿐 문장은 역시 판단문이다. 스위처(Sweetser 1990)의 '내용영역(content domain, 行域)'과 '인식영역(epistemic domain, 知域)'에 대한 구분에 따르면, 평서문은 내용영역에 있고 판단문은 인식영역에 있다.[5] 그런데 중국어의 인식영역과 내용영역은 포함관계이기 때문에 문장은 모두 인식영역에 있다. 따라서 이들은 모두 판단문이며, 내용영역은 인식영역의 하위영역 가운데 하나이다. 문장이 모두 인식영역에 있다는 것은 중국어가 문법주어는 없을 수 있더라도 말하는 주체(speaking subject)인 '我'는 어디에나 있다는 근거이기도 하다.

1.3 도치는 없다

중국어의 주술문은 주어성 지칭어 - 술어성 지칭어의 대(起指—续指对)이다. 이때 두 지칭의 위치를 바꾸면 정보의 중점이 변하고, 심

---

5) 역자주: Sweetser는 연결사의 다의성을 설명하기 위해서 의미가 속한 영역을 내용영역(content domain), 인식영역(epistemic domain), 화행영역(speech act domain)으로 구분하였는데, 沈家煊은 이를 각각 '行域', '知域', '言域'로 번역하고 있다. 본 번역서에서는 국내에서 통용되는 '내용영역', '인식영역', '화행영역'을 사용하기로 한다.

지어는 의미의 재구성이 이루어진다. 하지만 이들의 위치를 바꾸는 데
는 형식적인 제약이 없다. 예를 들어보자.

    A. 中国梦, 富强梦。중국의 꿈은, 부강의 꿈이다.
       富强梦, 中国梦。부강의 꿈은, 중국의 꿈이다.

    B. 孬头, 逃。겁쟁이는, 도망가는 것이다.
       逃, 孬头。도망가는 것은, 겁쟁이다.

    C. 我的国, 厉害了。우리나라는, 대단하다.
       厉害了, 我的国。대단하다, 우리나라.

    D. 雾霾, 不跑了。미세먼지다, 달리지 말자.
       不跑了, 雾霾。달리지 말자, 미세먼지다.

각 그룹의 두 번째 문장을 도치문이라고 하는 것은 인도유럽어의
관점이다. 영어의 주술관계는 고정적이어서 주어와 술어가 도치하기
위해서는 형식적인 제약을 많이 받는다. 다음은 도치가 되는 경우이
다.(Swan 1980)

1) 고풍의 문학 장르에서 how와 what으로 시작하는 감탄문에 한해
도치가 가능하며, 순치 또한 형식적인 제약을 받는다.(be를 추가할 수
없다)

How beautiful are flowers!
꽃이 얼마나 아름다운가!

Flowers, (*are)how beautiful!
꽃들, 정말 아름구나!

What a peaceful place is Skegness!
스케그네스(잉글랜드의 휴양도시)는 얼마나 평화로운 곳인가!

Skegness, (*is)what a peaceful place!
스케그네스, 정말 평화로운 곳이야!

2) 문학과 묘사성 문체에서 장소부사어 뒤에서 주어와 술어는 도치가 가능한데, 이때 동사는 come, lie, stand 등 소수 몇몇의 자동사에 국한된다. 구어체의 경우 부사어는 here와 there로 제한되며, 시제는 간단한 현재시제와 과거시제로 제한된다. 이때 주어는 대명사가 될 수 없다.

On the bed lay a beautiful young girl.
침대 위에 한 아름답고 어린 소녀가 누워 있다.

Round the corner came a milk-van.
모퉁이를 돌자 우유를 실은 밴이 하나 다가왔다.

There stands our friend. 저기 우리의 친구가 서 있다.
*There is standing our friend.
*There stands he.

3) 문어체의 직접 인용어 뒤 said John(존이 말했다), answered Henry(헨리가 대답했다) 등의 표현에 한해 도치가 허용된다. 대명사가 주어일 때는 도치가 불가능하다.

'What do you mean?' asked Henry.
"무슨 뜻이야?" 헨리가 물었다.

'What do you mean?' he asked(*asked he).
"무슨 뜻이야?" 그가 물었다.

4) neither, nor와 so 뒤에서 방금 언급한 바와 같음을 나타내는 경우에 한해 도치가 가능하며, 이에 대응하는 순치식은 없다.

'My mother's ill this week.' "어머니가 이번 주에 아프세요."
'So's my sister.' "제 여동생도 마찬가지입니다."
'*My sister's so.'

뤼수샹(呂叔湘 1979:68)은 중국어에 도치가 있다는 견해에 반대하였다. 그는, "'순치'와 '도치'는 문장성분의 위치를 절대화한 것으로, 한 종류의 문장성분이 여러 가지 위치를 가질 경우에는 대체로 정해진 조건에 부합하면 그 자리에 올 수 있기 때문에 '바른 것'이나 '거꾸로 된 것'과는 상관이 없다"고 하였다. 치궁(启功 1997:10)도 중국어에는 진정한 도치문이 거의 없고, 어순이 도치되면 중점의 차이만 있을 뿐이라고 주장하였다. 그는 문두에 놓인 것이 화자가 중점적으로 말하고자 하는 포인트이라고 하였다.
중국어에서 정보구조에 따라 '주어(起说) - 술어(续说)'를 끊어 읽는 순서를 정하는 경우는 또 있다.

我们都, 累死了。 우리 다, 피곤해 죽겠다.
累死了, 我们都。 피곤해 죽겠다, 우리 다.

啤酒吧, 喝点儿。 맥주죠, 좀 마실게요.
喝点儿, 啤酒吧。 좀 마실게요, 맥주죠.

我猜想啊, 两人离了。내 추측으로는 말이야, 두 사람 이혼했어.
两人离了, 我猜想啊。두 사람 이혼했어, 내 추측으로는 말이야.

그런데 이 역시 도치문이라기보다는 위치를 바꾼 역위문(易位句)이라고 할 수밖에 없다.(陆俭明 1980) 어떤 사람은 도치된 부분은 형식상 강세가 없고 의미상 추가적인 보충을 나타내기 때문에 순치와 도치의 구분이 그래도 가능하다고 말한다. 그런데 추가적인 보충도 일종의 후속보충의 일종이므로 둘의 경계가 분명하지 않다. 일반적인 후속보충문도 일정한 조건하에서는 강세를 두지 않고, 추가적 보충문도 일정한 조건하에서는 강세를 둔다. 장적(张籍)의 시구 '恨不相逢未嫁时(서로 만나지 못한 것이 한스럽구나 출가하지 않았을 때)'에서 '未嫁时(출가하지 않았을 때)'는 추가적인 보충문이지만 강세가 있다. 두보(杜甫) 시의 한 연 '香稻啄余鹦鹉粒, 碧梧栖老凤凰枝'(구수한 향미는 앵무새 쪼아 먹다 남은 알곡, 푸른 오동나무는 늙은 봉황 깃드는 가지)(⟨秋兴⟩8수)는 '주-동-목'의 구조를 명백하게 위배하였기 때문에 가장 많은 논쟁을 불러일으켰다. 어떤 사람은 '香稻(향미)'와 '碧梧(푸른 오동나무)'가 목적어인 '香稻粒(향미 알곡)'와 '碧梧枝(푸른 오동나무 가지)' 안에서 이탈하여 주어의 자리로 이동하였다고 말한다. 하지만 생성문법의 위치이동 조건('섬 제약(Island Constraints, 孤岛限制)'은 오히려 이러한 위치이동을 명확히 금지한다. 주어인 '鹦鹉(앵무새)'와 '凤凰(봉황)'이 또 어떻게 뒤로 이동하여 '粒(알곡)'와 '枝(가지)'의 수식어가 되었는지는 더더욱 분명하게 말하기가 어렵다. 그런데 주어-술어나 화제-평언의 관점에 착안하여 이를 살펴보면 아주 쉽게 이해된다.(曹逢甫 2004)

香稻啄余者, 鸚鵡之粒也 ; 碧梧栖老者, 凤凰之枝也。
구수한 향미는 앵무새 쪼아 먹다 남은 알곡, 푸른 오동나무는 늙은 봉황 깃드는 가지

샤샤오홍(夏晓虹 1987)은 이러한 어순을 일종의 주관적 감각 과정의 표현으로 보아, 시인은 "사람들이 사물을 접할 때의 반응 순서에 따라 어순을 배치한다"라고 설명하였다. 예쟈잉(叶嘉莹 1997:41)도 "그러한 어순 배치와 구성은 모두 문법적인 자연스러움이 아닌 느낌을 중시하는 것"이라고 말하였다. 구어에서 흔히 말하는 '热热的沏了一壶茶(따끈따끈하게 차 한 주전자를 우렸다)'와 같은 말 역시 이를 입증한다.

莲动下渔舟, 연잎이 흔들리는 것은 내려가는 고깃배이고,
竹喧归浣女。대숲이 요란한 것은 빨래하고 돌아가는 아낙네들이네.

王维「山居秋暝」

이 구절의 자연스런 어순은 '渔舟下而莲动, 浣女归而竹喧(고깃배 내려가니 연잎이 흔들리고, 빨래하는 아낙네 돌아가니 대숲이 요란하네)'일 것이다. 하지만, 루빙푸(曹逢甫)는 산에는 대나무가 있고 가을에는 연꽃이 있기 때문에 연잎과 대나무가 시인이 이 시에서 가장 관심을 가지는 주제라고 지적하였다. 중국어의 어순이 느낌의 순서라는 것에 대해서는 선진(先秦)시대 사람들도 이미 인식하고 있었다.

春, 王正月戊申朔, 陨石于宋五。是月, 六鹢退飞, 过宋都。
봄에 주나라 왕이 쓰는 달력으로 정월 초하루인 무신일에, 돌이 높은 데서 송나라에 떨어졌는데, 다섯 개였다. 이 달에 익조 여섯 마리가 (바람에 떠밀려) 뒤로 날아서, 송나라 도읍을 지나갔다. 『春秋·僖公十六年』

『공양전(公羊传)』은 이를 이렇게 해석하고 있다. "어찌하여 높은 데서 떨어지는 것(陨)을 먼저 말하고 뒤에 돌(石)을 말하였을까? 돌이 떨어진 것(陨石)은 들은 것을 기록한 것이다. 무언가 쿵하며 떨어지는 소리를 듣고서 그것을 보니 돌이었고, 살펴보니 다섯 개였기 때문이다.…… 어찌하여 여섯(六)을 먼저 말하고 뒤에 익조(鹢: 물새의 일종)를 말하였을까? 여섯 마리의 익조가 (바람에 떠밀려)뒤로 날아간 것은 본 것을 기록한 것이다. 무언가를 보니 여섯 마리였고, 자세히 살펴보니 익조였으며, 그것을 다시 천천히 살펴보니 뒤로 날아갔기 때문이다." 그런데 진자오즈(金兆梓 1955:19)와 궁첸옌(龚千炎 1997:5)은 이는 옛 사람들의 애매모호한 문법 의식이며, 현재 중국인들이 가지고 있는 통사 관념은 아니라고 지적하였다. 중국어의 어순은 곧 느낌의 순서라는 옛 사람들의 이러한 문법 의식은 중국어의 실제에 부합하는 깨어있는 인식이다. 하지만 현대의 서구화된 문법은 본래의 간단한 일을 오히려 복잡하게 만들어버렸다.(이에 관해서는 다음 제10장 '순서대' 참조)

요컨대, 주술구가 중국어에서는 느낌의 순서에 따라 배치하는 주어성 지칭어 – 술어성 지칭어의 대이다. 대언문법에서는 주술구를 주술대(主谓对)라고 부른다.

❷ 지칭어대인 관형어 – 중심어구

'柴ㅓ' – '番饼'이라는 지칭어대로부터 자연스럽게 '장작은, 번병이다(柴者, 番饼也)'라는 주술관계의 해석이 도출된다. 이 주술관계의 해독으로부터 또 '장작을 사는데 사용할 번병(用于买柴ㅓ的番饼)'이라는 해석도 유추할 수 있게 됨으로써 수식어 - 중심어 관계인 장작번병(柴儿番饼)(장작 살 돈)이 만들어진다. 따라서 수식어 - 중심어구인 수식어와 중심어도 근본적으로는 역시 주어성 지칭어 - 술어성 지칭어의 대이다. 대언문법에서 관형어 - 중심어구는 관형어 - 중심어대(定中对)라고 부른다.

주더시(朱德熙 1956)는 중국어에서 명사가 형용사보다 더 자유롭게 관형어가 된다는 사실을 발견하였다. 보통 '白手'라고는 말하지 않고 '雪白的手(새하얀 손)'라고 말하고, '重箱子'라고는 말하지 않고 '很重的箱子(무거운 여행가방)'라고 말하는 것처럼 단음절의 성질형용사가 관형어가 될 때는 항상 제약을 받는다. 하지만 '肉手(통통한 손)', '纸箱子(종이상자)'처럼 명사가 관형어가 되는 것은 상대적으로 자유롭다. 명사가 관형어가 될 때 두 개의 지칭어가 병치되는 것임은 물론이고, 형용사나 동사가 관형어가 될 때(躺椅(침대식 의자), 出租汽车(택시))도 사실은 마찬가지로 두 개의 지칭어가 병치되는 것이다. '명동포함설'에 따르면 형용사는 속성명사(属性名词), 동사는 동태명사(动态名词)이기 때문이다. 율시(律诗)에서 형용사·동사가 명사와 대칭이 되어 수식어가 되는 경우는 아주 흔하다.

青枫江上秋帆远, 白帝城边古木疏。
청풍강 위로 가을 배는 멀어지고, 백제성 주변은 오래된 나무가 드문드문.　　　　　　　　　　　　　高适「送李少府贬峡中王少府贬长沙」

千寻铁锁沉江底, 一片降幡出石头。
오나라의 천 길 쇠사슬 강 속에 잠기고, 한 조각 항복의 깃발 석두성에 내걸렸네.　　　　　　　　　　　　　刘禹锡「西塞山怀古」

衡岳啼猿里, 巴州鸟道边。

형악은 <u>오는</u> 원숭이 속에 있고, 파주는 <u>새들의</u> 길(험준한 산길) 주변에
있네.　　　　　　　 杜甫「寄岳州賈司马六丈、巴州严八使君两阁老五十韵」

江流<u>天</u>地外, 山色<u>有无</u>中。
강물은 <u>하늘과</u> 땅 밖으로 흘러가는데, 산 경치는 <u>나타났다</u> 사라졌다 하네.
　　　　　　　　　　　　　　　　　　　　王维「汉江临眺」

去矣<u>英雄</u>事, 荒哉<u>割据</u>心。
가버렸구나 <u>영웅들의</u> 일, 황량하구나 <u>찢어지는</u> 이 마음.
　　　　　　　　　　　　　　　　　　　　杜甫「峽口二首」

　라슨(Larson 2009)은 중국어에서 관형어가 되는 형용사와 동사는 모
두 명사에 속한다는 것을 논증하였는데, 간단히 요약하면 다음과 같다.

　　木马 나무 말　　　 木的马 나무로 된 말
　　老马 늙은 말　　　 老的马 늙은 말
　　死马 죽은 말　　　 死的马 죽은 말

　이상의 유사 현상에 대해서 가장 간단하게 요약한 설명은, '木(나
무)', '老(늙다)', '死(죽다)' 세 가지는 모두 대명사(super-noun category,
大名词)에 속하고, '的'자의 기능은 세 경우 모두 명사 사이에서 '격의
조화(格协调)'를 이룬다는 똑같은 역할을 한다는 것이다. 이는 주더시
(朱德熙)의 뒤를 이어서 이론적으로 발전한 중요한 한 걸음이다. 주더
시(朱德熙 1961)는 '木的(나무로 된 것)', '老的(늙은 것)', '死的(죽은
것)'가 모두 명사성 성분이라는 것은 논증하였지만, '木', '老', '死'라
는 세 가지가 모두 명사라는 것은 인정하지 않았다. 그 원인은 역시
그가 아직도 인도유럽어의 '명동분립' 관념의 속박에서 벗어나지 못했

기 때문이라고 생각할 수 있다. 그런데 '尊老愛幼(노인을 존중하고 어린이를 사랑하다)', '救死扶伤(사망자를 구조하고 부상자를 돕다)'라는 표현은 '老'와 '死'가 노인과 사망자라는 명사를 지칭할 수 있음을 나타낸다. 이는 인도유럽어의 속박에서 완전히 벗어난 것이다. 명동분립 관념의 속박에서 벗어나지 못함으로써 생기는 부정적인 결과는 하나의 '的'자를 두 가지로 나누어야 한다는 것이다. 즉, '老的'와 '死的'의 '的'는 명사성 성분의 표지이고, '木的'의 '的'는 관형어의 표지라는 것이다. 이는 '的'의 기능을 통합한 라슨(Larson)의 견해보다 포괄적이지 못하다. 라슨의 '대명사(大名词)' 관념은 필자의 '명동포함설'과 일치한다.

2.1 병치의 해석력

'老骥(늙은 천리마)'가 관형어 - 중심어의 수식구조라는 것을 알아야 그 의미와 가리키는 바를 이해할 수 있다고 여기는 한 가지 오해가 있다. 그런데 사실 '老骥'를 이해하는 데에는 두 가지 서로 모순되지 않는 방식이 있다. 하나는 '骥'를 구조의 중심으로 하고, '老'가 '骥'를 수식하거나 제약하는 것으로 여겨서 '老骥'를 관형어 - 중심어구조로 보는 것이다. 이때 '老骥'는 '骥'의 한 하위집합(次集)으로 이해된다. 또 한 가지 방식은 중심을 두지 않고, '老'와 '骥'를 병치로 보는 방식이다. 이때 '老骥'는 '老'와 '骥'의 교집합(交集)이며, 이 역시 의미가 통한다. 그런데 두 가지 방식 중에 어느 하나를 사용한다고 해서 나머지 하나를 부정할 수는 없다. 왜냐하면 두 방식 모두 로마로 통하기 때문이다.

두 가지 방식은 병행하여도 서로 모순이 되지 않으며, 더 나아가 병치로 이해한 방식을 '근원(源)'이라 하고, 수식으로 이해한 방식을 '갈래(流)'라고 한다. 병치로 이해하여도 수식으로 이해하는 것을 받아들이고 유추할 수 있는데, 이는 다음 그림으로 나타낼 수 있다.

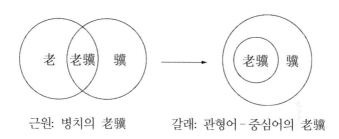

근원: 병치의 老驥   갈래: 관형어 - 중심어의 老驥

'老驥'는 원래 '老'와 '驥'가 병치된 것인데, '驥'는 '老'에 대한 후속 보충설명으로 '老者, 驥也。(늙은 것은 천리마이다.)'가 된다. 이후에 비로소 관형어 - 중심어 관계의 '老驥'로 확대되었기 때문에 '驥'의 중심어 지위는 나중에 형성된 것이다. 따라서 수식어 - 중심어 구조의 '老驥'는 갈래가 되고, 병치구조의 '老驥'가 근원이 된다. 이상은 2항식(二項式)의 상황인데, 이는 다항식(多項式)으로 확대하여도 마찬가지이다. 4항식(四項式) '大型白色自动洗衣机(대형 화이트 자동세탁기)'를 예로 들어보자.

A. [大型[白色[自动[洗衣机]]]]   [대형[화이트[자동[세탁기]]]]
B. 大型 - 白色 - 自动 - 洗衣机   대형 - 화이트 - 자동 - 세탁기

A는 '洗衣机'를 중심으로 하여 수식어가 여러 층의 다겹으로 되어 있다. 이와 달리 B는 중심을 두지 않고 4개의 단어가 평행하게 연결되어 있으므로, '洗衣机'는 중심이 아니라 종점이 된다. B의 이해 과정은

다음과 같다. '大型'과 '白色'가 먼저 하나의 교집합을 형성하고, 이 교집합이 다시 '自动'과 하나의 교집합을 형성하고, 이 교집합은 또 다시 '洗衣机'와 하나의 교집합을 형성하는 것이다. 이 역시 A와 마찬가지로 이 복잡한 명사구를 이해 가능하게 만든다. 또한 B의 이해 순서는 실시간 심리처리 과정에도 부합하는데, 그 예가 바로 수수께끼이다. 한 사람이 한 물건의 특징을 말하면 다른 사람이 그것을 알아맞히는 수수께끼에서 아주 큰 것, 입체적인 것, 전기로 작동하는 것, 옷을 깨끗하게 하는 것 등을 말하면, 이를 들은 사람 입에서는 '세탁기'라는 말이 툭 튀어 나올 것이다. 일상의 언어도 마찬가지이다. 말을 할 때 한마디, 한 단락의 말을 다 생각해 놓고 말을 하는 것이 아니라 먼저 생각나는 대로 말을 하고, 그 후에는 말을 하면서 다음 말을 생각하는 것이 일반적이다. 중국어는 형태적인 구속이 없기 때문에 이러한 자연스러운 심리처리 과정에 쉽게 순응한다. 루빙푸(陆丙甫 2005)의 연구에 따르면, 먼저 생각나는 대로 말하는 것은 '가별도(指別度)'가 비교적 높은 성분이다.(다음 제10장 참조) 그런데 가별도라는 개념이 성립하기 위한 전제는 한 묶음으로 연결된 이들 성분이 모두 지칭어라는 점을 인정하는 것이다.

A는 계층분석법(层次分析法)을 나타내고, B는 병치분석법(并置分析法)을 나타낸다. 여기서 아주 중요한 것은 두 분석법이 서로 모순되지 않는다는 점이다. 중국어의 논리를 설명한 자오위안런(赵元任)의 두 편의 논문(赵元任 1955, Chao 1959)에서는 다음 예를 들고 있다.

剑桥(a)八月二十三日(b)国际东方学者会议(c)宣读论文(d)。
케임브리지(a) 8월 23일(b) 국제 아시아 학자 학술대회(c) 발표 논문(d).

이에 대해서 그는 논리적으로 다음 A, B 두 종류의 서로 공존할 수 있는 분석법이 있다고 하였다.

    A. [a-P[b-P'[c-P'']]]
    B. R(a, b, c, d)

  A분석법은 아리스토텔레스의 명제논리에 따라 분석하였지만, 중국어에서 주술구조가 술어가 될 수 있다는 것에 동의한다. 먼저 '劍桥(케임브리지)'가 주어 a가 되고, 나머지는 술어 P가 되는데, 이 P는 또 주어 b '八月二十三日(8월 23일)'를 포함하고, 나머지는 술어 P'가 된다. 이 P'는 또 주어 c '国际东方学者会议(국제 아시아 학자 학술대회)'를 포함하고, 나머지는 술어 P''(동사와 목적어가 합쳐져서 이루어짐)이다. 이것은 주술구조에 기초한 계층분석법이다. B분석법은 현대 술어논리의 분석법인데, 이는 아리스토텔레스의 명제논리에서 벗어나 동사 '宣读(발표)'를 R함수식으로 간주한다. a, b, c, d는 이 함수식의 네 가지 대칭적(symmetric, 匀称的)인 독립변수(independent variable, 自变项)이고, 주술관계는 단지 이러한 함수식 관계의 일종의 특수한 사례일 뿐이라고 보았다. 물론 중국어 어순은 목적어를 반드시 동사 뒤에 두어야 하기 때문에 d항목의 지위가 a, b, c와 완전히 대등하지는 않다. 하지만 적어도 a, b, c 세 항목은 지위가 완전히 대등하고 서로 병치관계에 있다. 자오위안런은 중국어의 주어-술어는 사실 화제-평언이기 때문에 B분석법과 A분석법은 서로 충돌하지 않을 뿐 아니라 B분석법이 오히려 중국어에 더 적합하다고 강조하였다.
  따라서 '언어보편성(语言共性)'이라고 하면 계층구조가 아니라 위에서 말한 원류관계일 가능성이 더 높다. 즉, 병치관계가 근원이고, 관형어-중심어의 수식관계가 갈래라는 것이 가능성 있는 언어의 보편성이다.

언어 간의 유형적인 차이는 이렇게 설명할 수가 있다. 영어와 같은 언어는 명사, 동사가 이분되어 대립하면서 주술구조라는 근간적 지위를 확립한다. 그리고 다음 단계에서 명사가 동사의 목적어가 되고, 또 그 다음 단계에서 형용사가 명사를 수식하고 부사가 동사를 수식한다. 이렇게 함으로써 주술관계, 동목관계, 관형어-중심어 관계, 부사어-중심어 관계가 모두 형태적으로 고정된다. 예를 들어 old(늙은)가 형용사로 명사만 수식할 수 있다면, old horse(늙은 말)의 관형어-중심어 관계는 고정된 것이다. 이때 만약 거꾸로 '말의 연로함'이라는 개념을 나타내고자 한다면, old는 명사화되어 oldness로 바뀌어야 한다. 이러한 유형의 언어는 A의 방식으로 이해하려는 경향이 강하다. 그런데 중국어와 같은 언어는 동사와 형용사가 모두 명사에 속한다. '老'는 oldness 또는 the old one이 되고, '尊老(노인을 존경하다)'와 '尊师(스승을 존경하다)'는 유사하다. 또 '老骥'가 단지 '老'와 '骥'라는 두 지칭어의 병치일 뿐이라면, 이 언어는 관형어-중심어 관계를 도출할 수는 있어도 아직 확실히 고정된 관계는 아니다. 이러한 유형의 언어는 B의 방식에 따라 이해하려는 경향이 강하다. 자오위안런은 '啼莺舞燕, 小桥流水飞红 (노래하는 꾀꼬리 춤추는 제비, 작은 다리 흐르는 물위에 날리는 붉은 꽃잎)'은 순서를 바꾸어서 '燕舞莺啼, 红飞水流桥小(제비는 춤추고, 꾀꼬리는 노래하는데, 붉은 꽃잎은 날리고 물은 흐르는데 다리는 작네)'라고 말해도 된다고 하였다.(赵元任 1968a:丁译本 64쪽) 이 역시 관형어-중심어 관계가 아직 확실하게 고정되지 않았음을 설명하고 있다.

부사어와 중심어가 합쳐진 부사어-중심어 수식구조의 근원도 역시 한 쌍의 지칭어 병치이다. 왜냐하면 중심어인 동사는 명사에도 속하고, 형용사는 관형어도 되면서 부사어도 되기 때문이다. 장루저우

(张汝舟 1952)는 '吾甚衰(나는 심하게 노쇠하도다)', '吾衰甚(나는 노쇠함이 심하도다)', '甚矣吾衰也(심하도다 나의 노쇠함이여!)'라는 세 가지 표현은 중점의 차이만 있을 뿐이라고 하였다. 이는 다시 말해, '吾甚衰'은 '衰'에, '吾衰甚'은 '甚'에 중점이 있지만, '甚矣吾衰也'는 '甚'에 더욱 중점을 두고 있다는 것이다. 북방어 '你先去(네가 먼저 가라)'는 광둥어(粵語)로는 '你去先'이라고 말하는데, 이에 대해 어떤 사람은 광둥어는 부사어가 도치된 특수한 어순이라고 말한다. 하지만 자오위안런(赵元任 1970a)은 이에 동의하지 않고 '去先'을 두 글자가 병치된 것으로 분석하였다. 그는 화제 - 평언에 근거하여 '去'는 화제, '先'은 후속 보충설명이며, 광둥어와 북방어의 차이는 단지 어느 것을 먼저 말하느냐와 어느 것에 중점을 두느냐의 차이라고 보았다. 버스를 탈 때 흔히 말하는 '先下后上(먼저 내리고 나중에 타세요)'도 평측(平仄)을 고려하지 않는다면, '下先上后(내리는 것이 먼저이고, 타는 것은 나중이다)'라고 말할 수 있다. 이러한 경우는 광둥어에서도 많이 보이지만, 덩스잉(邓思颖 2018)은 모두 다 이렇게 분석해야 한다고 주장하였다. 그는 또 '落雨定啦(비가 올 것이 분명하다)', '佢话嚟㗎, 都!(너도 왔다고 말한다)'에서의 '定啦', '都'와 같이 많은 문말 어기조사를 후속어가 압축되어 이루어진 것으로 보았다. 과거에는 '甚', '先', '都' 등을 동사 앞에 바로 붙이는 부사로 분석하였는데, 이는 동사를 중심으로 여기는 전통적인 주술 구조 관념의 제약을 받은 것이다. 중심어와 부사어 - 중심어 구조의 개념을 사용하지 않고도 우리는 얼마든지 '甚衰'와 '衰甚', '先去'와 '去先' 두 가지 표현이 나타내는 의미 및 그 차이를 분명하게 설명할 수가 있다. 따라서 이를 부사어의 순치나 도치로 설명할 필요가 없는 것이다. 루쉰(鲁迅)의 소설 『죽음을 슬퍼하며(伤逝)』 속의 두 가지

예를 살펴보자.

> 我还期待着新的东西的到来, 无名的, 意外的。
> 나는 또 새로운, 이름 없는, 예상을 벗어난 무언가가 도래하기를 기대하고 있다.

> 如果我能够, 我将写下我的悔恨和悲哀, 为子君, 为自己。
> 만약 내가 할 수 있다면, 나는 나의 회환과 비애를 쓸 것이다. 즈쥔을 위해서, 자신을 위해서.

중국어는 단지 긴 수식어를 쓰는 것에 익숙하지 않을 뿐이며, 도치된 관형어나 부사어는 보충하는 후속 무종지절(流水小句)이 된다.

2.2 연명식

학계는 영어와는 다른 중국어의 한 현상에 주목하였는데, 그것은 명사에 여러 개의 관형어가 있을 때 지시대명사 '那(个)'의 위치가 매우 유동적이라는 점이다. 예를 들어보자.

> 那只重的箱子   that heavy suitcase   그 무거운 여행 가방
> 重的那只箱子   *heavy that suitcase   무거운 그 여행 가방

이는 영중 두 언어 명사구의 중요한 구조상의 차이점으로 충분히 중시되어야 한다. 그 이유는 중국어의 '重的(무거운 것)'와 '那只(그)'는 두 개의 지칭어가 병치된 것이기 때문이다. 즉, 두 성분은 위치가 바뀌면 정보의 중점만 달라질 뿐이어서 강조하고자 하는 것을 앞에 두면 되는데, 이때 형식상의 제약은 받지 않는다. 주더시(朱德熙

1961)의 통찰은, '重的'를 영어의 형용사 heavy가 아닌 the heavy one과 같은 명사성 성분으로 보았다는 것이다. 마찬가지로 '富的爸爸(부자 아빠)'에서 '富的(부자)'는 rich가 아니라 the rich이다. 하지만 이때 '的'가 명사화표지는 아니라는 점에 주의하여야 한다. 왜냐하면 '避重就轻(무거운 것을 피해 가벼운 것으로 나아가다. 힘든 것은 피하고 쉬운 것을 골라 하다)', '杀富济贫(부자를 죽여서 빈민을 구제하다)'과 같이 '重'과 '富'는 본래가 명사로 무거운 물건과 부유한 사람을 가리킬 수 있기 때문이다. 즉, '的'자의 작용은 지칭대상을 강조하는 것으로, 강조하지 않을 경우에는 나타나지 않는다. 따라서 '重箱子'와 '富爸爸'의 '重'과 '富'도 역시 지칭어가 된다. 현대영어에서는 일반적으로 *this my son이라고 하지 않고 this son of mine(나의 이 아들)이라고 말해야 한다. 하지만 중국어에서는 '这个我的儿子(이 내 아들)'와 '我的这个儿子(나의 이 아들)'이 모두 가능하다. 이 역시 '我的'가 영어의 my가 아닌 mine과 같은 명사성 성분이기 때문이다.

중국어 명사구의 구조적인 특징은 '那(个)'의 위치가 고정적이지 않다는 것 외에, 여러 항의 동격(同位) 지칭어가 병치된다는 점에서도 나타난다. 류탄저우(刘探宙 2016:273)는 동격의 병치항이 많게는 5-6개, 심지어 7-8개인 경우도 있다는 것을 발견하였다. 예를 들면 다음과 같다.

我老师王林他老人家
나의 선생님 그 분 왕린 어르신(5개)

局长老人家他自己一个人
국장님 어르신 그 분 자기 혼자(6개)

父母家长他们这种监护人自己本身
부모 학부모 그들의 이러한 보호자 자신들 자체(7개)

人家他们李华王明夫妇这两人彼此双方
그 사람들 그들 리화 왕밍 부부 이 두 사람 피차 쌍방(8개)

이를 통해 중국어는 연동식(连动式)뿐만 아니라 연명식(连名式)도 있다
는 것을 알 수 있다. 연동식은 '花钱买来搁着不用当摆设(돈을 주고
사와서 놓아둔 채 쓰지 않고 장식품으로 삼다)'와 같이 여러 개의 동
사가 병치되어 연결된 것으로 이미 중시를 받고 있다. 연명식은 여러
개의 명사가 병치되어 연결된 것이다. 여기에는 동격 병치 외에 '小桥
流水人家(작은 다리, 흐르는 물, 사람 사는 집)'와 '古树老藤昏鸦(고
목, 묵은 덩굴, 해질 무렵 집으로 돌아오는 까마귀)'와 같은 유형과 '我
们老家村里宅基地那五间祖传瓦房(우리 고향 마을 택지 그 다섯 칸
짜리 조상 대대로 전해내려 온 기와집)'과 같은 유형도 있다. 하지만
이들은 그동안 중시를 받지 못하고 간과되어 왔다. 동사가 병치된 연
동식을 생성문법으로 설명하기 위해서는 항상 이를 主从式)으로 분석
해야 한다. 그런데 종속적인 계층구조가 아니라 병치적인 편평(扁平)
구조인 것은 연명식 또한 마찬가지이기 때문에 이 역시 설명하기가
어렵다. '명동포함설'에 따르면 연동식과 연명식은 모두 지칭어의 병
렬식(并连式)이다.

③ 지칭어대인 동보구

3.1 목적어도 보어

목적어와 보어의 분합에서부터 논의를 시작하고자 한다. 현행 중국
어 문법은 동사 뒤의 성분을 목적어와 보어의 두 종류로 분류하고 있

다, 그런데 형식적으로 보면 이 두 가지는 명확히 구분되지 않는다. 예를 들어보자.

图个快	跑个快
빨리 하고자 하다	빨리 달리다
吃个新鲜	吃个痛快
싱싱하게 먹다	통쾌하게 먹다
比个高低	比个不停
우열을 겨루다	끊임없이 비교하다
得个名扬天下	打个名扬天下
이름을 천하에 떨치다	이름을 천하에 날리다
跑了个一身汗	跑了个大汗淋漓
온 몸에 땀을 흘리며 달렸다	땀을 뻘뻘 흘리며 달렸다

과거에는 왼쪽 그룹의 동사 뒤 성분은 목적어라고 하였고, 오른쪽 그룹의 동사 뒤 성분은 보어라고 하였다. 하지만 주더시(朱德熙 1985:51-53)는 이 두 종류의 구는 구조적으로 완전히 같기 때문에 형식적으로 진정한 차이는 없다고 하였다. 그는, 목적어와 보어로 나누는 유일한 이유가 보어는 의미적으로 앞의 동사를 보충하는 것이라고 하지만, 이는 목적어도 마찬가지이므로 이 이유는 성립될 수 없다고 지적하였다. 마찬가지로 '买一本(한 권 사다)', '吃一块(한 조각 먹다)'를 동목구라고 하고, '洗一次(한 번 씻다)', '念一遍(한 번 읽다)'을 동보구라고 하는 것도 형식적인 근거가 부족하다. 또한 동작의 대상을 목적어라 하고, 동작의 결과를 보어라고 하는 것도 합리적이지가

않다. 왜냐하면 '撕了一块布(천 조각 하나를/로 찢었다)', '換了印度裝(인도 의상을/으로 갈아입었다)', '推出一张白板((마작)백판 한 장을 내밀었다)' 등이 모두 동작의 대상과 결과의 두 가지로 이해할 수 있는 것처럼, 중국어는 대상과 결과의 구분을 중시하지 않기 때문이다. 목적어는 명사성이고 보어는 동사성이라는 것은 더더욱 이치에 맞지 않는다. 중국어의 목적어가 동사성일 수 있다는 것은 이미 논쟁의 여지가 없는 사실이다. 이에 따라 뤼수샹(吕叔湘 1979)은 목적어라는 명칭을 없애고 보어로 통합할 것을 주장하였고, 선쟈쉬안(沈家煊 2016a:262)은 '명동포함설'에 기초하여 목적어를 '대보어(大补语)'의 일종으로 보았다.

영문법은 verb-object(동사 - 목적어)라는 명칭을 일찌감치 포기하고 verb- complement(동사 - 보어)로 고쳐 불렀는데, 그 이유는 동사 뒤의 어구가 동작의 대상(object)에만 국한되지 않기 때문이다. 이러한 현상은 중국어에서 더욱 두드러진다. 동사 '吃(먹다)'의 목어를 예로 들어보자. '吃食堂(식당에서 먹다)', '吃大碗(큰 그릇으로 먹다)', '吃小灶(특별 식사를 하다)', '吃父母(부모에게 의존해서 살다)', '吃老本(자본금을 까먹다)', '吃贫困(빈곤수당을 받아 먹고살다)', '吃大牌(유명 브랜드 음식을 먹다)' 등 동사와 목적어의 의미관계는 이루 다 말할 수 없을 정도로 많고, 명확하게 설명하기도 어렵다. 이들은 '吃痛快(통쾌하게 먹다)', '吃不停(끊임없이 먹다)'과 형식적으로 구별이 되지 않는다. 따라서 중국어는 더더욱 동사 뒤의 어구를 동사에 대한 후속 보충설명어(续补说明语)인 보어라고 통합해야 한다. 보어는 형식적으로 동작의 대상과 결과를 구분하지 않고, 또 사물과 상태를 구분하지도 않는다. 동사 - 보어는 바로 'A者 B也'와 같은 주어성 지칭어 - 술어성 지칭어의 대이며, 대언문법에서 동보구는 동보대(动补对)라고 부른다. 예를 들어보자.

지칭	동작 대상	동작 결과
사물	拆房子 집을 허물다 拆者, 房子也。 허무는 것은 집이다.	盖房子 집을 짓다 盖者, 房子也。 짓는 것은 집이다.
상태	保持干净 청결하게 유지하다 保持者, 干净也。 유지하는 것은 청결이다.	打扫干净 청결하게 청소하다 打扫者, 干净也。 청소하는 것은 청결이다.

주어성 지칭어 - 술어성 지칭어는 종속관계가 아니라 병치관계이다. 『간명 옥스퍼드 사전(The concise Oxford dictionary)』에서 parataxis (병치)라는 표제어 아래에 제시한 예문 Tell me, how are you?(말해 봐, 어떻게 지내?)는 바로 tell me(말해 봐)와 how are you(어떻게 지내)의 두 성분이 병치된 것이다. 그런데 이것이 만약 병치가 아닌 종속관계라면 반드시 Tell me how you are(어떻게 지내는지를 말해 봐)가 되어야 하기 때문에 보어종속절의 형식이 how are you가 아니다. 그런데 중국어는 이러한 형식적인 구분이 없으므로 '告诉我, 你好吗(내게 말해 줘, 너 잘 지내니)'라는 문장도 당연히 병치가 된다. '老骥伏枥(늙은 천리마가 구유에 엎드려 있다)'[6]라는 문장을 예로 들면, '老骥'도 한 쌍의 지칭어이고(앞 절 참조) '伏枥'도 한 쌍의 지칭어이며, 둘이 합쳐진 '老骥 - 伏枥'도 역시 한 쌍의 지칭어이다. 이는 중국

---

6) 역자주: 완전한 형식은 '老骥伏枥, 志在千里! 烈士暮年, 壮心不已.'이며, 늙은 천리마가 구유에 엎드려 있어도, 뜻은 여전히 천리를 달리고 싶어 하고, 열사가 늙었어도 장대한 포부는 식지 않았다는 의미이다.

어에서 관형어 - 중심어 관계와 동사 - 목적어 관계가 의미적으로 존재함을 부정하려는 것도, 또 이들 간의 차이를 부정하려는 것도 아니다. 다만 이 두 종류의 관계가 모두 이차적으로 생성된 것임을 강조하고자 할 뿐이다. 이들 관계는 근원(源)이 아니라 '갈래(流)'이다. 근원은 통합된 병치관계이며, 병치된 두 개의 항은 하나로 통합(모두 지칭어)될 수 있다.

역사적 근원으로 볼 때 동사와 결과보어로 구성된 동결식(动结式)은 병렬식과 연동식에서 유래하였다. 예를 들어, '割裂(가르다)', '遏止(저지하다)', '刷清(깨끗이 닦다)' 등은 원래의 병렬식에서 진화되어 온 것이다. 그래서 『이아(尔雅)』에는 '割, 裂也(割는 찢는 것이다) ; 遏, 止也(遏은 그치는 것이다) ; 刷, 清也(刷는 맑은 것이다).'라고 하였다. 병렬구조는 언어에서 가장 원시적이고 기본적인 구조이며, 나머지 구조들은 모두 그 이후에 생겨났다. 중국어에서는 일반적으로 병렬 접속사를 사용하지 않으므로 병렬식은 병치식에 가장 가깝다.(아래 제4절 '병치가 근본' 참조)

이렇게 보면 이른바 '동사복사문(动词拷贝句)'의 문형의미가 분명해진다. '喝酒喝醉了(술을 마셔서 취했다)', '骑马骑累了(말을 타서 지쳤다)', '去天津去了三次(톈진을 세 번 갔다)', '教汉语教了三十年(중국어를 30년간 가르쳤다)'에 대해 과거에는 동사 중복에 대한 해석을 '목적어와 보어의 동사 뒤 자리다툼(宾补争动)'으로 설명하였다. 즉, 문법구조상 동사 뒤에 목적어와 보어가 동시에 오는 것을 허용할 수 없다는 것이다. 그런데 이 설명이 사실에 완전히 부합하지는 않는다. 동사를 중복하지 않은 '教汉语三十年了(중국어를 가르친 것이 30년이 되었다)'도 성립하고, 무종지문의 경우에는 끊을 수도 이을 수도 있기 때문이다. 특히 '放了一些书, 在桌子上(책을 몇 권 놓아두었어,

책상 위에)'처럼 중간에 휴지를 두는 것은 더더욱 문제가 되지 않는
다.(제3장 6절 '운치성' 참조) 동사복사문의 생성 원인이 목적어와 보
어의 자리다툼이라는 설명은 또한 '教汉语教了三十年'과 '教汉语三
十年了'가 어떤 차이가 있는지도 명확하게 말하지 않았다. 동사 복사
라는 표현 방식이 생겨난 진정한 원인은 사실 통사성분의 선형성과
의미구조의 비선형성 및 의미성분의 다중성 사이에 존재하는 모순 때
문이다.(施春宏 2018 : 228) 그런데 동사복사식은 바로 대칭적인 '호문
(互文)'(제7장 1절 '대언명의 참조)을 통해 이 모순을 해소함으로써 중
국인들의 마음속에서 동작의 대상과 동작의 결과를 하나로 통합할 수
가 있다. 따라서 이러한 호문 문형의 의미표현 효과는 동작의 대상과
동작의 결과를 하나로 융합하는 것이다.

3.2 타동성

동보(动补, 동목 포함)구가 한 쌍의 지칭어를 병치한 것인 만큼 동
사의 타동성(transitivity)에 대해서도 새로이 생각해야 하는데, 그 이유
는 타동성이라는 개념이 서양문법에서 온 수입품이기 때문이다. 이와
관련하여 한 가지 주목을 끄는 현상이 있다. 그것은 원래는 동사 앞에
서 전치사를 사용해서 도출되던 성분이 동사의 목적어가 되었다는 것
이다. 예를 들면, '在北京相见(베이징에서 만나다) → 相见北京(베이
징에서 만나다)', '向柏林进军(베를린으로 진군하다) → 进军柏林(베
를린으로 진군하다)'이 그러하다. 이와 유사한 예는 상당히 많다.

扎根山村 산촌에 뿌리를 내리다
献身事业 사업에 헌신하다

免考外语 외국어 시험을 면제하다
担心小孩 어린아이를 걱정하다
服务人民 인민에게 봉사하다
(別)刻薄人家 남에게 각박하다(각박하게 하지마라)
投资房地产 부동산에 투자하다
让位中青年 중·청년에게 자리를 양보하다

심지어 필자는 한 여성이 동성 동료에게 "你怎么不紧张他"라고 하는 말을 들은 적도 있는데, 그 의미는 '너는 어째서 그 사람을 불안해하지 않아(그 사람을 다른 여자에게 빼앗길까 봐 걱정되지 않니)?'이다. 자동사인 '紧张(불안하다)'이 타동사로 변한 것이다. 생성문법은 타동과 자동의 두 가지 견해를 개괄적으로 설명하기 위해서 술어에 임시로 하나의 공통된 기저층을 설정하였다. 이는 하나의 계층구조로 추상적인 핵심을 포함하는데, 대략 다음과 같다.(蔡维天 2017에 근거)

[술어 핵심[北京[在[相见]]]]

안쪽에 포함되는 것일수록 계층구조의 하층에 위치하는데, '相见(만나다)'은 구조의 맨 아래층에 있으며, 통사 조작은 다음과 같다. 만약 '在(…에서)'자가 술어 핵심의 위치로 상승하고 남겨진 빈 흔적이 지워지면 '在北京相见'이 생성된다. 그런데 만약 '在'자가 음성적인 것이면 '相见'이 '在'자의 위치까지 상승한 다음, 다시 술어 핵심의 위치까지 올라와서 '相见北京'이 생성된다. 이러한 분석과 처리 과정은 상당히 복잡하다. 많은 품사 태그와 여러 개의 단계를 설정해야 하고, 두 차례 상승하는 위치이동을 거쳐야 하며, 빈 흔적을 지워야 하고, 그 과정에서 또 해결하기 어려운 문제도 있다. 실제로 '相见在北京(베이

징에서 만나다)'('扎根在山村(산촌에 뿌리를 내리다)', '献身为事业
(사업을 위해 헌신하다)', '让位给中青年(청장년에게 자리를 양보하
다)' 등도 유사하다)이라는 표현도 있는데, 이 표현의 생성과정이 바로
문제가 된다. 왜냐하면 '在'자가 나타나면 '相见'이 곧바로 핵심 위치
로 이동할 수가 없기 때문이다.

　그런데 계층구조와 술어 핵심이라는 관념의 속박에서 벗어나기만
한다면 동목 타동 관계에 얽매이지 않고, 두 가지 형식의 생성에 대해
서 개괄적인 설명을 하는 것은 아주 간단하다. 그것은 바로 두 지칭어
를 병치할 때 먼저 생각나는 것을 먼저 말하는 것이다.

　　(在)北京者, 相见也。베이징은(에서는) 서로 만나는 것이다.
　　相见者, (在)北京也。서로 만나는 곳은 베이징(에 있는 것)이다.

　　(对)小孩者, 担心也。아이에 대한 것은 걱정하는 것이다.
　　担心者, (对)小孩也。걱정하는 것은 아이에 대한 것이다.

　　(为)事业者, 献身也。사업을 위하는 것은 헌신하는 것이다.
　　献身者, (为)事业也。헌신하는 것은 사업을 위하는 것이다.

　　(向)柏林者, 进军也。베를린을 향하는 것은 진군이다.
　　进军者, (向)柏林也。진군은 베를린을 향하는 것이다.

　이 점에서 볼 때 중국어 동사는 뒤에 목적어를 가지는 타동성이
매우 낮다고 할 수 있으며, 목적어는 일반적으로 동사와 분리하여 동
사를 진술하는 서술성 지칭어가 될 수도 있다. 과거에는 중국어 동사
를 모두 타동사라고 하였는데, 이는 동사가 모두 목적어를 가질 수
있다(단지 목적어의 종류가 다양할 뿐)는 점에 착안한 것이다. 그런
데 만약 반드시 목적어를 가져야 한다는 것을 기준으로 삼는다면(이

것이야말로 타동사를 판단하는 엄격한 기준이다), 중국어 동사 용법의 대부분은 자동사 용법이거나 자동사 용법을 주로 한다고 말해야 할 것이다. 이에 대해서는 Part1 제4장의 '능격형식' 부분을 참조하기 바란다.

중국인들이 영어를 배울 때 동사의 타동과 자동을 확실하게 구분하지 못하는 것은 흔히 범하는 오류이다. 영작 오류의 예를 들어보자.

People often complain*(about)high prices.
사람들은 종종 높은 가격에 불평한다.
人们经常抱怨物价太高。
사람들은 물가가 너무 높다고 자주 불평한다.

He did not consent*(to)his daughter's marriage.
그는 딸의 결혼을 허락하지 않았다.
他不同意女儿的婚事。
그는 딸의 혼사에 동의하지 않는다.

We discussed(*about)the problem far into the night.
우리는 그 문제에 대해 밤늦게까지 토론했다.
我们讨论问题直到深夜。
우리는 늦은 밤까지 문제를 토론했다.

I suggested(*to you)that you should do the whole thing over again.
나는 네가 모든 것을 다시 할 것을 제안했다.
我建议你整个重新做一次。
나는 네가 모든 것을 다시 한 번 할 것을 제안한다.

앞의 두 그룹 예는 자동으로 해야 할 것을 타동으로, 뒤의 두 그룹 예는 타동으로 해야 할 것을 자동으로 잘 못 작문하였다. 궈사오위(郭紹虞 1979: 32)는 중국어는 동사가 아닌 명사를 기본으로 하기 때문에 목적어를 지나치게 강조할 필요가 없다고 주장하였다. 목적어를 강조하면 도치를 인정하고 사용한다는 관점을 필연적으로 가지게 될 것이므로 문제가 복잡해진다. 그런데, 중국어는 순치나 도치와는 상관이 없다. 이러한 의미 역시 동사의 타동성 개념을 희석시킨다. 가오밍카이(高名凱 1948:214)는 중국어 동사는 타동과 자동에서 "모두 중성적"으로 "본래 타동과 자동의 구분이 없으며, 구체적인 명제나 문장 속에 있을 때 타동적인 것일 수도 있고 자동적인 것일 수도 있으므로 완전히 실제 상황을 보고서 결정해야 한다. 같은 단어가 중국어에서는 흔히 두 가지로 사용될 수 있다"고 주장하였다. 이것은 중국어가 타동성이라는 개념을 수용할 수 없음을 말하는 것이 아니라 '주어성 지칭어 – 술어성 지칭어의 대'가 모든 것을 간단하게 설명할 수 있음을 말한다. '喝点儿啤酒(맥주를 좀 마시다)'를 보자. 이때 만약 '啤酒(맥주)'가 '喝(마시다)'의 목적어라는 것을 강조하지 않고, 대화3연조(제8장 제4절 '대화분석' 참조)라는 관점에서 보면, 아래 두 문장은 단지 주어성 지칭어와 술어성 지칭어의 차이만 있을 뿐이다. 동목구의 순치나 도치와는 상관이 없다.

喝点儿, 啤酒吧? 좀 마실게요, 맥주죠?
啤酒吧? 喝点儿。 맥주죠? 좀 마실게요.

자주 언급하는 이른바 '논리에 맞지 않는' 동목결합, 예를 들어 '逃生(도망쳐서 살아남다)'과 '恢复疲劳(피로를 회복하다)' 등도 지칭어대로 설명하는 것이 가장 간단하고 자연스럽다.

逃生 도망쳐서 살아남다

逃者, (为)生也。 도망치는 것은 살기 위해서이다.

→ '为'는 목적을 나타내며 생략 가능

打扫卫生 쓸고 닦아서 깨끗하게 하다

打扫者, (为)卫生也。 청소하는 것은 위생을 위해서이다.

→ '为'는 목적을 나타내며 생략 가능

救灾 재난에서 구하다

救者, (为)灾也。 구하는 것은 재난 때문이다.

→ '为'는 원인을 나타내며 생략 가능

恢复疲劳 피로를 회복하다

恢复者, (为)疲劳也。 회복하는 것은 피로 때문이다.

→ '为'는 원인을 나타내며 생략 가능

목적어가 목적이나 원인을 나타낼 수도 있는데, 중국어는 예로부터 그러하였다.

伯夷<u>死</u>名于首阳山下。

백이는 수양산 아래서 <u>명예를 위하여 죽었다</u>. 　　　『庄子·外篇』

→ 명예를 위하여 죽다(为名而死)

伯氏苟出而<u>图</u>吾君, 申生受赐而死。

백씨(즉 호돌(狐突) - 신생의 사부)께서 출사하여 <u>우리 임금을 위하여</u> <u>국정을 도모하신다면</u>, 신생(진나라 헌공의 세자)은 은혜를 받고 죽겠습니다. 　　　『礼记·檀弓上』

→ 우리 임금을 위해 도모하다(为吾君而图)

<u>争一言</u>以相杀, 是贵义于其身也。

<u>한마디 말로 다투다가</u> 서로 죽이기도 하는데, 이것은 의로움을 그 자신보다 귀하게 여기기 때문이다.　　　　　　　　　　　『墨子·贵义』

→ 한마디 말로 인해서 다투다(为一言而争)

귀사오위(郭绍虞 1979:466, 496)는 동사와 목적어 사이에 '也'를 넣어 어기를 완화시킨 원곡(元曲)을 예로 들었다.

　　俺父亲啊, 待明朝早晨便拜辞**也**禁门, 待明朝早晨便来到**也**水滨, 待明朝早晨便开始**也**动身。
　　나의 아버지께서는, 내일 새벽이 되기를 기다렸다가 대궐문에서 하직 인사를 드리고, 내일 새벽이 되기를 기다렸다가 물가에 도착하고, 내일 새벽이 되기를 기다렸다가 행차를 시작하실 것입니다.

　　　　　　　　　　　　　　　　元无名氏『冯玉兰』剧

그는 이를 통해 중국어는 동사와 목적어의 연결이 긴밀하지 않고, 동사의 타동성이 강하지 않다고 설명하였다. 또 여기서 한발 더 나아가 중국어의 동목구조는 동사가 아닌 목적어가 주체라고 보았다. 이를 뒷받침하는 증거는 '挖掘地洞(땅굴을 파다)', '打扫街道(거리를 청소하다)'와 같은 4음절 동목구의 3음절 축약형식은 동사를 특별히 강조하고자 한 '深挖洞(구멍을 깊게 파다)', '勤扫街(거리 청소를 부지런히 하다)'와 같은 특수한 경우를 제외하고는, 모두 쌍음절 + 단음절인 '挖掘洞', '打扫街'가 아니라 단음절 + 쌍음절인 '挖地洞(땅굴을 파다)', '扫街道(거리를 청소하다)'라는 것이다. 이는 돤무싼(端木三, Duanmu 1997)에서 제기한 '보조성분 강세원칙(辅重原则)'과 일치한다.

3.3 행위자 피행위자 동일어휘성

중국어의 동사가 타동성이 낮은 이유는 '행위자와 피행위자가 동일한 어휘를 사용(施受同辭)'하는 것과도 관련이 있다. 이는 주객이 전도된 반빈위주(反宾为主)라고도 한다. 행위자와 피행위자가 동일한 어휘를 사용한다는 것은 하나의 동사가 능동과 피동을 모두 나타내는 현상을 말한다. 즉, 동사 앞의 어구는 행위자일 수도 있고 피행위자일 수도 있는 것이다. 여기서 강조하고자 하는 것은 이러한 현상이 중국어에서는 상당히 보편적인 현상이라는 것이다. '买卖(사고팔다. 장사)', '受授(주고받다. 수수)'와 같이 음성이나 단어의 형태가 이미 능동과 피동으로 분화된 동사는 소수일 뿐이며, 대다수의 동사는 동음동형(同音同形)이다.

吾欲伐卫十年矣, 而卫不伐。
내가 위나라를 정벌하려 한 지 10년이 되었지만, 위나라가 정벌되지 않는구나.
『吕氏春秋·期贤』

使之治城, 城治而后攻之。
그들을 시켜 성을 보수하게 하고, 성이 보수되고 난 뒤에 그들을 공격한다.
『淮南子·道应训』

大国之攻小国, 攻者农夫不得耕, 妇人不得织, 以守为事 ; 攻人者亦农夫不得耕, 妇人不得织, 以攻为事。
큰 나라가 작은 나라를 공격하면, 공격당하는 편의 농부들은 경작을 할 수가 없고, 부인들은 길쌈을 할 수 없게 되며, 지키는 것을 일로 삼게 됩니다. 남을 공격하는 편에서도 역시 농부들은 경작을 할 수 없게 되고, 부인들은 길쌈을 할 수 없게 되며, 공격하는 것을 일로 삼게 됩니다.
『墨子·耕柱篇』

魏弱, 则割河外 ; 韩弱, 则效宜阳。宜阳效, 则上郡绝 ; 河外割,
则道不通。

위나라가 약해지면 황하 북쪽 땅을 <u>나누어주고</u>, 한나라가 약해지면 의양
땅을 바칠 것입니다. 의양 땅이 바쳐지게 되면, 상군 땅의 길이 끊기고,
황하 북쪽 땅이 <u>나누어지면</u>, 길이 통하지 않을 것입니다.

『史记·苏秦列传』

人固不易<u>知</u>, <u>知</u>人亦未易也。

사람이 본래 <u>알게 되기가</u> 쉽지 않고, 남을 <u>아는</u> 것 역시 쉽지 않습니다.

『史记·范雎蔡泽列传』

天<u>被</u>尔禄。

하늘이 너에게 후한 봉록을 <u>내려 주신다.</u>   『诗·大雅·既醉』

信而见疑, 忠而<u>被</u>谤。

신의를 다하였으나 의심을 받았고, 충성스러웠으나 비방 <u>당하였다.</u>

『史记·屈原列传』

天乃<u>锡</u>(赐)禹洪范九畴。

하늘은 이에 큰 규범 아홉 가지를 <u>하사하였다.</u>   『尚书·洪范』

臣愿令朔复射, 朔中之, 臣榜百 ; 不能中, 臣<u>锡</u>帛。

신은 동방삭으로 하여금 다시 알아맞히게 하시기를 바라옵니다. 동방삭
이 알아맞히면, 신이 채찍을 백 대 맞겠습니다. 알아맞히지 못하면 신이
비단을 <u>하사받겠습니다.</u>   『汉书·东方朔传』

果若人言, 狡兔死, 良狗<u>烹</u> ; 高鸟尽, 良弓<u>藏</u> ; 敌国<u>破</u>, 谋臣<u>亡</u>。

과연 사람들이 말하는 대로구나. 교활한 토끼가 죽으면 사냥개를 <u>삶고,</u>
높이 날아가는 새가 다 없어지면 좋은 활을 창고에 <u>처박는다더니,</u> 적국
을 <u>멸망시킨</u> 후에는 계략에 뛰어난 신하는 죽는구나!

『史记·淮阴侯列传』

마지막 예문의 '烹(삶다)', '藏(처박아두다)', '破(멸망시키다)'와 같은 이른바 타동사는 자동사 '死(죽다)', '尽(다 없어지다)', '亡(망하다)'과 문형이 같다. 가오잉쩌(高迎泽 2010)는 기존 연구를 종합한 후, 이러한 경우가 고대중국어에서는 상당히 보편적이며 거의 모든 타동사가 이렇게 사용되므로 결코 특수한 현상이 아니라고 지적하였다. 하지만 그는 또 동사의 이러한 보편적인 용법을 행위자와 피행위자가 동일한 어휘를 사용하는 것으로는 간주하지 않는 것이 타당하다고 보았다. 그래서 고대중국어에서 행위자, 피행위자가 동일한 어휘인 경우를 자신이 정한 엄격한 기준에 따라 단지 '賜', '被', '受'의 세 개의 단어로 국한하였는데, 이는 인도유럽어 주술구조의 틀에 중국어를 가둔 것이다. 이 틀 안에서는 행위자와 피행위자가 같은 어휘인 경우를 당연히 일종의 특수한 현상으로 볼 수밖에 없기 때문에 범위를 최대한 좁혀야 했던 것이다.

단어의 의미가 '수여(给予)'에서 '피동(被动)'으로 변하는 것은 근대중국어 연구에서 자주 논의되는 문제이다. 이러한 변화가 생기는 원인은 행위자와 피행위자가 같은 어휘를 사용하기 때문이다. '小红给小王梳头发(샤오홍이 샤오왕에게 머리를 빗겨주다/샤오홍이 샤오왕에 의해 머리가 빗겨지다)'라는 문장을 예로 들면, '小红(샤오홍)'을 행위자, '小王(샤오왕)'을 피행위자(수혜자), '给'를 추상적인 '수여'(능동)를 나타내는 것으로 이해할 수 있다. 그런데 또 이와 반대로 '小红'을 피행위자, '小王'을 행위자, '给'를 '사역(使让)'(피동)으로 이해할 수도 있다.

영어에도 행위자와 피행위자가 같은 어휘를 사용하는 경우가 있는데, 예를 들면 촘스키가 든 한 쌍의 예문이 그러하다.

John is eager to please. 约翰急于取悦。
존은 (남을)기쁘게 해주기를 열망한다.

John is easy to please. 约翰易于取悦。
존은 기쁘게 만들기가 쉽다.

John은 첫 번째 문장에서는 동사 please(기쁘게 하다)의 행위자이고, 두 번째 문장에서는 같은 동사의 피행위자이다. 생성문법에 의하면 이 두 개의 문장은 서로 다른 하부 구조를 가지고 있다. 이러한 상황이 영어에서는 분명히 일상적이지 않은 특수한 상황이기 때문에 비상한 관심을 끌고 있다. 하지만 중국어의 사실을 존중하고 주술구조의 관념을 넘어선다면, 행위자와 피행위자가 동일어휘를 사용하는 현상이 중국어에서는 일상적인 상황이며, 단지 "고대 사람들이 남긴 풍습(初民之遺習)"(杨树达 1956)이 아닌 고대부터 현대까지 일맥상통하는 것이라고 보아야 한다. 현대중국어도 마찬가지다. 자오위안런(赵元任 1976)은 "중국어 동사의 방향은 능동적일 수도 있고 피동적일 수도 있다"라고 하면서, 실제 회화의 예를 두 가지 들고 있다. 먼저 [예1]인데, 여기서 예문(0)은 실제로 말한 것이고, 예문(1)은 그것이 의미하는 것이다. 예문(2)는 실제로 이해한 것이고, 예문(3)은 그렇게 이해할 가능성이 있는 것이다.

[예1]
(0) 这 鱼给 他们吃一点儿 啊?

(1) 这金鱼给 他们吃一点儿食啊?
    이 금붕어들에게 먹이를 좀 먹일까?

(2) 这猫鱼给(猫)他们吃一点儿 啊？

이 고양이 생선을 (고양이)그들에게 좀 먹일까?

(3) 这鱼给客人他们吃一点儿 啊？

이 생선을 손님들이 드시도록 좀 드릴까요?

다음은 [예2]이다. 어떤 사람이 "法国委员会十六对十五票通过了，德国还不知道呢(프랑스 위원회는 16대 15의 표차로 통과시켰는데, 독일은 아직 모른다)"라고 말하였다. 청자는 이를 프랑스 위원회가 이미 (북대서양조약기구 가입을) 통과시켰지만, 독일은 아직 그 사실을 모른다고 이해하였다. 그래서 그는 "怎么会呢？这事儿报纸上早已登了!(어떻게 그럴 수 있어? 그 일이 이미 신문에 실렸는데!)"라고 말하였다. 그런데 사실 화자의 뜻은 독일 측의 투표 결과는 아직 모른다는 것이었다. 동사 자체가 행위자와 피행위자를 구분하지 않는 현대중국어의 예는 무수히 많다.

我不吃河鱼。

나는 민물생선을 안 먹는다.

河鱼我不吃。

민물생선은 나는 안 먹는다.

部队攻击301高地。

부대가 301고지를 공격한다.

高地攻击不下。

고지는 공격받아서 점령당하지 않는다.

政府治理环境。

정부가 환경을 <u>정돈하다</u>.

环境<u>治理</u>后面貌大改。

환경이 <u>정돈된 후에</u> 모습이 크게 달라졌다.

他<u>掀开</u>被子, 看见一具尸体。

그가 이불을 <u>들추고</u>, 시체 한 구를 보았다.

被子<u>掀开</u>, 他看见一具尸体。

이불이 <u>들춰지자</u>, 그는 시체 한 구를 보았다.

我<u>送</u>小王一对枕套。

나는 샤오왕에게 베개커버 한 세트를 <u>선물했다</u>.

小王结婚<u>送</u>一对枕套。

샤오왕이 결혼하여 베개커버 한 세트를 <u>선물했다</u>.

皇帝<u>赏</u>了一件黄马褂。

황제가 황마고자 한 벌을 <u>하사했다</u>.

小太监<u>赏</u>了一件黄马褂。

어린 환관은 황마고자 한 벌을 <u>하사받았다</u>.

前妻将我<u>扫地出门</u>。

전처가 나를 <u>빈털터리로 집 밖으로 내쫓았다</u>.

我<u>扫地出门</u>, 等于民工。

내가 <u>빈털터리로 집 밖으로 쫓겨난 것</u>이 부역부와 같다. 『繁花』 속의 예

你老实交代你<u>偷车</u>的事情。

네가 <u>차를 훔친</u> 일을 솔직하게 털어 놓아라.

作文你就写你偷车的事。

작문에 네가 <u>차를 도난당한</u> 일을 써라.　　　　　　　　趙元任의 예

　마지막 자오위안런의 예문은 '네가 차를 도난당했다(你被偷车)'는 것을 말한다. '程砚秋是周恩来的介绍人(청옌치우는 저우언라이의 소개인이다)'은 저우언라이(周恩来)가 청옌치우(程砚秋)를 소개한 것인지 아니면 처옌치우가 저우언라이를 소개한 것인지 배경지식을 모르면 정확히 알 수가 없다. 또 '眼睛瞪圆(눈이 동그래지다/눈을 동그랗게 뜨다)', '身子乱转(몸이 함부로 돌아다니다/몸을 함부로 돌리다)'에서 '眼睛(눈)'과 '身子(몸)'가 행위자인지 피행위자인지 명확하게 말하기가 어렵다. 「베이징 완바오(北京晚报)」에 '欲学生减负, 先减家长(학생이 부담을 덜기를 바란다면, 먼저 학부모의 부담을 줄여야 한다)'이라는 글이 게재되었다. 이는 학부모가 먼저 심리적인 부담을 줄이라는 뜻이다. 여기서 '先减家长'은 순서를 바꿔 '先家长减(负)(먼저 학부모가 (부담을)덜어야 한다)'라고 말할 수도 있다. 이 경우에도 의미의 중점은 다르지만 여전히 행위자와 피행위자는 같은 어휘를 사용하고 있다. 따라서 **중국어 구조는 행위자와 피행위자의 동일어휘성이** 있다. 이것은 행위자와 피행위자가 의미적으로 구분된다는 것을 부정하는 것이 아니라 중국인들에게는 이러한 구분이 중요하지 않다는 점을 강조한다. 행위자와 피행위자가 동일한 어휘를 사용하기 때문에 동사의 타동성이 낮고, 이로 인해서 중국어는 피동문은 없고 '被'자문만 있다.(Part1 제4장 '중간형식' 참조) 또한 행위자와 피행위자가 동일한 어휘를 사용한다는 것에 익숙하고, 또 '棚屋容易搭盖(판잣집은 짓기가 쉽다)'와 '棚屋容易着火(판잣집은 불나기가 쉽다)' 두 문장이 형식적으로 같아서, 중국인들은 영어를 배울 때 The hut is easy to put up

(오두막은 짓기가 쉽다)이라고 말할 수 있다는 것만 알고, *The hut is easy to catch fire라고 말해서는 안 된다는 것은 모른다. 이러한 실수는 영어 실력이 뛰어난 사람이라도 피하기가 어렵다. 또 반대로 어떤 사람은 영문법의 영향을 지나치게 많이 받아서, John is easy to please를 '约翰易于取悦(존은 기쁘게 만들기가 쉽다)'(형식상 '约翰急于取悦'와 동일)라고 번역하지 않고, 군이 '约翰容易让他高兴(존은 그를 기쁘게 만들기가 쉽다)'이라고 번역하는데, 이는 정말 수준이 낮은 번역이다.

중국어에서 행위자와 피행위자가 동일한 어휘를 사용하는 원인은 결국 동사-목적어가 주어-술어와 마찬가지로 주어성 지칭어-술어성 지칭어의 대이기 때문이다. '师行而粮食, 饥者弗食(군사들이 다녀서 양식이 먹혀지니, 굶주린 사람은 먹지를 못한다)'(『孟子·梁惠王』)는 행위자와 피행위자가 동일한 어휘를 사용한다는 것을 설명하기 위해 제시된 최초의 예문이다.(俞敏 1999) 여기서 '粮食'는 주술관계(피행위자 주어)로 '粮者, 食也(양식은 먹히는 것이다)'이며, '食粮'은 동목관계로(목적어는 생략 가능) '食者, 粮也(먹는 것은 양식이다)'이다. 의미는 물론 다르지만, 이들은 모두 주어성 지칭어와 술어성 지칭어의 대로 되어있다. '食粮'을 거꾸로 하면 바로 '粮食'가 되는데, 이는 순치나 도치와는 상관이 없다. 마찬가지로 조조(曹操)「거북이 비록 오래 산다 한들(龟虽寿)」의 첫머리에 있는 '老骥伏枥'와 '烈士暮年'의 의미를 근거로 하여, 위의 예를 모방하면 '伏枥'를 거꾸로 '枥伏'라고 말할 수도 있을 것이다.

师行而粮食, 饥者弗食。
군사들이 다녀서 양식이 먹혀지니, 굶주린 사람은 먹지를 못한다.

驥老而枥伏, 烈士弗伏。

천리마는 늙어서 구유에 엎드려 있지만, 열사는 엎드려 있지 않는다.

장쑤성(江苏省) 북쪽지방 민가「갈대꽃을 뿌리째 뽑자(拔根芦柴花)」에서는 '来啊栽秧'이라고 하지 않고 '秧啊来栽(모를 심으세)'라고 하고, '来啊采桑'이라고 하지 않고 '桑啊来采(뽕을 따세)'라고 하며, '来啊抬网'이라고 하지 않고 '网啊来抬(그물을 끌어올리세)'라고 한다. 그 이유는 단순히 곡 전체가 '开来'를 압운(韵)으로 하였기 때문이다. 이는 동사와 목적어인 '栽秧(모를 심다)', '采桑(뽕을 따다)', '抬网(그물을 끌어올리다)'과 주어와 술어(주어는 화제)인 '秧栽(모는 심는다)', '桑采(뽕은 딴다)', '网抬(그물은 끌어올린다)'가 단지 운율로 인한 어순의 차이만 있음을 말해준다.

자오위안런(赵元任 1955)은 중국어의 논리는 술어논리에 가깝고, 술어논리는 술어를 중심으로 함으로써 주술과 동목의 대립을 해소하였다고 설명했다. '有人(사람이 있다)'과 '下雨(비가 오다)'처럼 흔히 보이는 중국어의 문형은 술어로만 구성된다. 이때 동사의 목적어가 되는 '人'과 '雨'는 논리적으로는 함수식의 인수가 된다. 이는 예를 들면 '不管下雨、下雪、下雹子、下猫、下狗 … 我都会来(비가 오든, 눈이 오든, 우박이 오든, 고양이가 오든, 개가 오든 … 나는 올 것이다)'와 같다. 이 문장은 논리적으로 (x)■Sx∩C로 표기한다. 여기서 (x)는 (x)에 대한 모든 값을 나타내고, S( )는 '내리다(下)'(이의 문법적 목적어는 인수임)를 나타내며, C는 '나는 올 것이다(我会来)'를 나타낸다. 우리의 관심사가 함수식 S이면, x는 문법적으로 주어(雨下)이든 목적어(下雨)이든 그것의 진리값은 영향을 받지 않는다. 따라서 중국어의 실상에서 출발한다면 '下雨'를 '雨下'의 두 성분이 자리를 바꾼 주술구조로 간주해서는 안 된다. 중국어가 '명동포함'이라는 것에 착안하면 '下'도 명사에 속하므로 '下雨'는 더더욱 지칭어대로 보아야 한다.

요컨대, '食粮'과 '粮食', '伏枥'와 '枥伏', '减家长'과 '家长减', 그리고 또 '栽秧'과 '秧栽', '下雨'와 '雨下'는 모두 근본적으로는 한 쌍의 지칭어를 병치한 지칭어대이다. 차이라면 단지 어느 것이 주어성 지칭어이고, 어느 것이 술어성 지칭어인가일 뿐이다.

④ 지칭어대가 근원

지칭어대가 모든 구조관계의 근원이라는 것은 회문(回文)과 어순을 통해서 설명이 가능하다.

4.1 회문 가능성

위의 3.3에서 주목한 현상은 '회문'에 속한다. 행위자와 피행위자의 동일어휘성이 중국어의 보편적인 현상인 것처럼 회문도 역시 마찬가지다. 회문은 단어의 배열 순서를 바꾼 것으로 순서대로 읽으나 뒤에서 거꾸로 읽으나 모두 글이 되는 것을 가리키는데, 과거에는 이를 일종의 수사격으로 여겼다. 회문은 시(诗)와 사(词), 부(赋), 곡(曲)에서 흔히 보인다. 시에는 회문체가 있는데, 왕안석(王安石)의 「벽무(碧芜)」를 예로 들어보자.

碧芜平野旷, 푸른 풀 무성한 들판은 확 트여 있고,
黄菊晚村深。 노란 국화 핀 저녁 마을은 그윽하고 깊네.

客倦留甘饮, 나그네는 지쳐 머무르며 달게 술 마시니,
身闲累苦吟。 몸은 한가로워 고심하여 시를 읊조리네.

시 전체를 다시 맨 끝 글자 '吟'에서 첫 글자 '碧'까지 거꾸로 배열하여도 여전히 한 편의 시가 된다.

吟苦累闲身, 괴로움을 읊는 시는 한가로운 몸을 지치게 하지만,
饮甘留倦客。 달콤한 술을 마시며 지친 나그네를 붙드네.
深村晚菊黄, 깊은 산속 마을 저녁엔 국화 꽃잎 노랗고,
旷野平芜碧。 확 트인 들판엔 무성한 풀들이 푸르네.

이와 같이 전편의 글자 하나하나가 모두 회문인 것은 엄격한 형식인데, 이보다 더 흔한 것은 느슨한 형식의 회문이다. 이 두 형식의 회문은 시와 사, 부, 곡에 모두 나타난다.

色非形, 形非色也。
색은 형체가 아니고, 형체는 색이 아니다. 『公孙龙子·迹府』

仕而优则学, 学而优则仕。
벼슬하면서 여유가 있으면 공부를 하고, 공부를 하면서 여유가 있으면
벼슬을 한다. 『论语·子张』

宽以济猛, 猛以济宽, 政是以和。
관대함으로써 엄함을 조절하고, 엄함으로써 관대함을 조절하니, 정치는
이로써 조화를 이룬다. 『左传·昭公二十年』

信言不美, 美言不信。善者不辩, 辩者不善。知者不博, 博者不知。
신실한 말은 아름답지 않고, 아름다운 말은 신실하지 않다. 선한 사람은

말을 잘하지 않고, 말을 잘하는 사람은 선하지 않다. 정말로 아는 사람은 박식하지 않고, 박식한 사람은 정말로 알지는 못한다.

『老子』第八十一章

故生不知死, 死不知生 ; 来不知去, 去不知来。坏与不坏, 吾何容心哉?

그러므로 태어날 때에는 죽음을 알지 못하고, 죽을 때에는 태어나는 것을 알지 못하며, 올 때에는 가는 것을 알지 못하고, 갈 때에는 오는 것을 알지 못한다. 무너지는 것과 무너지지 않는 것에 대해 내 어찌 마음에 담아 두겠는가?

『列子 · 天瑞篇』

이러한 용례를 통해 회문은 흔히 호문, 대언과 함께 혼재되어 있다는 것을 알 수 있다. 일찍이 시 평론가들은 회문시가 반복을 통해 장(章)을 이룸으로써 여러 가지 시적인 의미를 생성하기 때문에, 이를 단지 일종의 말장난으로만 치부하거나 보잘 것 없는 것으로 여겨서는 안 된다고 지적하였다. 자칭 회문 유희를 좋아한다는 현대작가 왕멍(王蒙)은 「재구성의 유혹(重组的诱惑)」이라는 글에서, **회문은 의미의 해체와 재구성**이자 "원본의 신비에 대한 탐색과 발견"이므로 "유희라는 말만 듣고 짜증을 낼 필요는 없다"고 주장하였다. 왜냐하면 이 유희가 "고상하고 우아"할 수도 있기 때문이라는 것이다. 과거에는 단음절 위주인 고대중국어만이 회문에 적합하다고 여겼는데 사실은 그렇지가 않다. 현대중국어는 쌍음절 단어가 우세를 차지하는데, 오히려 이것이 회문의 사용 범위를 확대시키고 회문의 발전을 촉진시켰다. 이로써 회문은 여러 가지 문체와 장르에 나타나게 되었다.(宗廷虎 · 陈光磊 2007:1279) 예를 들어보자.

上海自来水来自海上 상하이의 수돗물은 바다에서 온다
中山落叶松叶落山中 중산의 낙엽송 잎이 산 속에 떨어진다

이는 현대의 '회문대(回文对)이다. 회문은 설창예술의 노래가사에
도 나타난다.

三小好, 好三小, 我们高歌颂三小。
제3초등학교가 좋아, 좋은 제3초등학교, 제3초등학교를 높이 칭송하자.
쾌판사(快板词)[7]

忆江南, 江南忆, 最忆是杭州。
강남을 생각하네, 강남이 그리워, 가장 그리운 곳은 항저우라네.
노래가사

金陵塔, 塔金陵, 金陵宝塔十三层。
금릉탑, 탑금릉, 금릉보탑 13층.
설창가사

회문은 또 당대(当代) 문학과 영화나 텔레비전 작품에서도 관찰된다.

鸿渐道: "给你说得结婚那么可怕, 真是众叛亲离了。辛楣笑道 :
"不是众叛亲离, 是你们自己离亲叛众。
홍젠이 말했다. "당신에게 결혼을 그렇게 무섭게 얘기하다니, 정말 모든
사람들이 다 등을 돌리고 친한 사람들이 떠나 버렸겠어요." 신메이가 웃
었다. "사람들이 다 등을 돌리고 떠난 게 아니라 당신들 스스로가 친한

---

7) 역자주: 쾌판의 가사. 쾌판은 비교적 빠른 박자로 '拍板'(3개의 나무쪽으로 된
리듬 악기)과 '竹板'(2개의 대쪽으로 된 리듬 악기)을 치며 기본적으로 7자구
의 압운된 구어 가사에 간혹 대사를 섞어 노래하는 중국 민간 예능의 한 가지.
[네이버 중국어 사전]

사람들을 떠나고 뭇사람들에게 등을 돌린 것이지요."　　　钱钟书『围城』

现在却只好来动笔, 仍如旧日的文人的无聊, 无聊的文人一模一样。
옛 문인들의 어리석음, 어리석은 문인들과 같기에 이제는 붓을 들 수밖에 없다.　　　　　　　　　　　　鲁迅『三闲集·"醉眼"中的朦胧』

他们忘却了纪念, 纪念也忘却了他们。
그들도 기념을 망각하였고, 기념도 그들을 망각하였다.
　　　　　　　　　　　　　　　　　　　鲁迅『呐喊·头发的故事』

我中也有你, 你中也有我。我便是你, 你便是我。火便是凤, 凤便是火。
내 마음속에도 네가 있고, 네 마음속에도 내가 있다. 내가 곧 너이고, 네가 곧 나이다. 불이 곧 봉황이고, 봉황이 곧 불이다.　　　郭沫若『凤凰涅槃』

满天紫雾哟, 紫雾满天 …… 一片黄沙哟, 黄沙一片 ……
온 하늘에 보랏빛 안개야, 보랏빛 안개가 온 하늘에 자욱해 …… 천지가 황사군, 황사 천지 ……　　　　　　　　　　　　　　　郭小川『昆仑行』

前方吃紧, 后方紧吃。
전방은 싸우느라 긴박한데, 후방은 열심히 먹고 마신다.
　　　　　　　　　　　　　　　　　　　　电影『一江春水向东流』

李先生不得了, 了不得啊。
이선생 큰일 났어, 큰일 났다고.　　　　　　　　　电视剧『围城』

　또 '万家乐、乐万家(수많은 집이 즐거워하고, 수많은 집을 즐겁게 하다)', '你不理财, 财不理你(당신이 재산을 상대(재테크) 하지 않으면, 재산이 당신을 상대하지 않는다)'와 같은 광고 문구도 있다. 대중의 입에 자주 오르내리는 아래의 표현들도 모두 회문이다.

吃了睡, 睡了吃。

먹고 나면 자고, 자고 나면 먹는다.

针连线, 线连针。

바늘로 실을 꿰고, 실로 바늘을 꿴다.

开水不响, 响水不开。

끓는 물은 소리가 나지 않고, 소리 나는 물은 끓지 않는다.

革命不怕死, 怕死不革命。

혁명은 죽음을 두려워하지 않고, 죽음이 두려우면 혁명하지 않는다.

爱情是什么, 什么是爱情。

사랑이 무엇이고, 무엇이 사랑인가.

英雄造时势, 时势造英雄。

영웅이 시대를 만들고, 시대가 영웅을 만든다.

  회문에는 문장 내 회문(句内回文)과 두 문장으로 된 회문(双句回文), 전편 회문(通篇回文)이 있다. 회문은 품사의 제약을 받지 않아서 주술구, 수식구, 동보(목)구가 모두 위치를 바꿈으로써 '의미의 재구성(意义的重组)'을 실현할 수가 있다.

  轮渡 - 渡轮 나룻배로 건너다 - 나룻배
  虫害 - 害虫 벌레로 인한 피해. 충해 - 해로운 벌레
  白雪 - 雪白 흰 눈 - 눈처럼 희다
  羊头 - 头羊 양의 머리 - 우두머리 양
  进行 - 行进 진행하다 - 행진하다
  发出 - 出发
  (소리 등을) 내다. (명령·지시 등을) 발포·발표하다 - 출발하다

犟脾气 — 脾气犟
센 고집. 고집쟁이 — 고집이 세다

死心眼儿 — 心眼儿死
완고한 생각. 고지식한 사람 — 생각이 완고하다

一条死路 — 死路一条
한 가닥 막다른(죽음의) 길 — 막다른 길 한 가닥

发展经济 — 经济发展
경제를 발전시키다 — 경제가 발전하다

住皇城根 — 皇城根住
황성 근처에 살다 — 황성 근처에 살다

跳在马背上 — 在马背上跳
말 등으로 뛰어오르다 — 말 등에서 뛰다

火车通西康 — 西康通火车
기차는 시캉으로 통하다 — 시캉에 기차가 통하다

肉末夹烧饼 — 烧饼夹肉末
다진 고기가 사오빙에 끼워지다 — 사오빙에 다진 고기를 끼워 넣다

许三观是谁 — 谁是许三观
쉬싼관은 누구인가? — 누가 쉬싼관인가?

美元换人民币 — 人民币换美元
달러를 인민폐로 바꾸다 — 인민폐를 달러로 바꾸다

你淋着雨没有 — 雨淋着你没有
너는 비에 젖었니? — 비가 너를 적셨니?

太阳晒老头 — 老头晒太阳
햇볕이 노인을 내리쬐다 — 노인이 햇볕을 쬐다

　회문은 중국어가 형태의 제약 없이 어순이 유동적이라는 것을 보여
주는 중요한 현상이다. 이는 **중국어 구조의 한 가지 중요한 특징**으로, '회
문 가능성(可回文性)'이라고 한다. 시와 쾌판사(快板词)를 쓸 때, '菲菲
飘零泪数行(주루주룩 떨어지는 눈물 여러 줄기)'이라고 쓸지 아니면
'菲菲飘零数行泪(주루룩 떨어지는 여러 줄기의 눈물)'라고 쓸지, '飞
针走线绣荷包(날아다니는 바늘 달리는 실이(능숙하고 빠른 바느질
로) 쌈지에 수를 놓는다)'라고 쓸지 아니면 '飞针走线荷包绣(날아다
니는 바늘 달리는 실이 쌈지에 수를 놓는다)'라고 쓸지는 어느 운을
압운으로 할 것인가에 따라 달라진다. 하나의 운이 끝까지 유지되는
것은 일반적으로 중국어 시가의 특색이다. 하지만 시가 외에 산문과
'清华北大, 不怕不怕, 三本稳拿, 一样伟大(칭화대 베이징대 하나도
안 무서워, 3류 대학 합격도 똑같이 훌륭해)'와 같은 유행어도 마찬가
지로 압운을 중시한다. 중국어가 압운을 중시하는 이유로는 쉽게 교체
가 가능한 동음자가 많다는 것 외에 회문 가능성도 있다. 유월(俞樾)[8]
의 『고서의의거열(古书疑义举例)』에는 종횡으로 뒤섞여서 문구를 이
룬 사례를 설명하면서, 『논어(论语)』 '迅雷风列(갑작스러운 번개 소
리에 바람이 거세게 분다)', 『초사·구가·동황태일(楚辞·九歌·东皇
太一)』 '吉日兮辰良(길한 날에 때도 좋다)', 『하소정(夏小正)』 '剥枣
栗零(대추를 털고 밤이 떨어지다)'을 예로 들고 있다. 그는 여기서 '风
列(바람이 거세게 불다)', '辰良(때가 좋다)', '栗零(밤이 떨어지다)'은

---

8) 역자주: 청나라 말기의 학자, 문학가, 서예가.

각각 '列风(거센 바람)', '良辰(좋은 때)', '零栗(밤을 떨어뜨리다)'를 사용하지 않고 일부러 "단어의 순서를 바꿈으로써 문법의 변화를 나타낸 것"이라고 하였다.

영어에도 회문(palindrome)이 있지만 중국어보다는 훨씬 특수하다. 이는 주로 단어 안의 알파벳 배열(예 madam)에서 나타나며 수사격에 속한다. 디킨스(Dickens)[9]의 언어가 그 예이다.

> The jail might have been the infirmary, the infirmary might have been the jail.
> 감옥이 의무실이었을 수도 있고, 의무실이 감옥이었을 수도 있다.

그런데 영어에도 회문이 있다는 것이 중국어 구조가 회문의 가능성을 가진다는 것을 부정하는 이유가 될 수는 없다. 이는 단지 원시언어의 회문성이 현대의 여러 언어에 어느 정도 존재하고 있음을 증명할 뿐이다.

4.2 유연하고 중요한 어순

과거에 어떤 이는 중국어는 어순이 중요하다는 견해와 어순이 유연하다는 견해가 서로 모순이 된다고 주장하였다. '폴이 메리를 보았다'라는 의미를 라틴어로 나타내면 어순이 서로 다른 여섯 가지 표현이 있는데, 이는 라틴어의 어순이 중국어보다 더 유연하다는 것을 보여준다.(朱德熙1985:3)

---

9) 역자주: 찰스 디킨스(Charles John Huffam Dickens, 1812-1870) 셰익스피어와 함께 영국을 대표하는 소설가.

Paulus vidit Mariam. 폴이 보았다 메리를.

Mariam vidit Paulus. 메리를 보았다 폴이.

Paulus Mariam vidit. 폴이 메리를 보았다.

Mariam Paulus vidit. 메리를 폴이 보았다.

Vidit Paulus Mariam. 보았다 폴이 메리를.

Vidit Mariam Paulus. 보았다 메리를 폴이.

어순이 유연하다는 것은 어순이 중요하지 않다는 것을 설명하고, 거꾸로 어순이 중요하다는 것은 어순이 유연하지 않다는 것을 설명한다. 그렇다면 중국어의 어순은 중요할까 아니면 유연할까?

곰곰이 생각해보면, 라틴어는 어순이 유연해서 중요하지 않다는 말은, 어순이 주술구조 안에서 단어들 사이의 관계를 변화시킬 수 없고 의미의 재구성에 영향을 미치지 않음을 뜻한다. 이는 '폴이 메리를 보았다'의 의미가 '메리가 폴을 보았다'로 변하지는 않음을 가리킨다. 그런데 중국어는 아예 주술이라는 틀의 존재 자체를 무시한다. 어순의 유연한 변화는 관계의 변화와 의미의 재구성을 초래하기 때문에 어순이 유연하면서도 중요하다는 것이 결코 모순이 아니다. 의미의 재구성이 자유로운지 여부의 각도에서 본다면, 라틴어의 어순은 분명히 중국어만큼 유연하지는 않다. 하지만 과거에는 이렇게 생각하지 않았는데, 그 이유는 주술구조라는 틀 안에서 문제를 보았기 때문이다.

이처럼 중국어 어순이 유연한 이유는 근본적으로 회문을 가능하게 하는 어구가 모두 대등한 지위를 가진 지칭어라는 데 있다. 치궁(启功 1997:16-17)은 왕유(王維)의 오언시 「사신으로 변방에 이르러(使至塞上)」 중의 한 구인 '长河落日圆(길게 뻗은 황하 위로 지는 해가 둥그네)'을 예로 들어, 중국어는 어순이 유연하면서 중요하다는 것을 설명하였다. 이 5언구를 구성하는 글자의 위치를 앞뒤로 바꾸어서 의미를

재구성해보면, 약 10가지의 어순을 생성할 수 있다. 그 가운데 4가지
를 예로 들면 다음과 같다.

巨潭悬古瀑, 커다란 소(沼)는 오래된 폭포에 매달려 있고,
长日落圆河。긴 해는 둥근 황하에 지고 있네.

西无远山遮, 서쪽으론 멀리까지 산이 막지 않아서,
河长日圆落。황하에 긴 해가 둥글게 지고 있네.

瀑边观夕照, 폭포 가에서 석양을 보니,
河日落长圆。황하에 해가 길고 둥글게 지고 있네.

潭瀑不曾枯, 소에 쏟아지는 폭포 마른 적이 없고,
圆河长日落。둥근 황하에는 긴 해가 지고 있네.

루즈웨이(陆志韦 1982:155)는 이러한 현상을 말 섞기(shuffling of
words)에 비유했다. 영어는 라틴어에 비해서는 형태가 이미 많이 사라
졌기 때문에, Paul saw Mary는 회문하여 Mary saw Paul이라고 말할
수가 있다. 하지만 중국어에 비해서는 형태가 아직 남아 있고 중요한
작용을 하며, 주술구조가 고정되어 있기 때문에 They like her는 회문
이 불가능하다. 또 중국어 회문 '无聊的文人(어리석은 문인)' - '文人
的无聊(문인의 어리석음)'도 영어에서는 역시 불가능하다. 영어에서
는 silly scholars(어리석은 학자)의 형용사 silly(어리석다)는 반드시 명
사화하여 silliness(어리석음)로 바꾸어야 비로소 '文人的无聊'를 나타
낼 수가 있다. 이는 중국어 문법을 이야기할 때 표현 방식의 필연성
(이것은 확실히 말할 수 있고, 저것은 절대로 말할 수 없다)이 아닌
가능성(이 경우에는 이렇게 말할 수 있고, 저 경우에는 저렇게 말할
수 있다)에 중점을 두어야 한다는 점을 시사한다.

4.3 지시보조자 '那(个)'

한 가지 예를 들어서 앞의 내용을 개괄하고자 한다. 장쑤(江苏) 지역 민가 「갈대꽃을 뿌리째 뽑자(拔根芦柴花)」와 「수양버들은 푸르고(杨柳青)」(장쑤성과 안후이성 일대의 관화(官话)), 「우시 풍경(无锡景)」과 「구쑤(쑤저우(苏州市)시의 옛 이름) 풍경(姑苏风光)」(장쑤성 남쪽의 우(吴)방언)에 나타난 '那(个)'의 용법에 대해 주목할 필요가 있다. '那(个)'는 지시와 보조자(衬字)[10]의 두 가지 기능을 가지고 있는데, 주어와 술어 사이에 들어가는 경우가 많으며 술어와 함께 연결되어 있다.

> 鸳鸯 — 那个戏水 원앙이 — 물장난 하는 그것이다
> 蝴蝶 — 那个恋花 나비가 — 꽃을 사랑하는 그것이다
> 山歌 — 那个唱呀 산가는 — 노래하는 그것이다
> 情郎 — 那个胜姐 사랑하는 님은 — 언니를 이기는 그것이다
> 姐郎 — 那个劳动 누나의 남자친구는 — 일을 하는 그것이다
> 金黄麦 — 那个割下 황금 보리는 — 베는 그것이다
> 泼辣鱼 — 那个飞跳 용감한 물고기는 — 펄쩍펄쩍 뛰는 그것이다
> 早啊晨 — 那个下田 아침에는 — 밭에 가는 그것이다
> 清风啊 — 那个吹来 맑고 신선한 바람아 — 불어오는 그것이다
> 采桑 — 那个哪怕露水湿青苔 뽕잎을 따는 것은 — 설령 이슬에 이끼
> 가 젖는 그것이다

그리고 또한 수식구조 사이, 동사와 보어 사이, 병렬구조 사이에 들어가서 뒤의 성분과 함께 연결될 수도 있다.

----

10) 역자주: 운율상 규정된 글자수 외에 가사나 가창의 필요에 의해서 추가하는
   글자로 츤자, 추임자라고도 함.

수식구조 사이

清香 — 那个玫瑰 싱그러운 향기의 — 그 장미
黄昏 — 那个后 황혼 — 그 후
点点 — 那个露水 방울방울 — 그 이슬
幸福 — 那个生活 행복한 — 그 생활
热闹 — 那个市面 번화한 — 그 길거리
满园 — 那个梅树 온 정원의 — 그 매화나무
十月 — 那个芙蓉 10월의 — 그 연꽃
细细 — 那个道道 아주 가느다란 — 그 길들

동사와 보어(목적어) 사이

洗好 — 那个衣服 다 세탁했다 — 그 옷을
姐胜 — 那个情郎 언니가 이겼다 — 그 사랑하는 님을
水连 — 那个山来 물이 이어져 있다 — 그 산으로
新造 — 那一座 새로 지었다 — 그 집을
锡山相对 — 那惠泉山 시산(锡山)은 마주하고 있다
　　　　　　　　　　　— 그 후이취안산(惠泉山)을

병렬구조 사이

姐姐 — 那个妹妹 언니 — 그 여동생
牵姐 — 那个看呀 치엔언니 — 그 바라봄이여

이러한 현상은 가극「백모녀·북풍은 불어오고(白毛女·北风吹)」
(북방어)에서도 나타난다.

北风那个吹(主谓), 雪花那个飘(主谓), 雪花那个飘飘(主谓), 年来到。爹出门去躲账, 整七那个天(偏正), 三十那个晚上

(偏正)还没回还。大姊给了玉交子面，我盼我的爹爹回家过年。风卷那个雪花(动补)，在门那个外(偏正)，风打着门来门自开。

　북풍 그렇게 부니(주술), 눈꽃 그렇게 흩날리고(주술), 눈꽃 그렇게 흩날리니(주술), 새해가 왔다. 아버지께서 빚쟁이를 피해 집을 나가셨는데, 꼬박 그 일곱 날들 동안(수식), 30일 그 밤(수식)에도 아직 돌아오지 않으셨다. 아주머니가 옥수수가루로 만든 국수를 주셨는데, 나는 우리 아버지가 집으로 돌아와서 설을 쇠시기를 애타게 바란다. 바람은 그 눈꽃들을 휘몰아치는데(동보), 문 그 밖에서(수식) 바람이 문에 불어 닥치니 문이 저절로 열린다.

　이상의 사실을 가장 간단히 개괄하여 설명하면 다음과 같다. '那(个)'가 보조자의 기능을 하지만 근본적으로는 지시사이다. 이때 다른 어구의 품사와 문법관계의 유형에 상관없이 전체 구는 모두 'A, 那个 B'로 주어성 지칭어 - 술어성 지칭어의 대가 된다. 이러한 설명은 '是' 자의 성질을 전면적으로 인식하는 데도 도움이 된다. 중국어의 술어 앞에는 '他(是)在打猎(그는 사냥을 하고 있다/있는 것이다)'와 같이 항상 동사 '是'를 붙일 수가 있다. 그런데 고대중국어에서는 '必死是间, 余收尔骨焉(틀림없이 저(두 산) 사이에서 죽게 될 것인데, 내가 그곳에서 너의 뼈를 수습하마)'(『左传·僖公三十二年』), '子于是日哭, 则不歌(공자께서 그날에 조곡(弔哭)을 하면 노래를 부르지 않으셨다)'(『论语·述而』)에서 보듯이 '是'가 지시사로 쓰였다. '是'의 지시 기능은 현대중국어에도 여전히 존재한다. 예를 들면, '老舍一生爱好是天然'은 한 쌍의 지칭어 '老舍一生爱好者, 那个天然也(라오서가 일생동안 좋아한 것은 그 자연스러움이다)'로 분석할 수 있다. 또 '老舍是一生爱好天然(라오서는 일생동안 자연스러움을 좋아한 것이다)', '老舍一生是爱好天然(라오서 일생은 자연스러움을 좋아한 것이다)'과 같이 '是'를 다른 위치에 넣을 수도 있다. 술어 앞에 놓는 것은 여러 가지 가능성 가운데 하나일 뿐이다.

요컨대, 중국어 어순이 '순치나 도치와 상관이 없다'는 원칙은 자주 언급되면서도 정작 문장을 분석할 때는 늘 간과되어 버린다. 이 원칙을 끝까지 관철시켜서 모든 관계의 유형이 지칭어의 대(对)로 설명할 수 있을 때까지 분석을 해야 한다. '老骥', '骥老', '伏枥', '枥伏'은 각각 대를 이루고 있으며, '老骥伏枥', '伏枥老骥'도 각각 대를 이룬다. 나아가서는 '老骥伏枥志在千里'도 대를 이루고, 또 '志在千里老骥伏枥'도 대를 이룬다. 이들은 모두 주어성 지칭어 - 술어성 지칭어의 대이다. 이것은 '老', '骥', '伏', '枥'의 네 글자가 음성과 의미적으로 등가일 뿐만 아니라 문법적(용법을 바탕으로 하는 대문법(大语法))으로도 모두 지칭어로 등가라는 것을 의미한다. 이러한 인식은 상당히 중요한데, 그 이유는 그것이 이후에 논의할 '확대·축소대', '사슬대', '다중대'의 바탕이 되기 때문이다. 지칭어대의 배열원칙은 다음 제10장 '순서대'를 참조할 수 있다.

4.4 구조관계의 불확실성

인도유럽어 문법의 시각으로 중국어를 분석하면, 중국어 문법의 구조관계도 고정 불변의 것으로 봄으로써 주술, 수식, 동목, 병렬구조가 이미 정해진 것이라고 생각한다. 그런데 중국어의 실제 상황은 문법관계가 명확히 정해져 있지 않으며, 구조관계도 확정적이지가 않다. 이와 관련하여 이미 앞에서 '狗叫'와 '叫狗', '出租商铺'와 '商铺出租'를 예로 든 바 있다. 다른 예를 들자면, '拍手拥护(박수치는 옹호/박수치며 옹호하다)'는 바로 '拍手'와 '拥护'라는 두 단어를 병치한 것이다. 이들이 수식관계인지 연동관계인지는 분명히 말하기 어려우나, 중간에 약간의 휴지를 두면 주술관계 '拍手, 拥护也(박수를 치는 것은 옹호하는 것이다)'로 이해할 수도 있다. '养殖对虾, 味道不佳(보리새우를 양식하면/양식한 보리새우는 맛이 없다)'에서 '养殖对虾'가 동목관계인지 수식관계인지는 중요하지 않으며, 의미를 이해하는 데 영향을 미치지도 않는다.

거리에 붙은 보행자를 위한 한 공익광고를 예로 들어보자. 고개를 숙인 채 휴대전화를 보면서 길을 걷는 스마트폰 중독자(低头族)가 되지 말고 보행 안전에 주의하라는 한 광고의 문구는 '滑动打开危险(밀어서 켜는 것은 위험하다/위험을 밀어서 켜다)'이다. 여기서 '滑动打开'와 '危险' 사이가 주술관계인지 동목관계인지 확실하지 않으며, 두 가지 모두 다 가능하다. 밀어서 켜는 것이 만약 위험이라면, 밀어서 켠다는 이 동작이 곧 위험한 것이기 때문에 의미를 이해하기 위해서는 '危险'이 '滑动打开'에 대한 보충설명이라는 것만 알면 되는 것이다. 이 예는 또 '滑动—打开危险(미는 것은 위험을 켜는 것이다)'의 주술관계로 이해할 수도 있다. 이를 통해서 구조를 나누는 것 또한 그렇게 확정적인 것이 아님을 알 수 있다. 예를 들어, '老骥伏枥'는 주술식이어서 '老骥 | 伏枥'로 분할하는데, '志在千里'는 주술구조로 분할하면 아마도 '志 | 在千里'로밖에 분할할 수 없는 것처럼 보인다. 하지만 이는 사실 '志在 | 千里'로 분할할 수도 있다. 앞에서 서술한 바와 같이 동사구가 주어가 되고, 명사구가 술어가 되는 것이 중국어 문법에서는 허용되기 때문이다.

당시(唐诗)의 대구 중에는 이른바 '구조의 허위 유사성(结构假平行)'이라는 것이 있어 연구자들의 주목을 끌었다. 예를 들어보자.

独立三边静, 轻生一剑知。

우뚝 서니 세 변방이 조용해지고, 목숨을 가벼이 여긴다는 것을 한 자루 칼은 알고 있다네.　　　　　　　　　　　　　刘长卿「送李中丞归汉阳别业」

翠屏遮竹影, 红袖下帘声。

비취색 병풍에 대나무를 가리는 그림자 보이고, 붉은 소매 여인이 주렴 내리는 소리 들리네.　　　　　　　　　　　　　白居易「人定」

波漂菰米沉云黑, 露冷莲房坠粉红。

물결에 줄풀 떠있으니 물에 잠긴 구름이 검고, 이슬이 연방(연밥이 들어있는 송이)이 차가워지니 떨어진 꽃잎이 붉다.　　　　　　　杜甫「秋兴八首」

　각 문장에서 대를 이루는 밑줄 친 부분은 서로 구조가 불일치한 듯 보인다. 즉, '独立(홀로 서다)'는 수식식이지만, '轻生(목숨을 경시하다)'은 동목식이다. 어떤 사람은 이를 운율의 대구가 구조를 압도한 것이라고 말한다. 하지만 사실은 그렇지 않다. '轻生'도 '独立'와 마찬가지로 수식구조로 분석할 수가 있다. 경시된 생명은 당연히 보잘 것 없는 생명이라는 것을 누구나 알 수 있다. 또 '遮ㅣ竹影(대나무 그림자를 가리다)'(동목)과 '下帘ㅣ声(주렴 내리는 소리)'(수식)은 구조가 서로 다른 것처럼 보인다. 하지만 '遮竹影'은 수식구조인 '遮竹ㅣ影(대나무를 가리는 그림자)'으로 분석하는 것도 불가능하지는 않기 때문에 병풍 위의 대나무 그림자(竹影)는 대나무를 가리는 그림자로 이해할 수 있다. 세 번째 시 구절에서 '坠粉红'은 '坠ㅣ粉红(붉은 꽃잎을 떨어뜨리다)'(동목)인 것처럼 보이지만, '坠粉ㅣ红(떨어진 꽃잎이 붉다)'(주술)으로 이해해도 말이 통한다. '粉'은 떨어지는 꽃잎을 가리키므로, '沉云ㅣ黑(물에 잠긴 구름이 검다)'와 역시 대를 이룰 수 있다. 따라서 당시의 대구는 주로 한 글자 한 글자가 서로 대를 이루면서 음성적인 평측(平仄)의 대와 의미적인 동류(同类)의 대를 동시에 만족시킨다. 또한 구조의 허위 유사성이라는 것은 사실은 대부분이 '허위 비유사성(假不平行)'인 것이다.(沈家煊 2016b) 이상의 내용으로 보건대, 문법구조에 대한 우리의 관점이 주술구조의 선입견만 벗어난다면, 중국어의 운율구조와 문법구조는 전체적으로 고도로 일치한다고 여길 수 있을 것이다.

중요한 문제는, 왜 관형어 - 중심어구조인 '出租汽车(렌트한 차(택시))'와 동목구조인 '出租汽车(차를 렌트하다)'가 뜻밖에도 동일한 형태일 수 있냐는 것이다. 이러한 중의는 강세의 유무로도 해소가 불가능하다.

我们'出租汽车, 不销售汽车。
우리는 자동차를 렌트하지, 판매하지는 않는다.
→ '出租'에 강세가 있어도 여전히 동목구조로 이해된다.

不是一架出租飞机, 只是一辆出租汽车。
렌트 비행기 한 대가 아니라 렌트 차량 한 대일뿐이다.
→ '汽车'에 강세가 있어도 여전히 관형어 - 중심어구조로 이해된다.

이 문제는 중국인의 마음속에서 관형어 - 중심어구조와 동목구조의 구별이 중요하지 않다는 것과 '出租汽车'는 두 개의 단어가 병치된 것[11]이며, 이들의 관계는 문맥에서 이해해야 한다는 것으로 설명할 수밖에 없다.

---

11) 저자주: 영어도 형태가 점점 사라지면서 rewrite rules(다시 쓰는 규칙/규칙을 다시 쓰다)와 같은 현상이 나타나게 된다. 하지만 rewrote rules는 분명 관형어 - 중심어구조는 아니며, rewritten rules는 분명 동목구조는 아니다.

제7장에서 대언격식은 중국어의 문법 형식이고, 대언의 격식화는 중국어의 문법화라고 하였다. 구조적인 관계로 보면, 인도유럽어는 주술구조에 바탕을 둔 여러 가지 구조관계의 문법화가 이루어졌지만, 중국어는 그러한 문법화가 이루어지지 않았다.

4.5 영어의 술어

만약 우리가 중국어를 영어의 관점에서만 보지 않고 반대로 중국어의 관점에서도 영어를 본다면, 영어 주술구조의 술어에도 잠재적 지칭성이 있으며, 지칭어가 병치되어 대를 이루는 것이 주술구조의 근원이라는 것을 발견할 수 있을 것이다.

他(是)在打猎。 그는 사냥을 하고 있(는 것이)다.
He is hunting.

중국어 술어 '在打猎(사냥을 하고 있다)'는 동사 '是'의 지칭성 목적어로 일종의 사태를 지칭하는 것으로 볼 수 있다. 그런데 현대 영문법에서는 술어 속의 hunting을 지칭어로 보지 않을 것이다. hunting은 동사의 현재분사 형식이지만, is hunting의 역사적인 유래는 다음과 같다.

is on hunting → is a-hunting → is hunting

중국어의 '打猎(사냥하다)'가 동사 '在(…에 있다)'의 지칭성 목적어인 것처럼 hunting도 원래는 전치사 on의 지칭성 목적어였다. 시의 고풍스러움과 음악성으로 2016년 노벨문학상을 수상한 미국의 포크 가수 밥 딜런(Bob Dylan)의 앨범 제목은 The times they are a-changing

(세상이 변하고 있네)이다. 그래서 예스퍼슨(Jespersen 1924:277-281)은 on V-ing는 본질적으로 명사구조라고 보았으며, 이를 "전치사 on을 가진 동적인 명사구조"라고 하였다. 이를 통해서 보면, 영어 동사의 현재분사 형식인 V-ing가 is의 '준지칭성(准指称性)' 목적어라고 해도 과언이 아니며, 그것이 동명사 V-ing 형식과 같은 것도 우연이 아닌 것이다.

他(有)杀过一个人。그는 한 사람을 죽인 적이 있다.
He has killed a man.

중국어에서는 '杀过一个人(한 사람을 죽인 적이 있다)'을 동사 '有(있다)'의 지칭성 목적어로 간주하는 것이 매우 자연스럽다. 다만 '有'가 생략되어 나타나지 않을 경우에는 이 술어의 지칭성이 뚜렷하지 않을 뿐이다. 예스퍼슨은 영어 문장 역시 이렇게 분석해도 무방하다고 생각하여 killed a man(한 사람을 죽였다)을 소유동사 has의 지칭성 목적어로 보았다. 즉, 의미상 과거에 그가 한 일을 그가 현재 안정적으로 가지고 있는 일종의 결과 상태로 간주한 것이다. 이렇게 본다면 영어 동사의 과거분사 형식인 V-ed를 '잠재적 지칭어'라고 해도 과언이 아니며, 그것이 과거시제 V-ed와 동일한 형태라는 것도 합리적 해석이 가능해진다. 그렇다면 주류 영문법이 왜 예스퍼슨의 분석법을 채택하지 않는지 의문이 생긴다. 그것은 영어가 이미 명동분립과 주술대립이라는 큰 틀을 형성하고 있어서 is와 has의 목적어는 NP만 가능하며 VP는 불가능하기 때문이다. 이에 대해서는 선쟈쉬안(沈家煊 2016a:6장 5절)에 상세하게 서술되어 있다.

지칭어가 병치되어 대를 이루는 것의 근본적인 특징은 또 영어의 후치 관계절을 통해서도 살펴볼 수가 있다. the mouse that ate the cheese(치즈를 먹은 쥐)에서 만약 that을 지시어(구어에서 빨리 말할 때는 말하지 않을 수도 있다)로 보면, 이는 『갈대꽃을 뿌리째 뽑자(拔根芦柴花)』속의 '蝴蝶—那个恋花(나비 - 그 꽃 사랑)'와 마찬가지로 두 지칭어의 병치가 된다.

앞에서 책 제목 *Metaphors We Live By*를 언급하였다. 이는 '지칭어$_1$+ 지칭어$_2$' 구조에 매우 가까운 영어 표현인데, 그 이유는 that이 생략됨으로써 그 뒤에 있는 We Live By가 지칭어라는 것을 암시하기 때문이다. 따라서 두 가지 모두를 충족시키는 중국어 번역은 대구 형식인 '比喻不在, 生命不存(비유가 없으면 생명도 없다)'이다.

4.6 병치가 근본

두 개의 지시어가 병치되어 대를 이루면 여러 가지 문법관계도 모두 그에 따라 유추되고 파생되는데, 이 점은 장둥쑨(张东荪, 1936)이 이미 지적하였다. '人语(사람이 말하다/사람의 말)'는 두 글자의 병치대(幷置对)인데, 이를 주술관계인 man says로 볼 것인지 수식관계인 human speech로 볼 것인지는 어떻게 해석하느냐에 달려있다. 언어의 선형적인 배열로 인해서 병치대는 먼저 자연스럽게 주어(起说) - 술어(续说)관계(흔히 화제 - 평언관계라고 함)로 파생되고, 그 다음에 수식이나 동보 등의 종속관계로 파생된다. 이때 유추와 파생은 대화 쌍방이 서로 상대방이 알고 있다는 것을 아는 정보, 즉 상호 지식(mutual knowledge)에 의거하여야 한다. 예를 들어 '养殖对虾'가 본래는 두 단어가 병치된 것이다. 그런데 만약 보리새우의 양식과 자연산의 차이를 상대방이 알 것으로 쌍방이 모두 알고 있을 때는, '养殖对

虾'가 관형어 - 중심어관계로 파생된다. 그런데 만약 양식이 가능하다는 것을 상대방이 알 것으로 쌍방이 모두 알고 있을 때는, '养殖对虾'가 동목관계로 파생된다. 단음 - 단음, 쌍음 - 쌍음, 강세 - 비강세의 배치는 이러한 유추와 파생을 돕는 실마리가 된다.(제13장 '다중대' 참조) 요컨대, 수식관계와 동보(목)[12]관계는 모두 병치된 지칭어대로부터 자연스럽게 얻어진 주어 - 술어관계를 배척하지는 않는다.

병치는 모든 문법관계의 원천이며, 이것이야말로 언어의 보편성일 가능성이 있다. 매튜스(Matthews 1981:223)는 병치관계가 가장 기본적이며, 나머지 수식, 동보, 병렬 등의 구조관계는 모두 병치에서 파생되어 나온 것이라고 논술하였다. 그는 다음의 사면체 그림으로 이를 나타내었다.(약간의 수정을 가함)

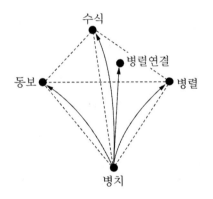

이 사면체 아래 부분의 검은 점은 병치인데, 병치가 근원(本源)이고 화살표는 상단 부분의 네 검은 점(병렬연결, 병렬, 수식, 동보)이 모두

---

12) 역자주: 저자의 관점에 따르면, 동사의 목적어도 동사의 보어이고(朱德熙의 관점), 목적어와 좁은 의미의 보어 또한 통틀어서 보어이다. 저자는 현재 영문법에서도 마찬가지로 목적어를 compliment(보어)라고 한다고 지적하였다.

이 근원에서 파생된 것임을 나타낸다. 블룸필드의 정의에 따르면 병치 (parataxis)는 두 개 형식이 어조에만 의지하여 하나로 연결되는 것을 말한다. 예를 들면, 영어 Four legs good, two legs bad(네 다리는 좋고, 두 다리는 나쁘다)(조지 오웰 『동물농장』 속 면양의 노래가사)가 그러 하다. 매튜스의 정의에 따르면 병렬연결(juxtaposition)은 동격(同位) 과 관련(关联)을 포함한다. 동격은 John Smith the secretary(장관 존 스미스)와 같은 것이고, 관련은 *More* haste, *less* speed(급할수록 천천 히)와 같이 관련성분을 사용한 병렬을 말한다. 병렬연결(특히 동격)은 병렬(접속사 and, or 사용), 수식, 동보의 세 가지보다도 근원인 병치 에 더 가깝기 때문에 직선으로 병치에 연결하였다.

여기서 매튜스는 중요하면서도 난해한 문제 하나를 제기한다. 그것 은 병치에 대한 블룸필드의 정의에 따르면, 다음 영어 형식도 병치에 속해야 한다는 것이다.

It's a fine day, are you playing tennis?
날씨가 좋은데, 너 테니스 치고 있니?

쉼표는 여기가 아직 끝나지 않았음을 나타낸다. 하지만 이렇게 되면 병치의 개념은 걷잡을 수 없이 커져서 범위를 제한할 수 없게 되므로 문제가 될 수 있다. 왜냐하면 어조의 차이(휴지의 길이, 억양)는 연속 적인 것으로, 쉼표의 사용 여부 및 쉼표와 마침표의 선택에 있어서 종 종 결정을 내리기가 쉽지 않기 때문이다. 그런데 병치를 제외한 다른 구조관계는 모두 확실하다. 확실한 것 중 하나는 어순이 고정되어 있 다는 것으로, 수식관계인 fine day은 day fine으로 바꿀 수 없고, 동보 관계인 play tennis는 ten-nis play로 바꿀 수 없음을 말한다. 다른 하나는 형태가 확정되어 있다는 것으로, 주어와 술어는 형태가 일치해야 하므로 it는 is, you는 are를 사용해야 함을 말한다. 어순의 고정과 형태의 일치에 대해서는 모두 이견이 없다. 형식에 대한 이러한 관점의 일치가 바로 영어의 문장을 S → NP+VP, NP → the+N, VP → V+NP 라는 세 가지 규칙으로 생성되도록 하였으며, 이는 각각 주술구조, 관형어-중심어구조, 동보구조를 만들었다. 매튜스는 주술관계를 병치에서 파생된 여러 가지 관계 속에 포함시키지 않았는데, 이는 아마도 주술구조가 문장의 근간이라는 것은 설명이 필요 없는 당연한 것으로 생각했기 때문일 것이다. 그의 위와 같은 문제 제기와 논술은 만약 고정된 형식이 없다면 주술, 수식, 동보 등의 관계를 모두 병치관계로 귀결시키지 않을 이유가 없다는 것을 역설적으로 보여준다.

생성문법은, 언어는 계층구조가 기본이고 선형 순서는 파생된 것이며, 중의성을 해소하기 위해서는 반드시 계층구조에 의존해야 한다는 입장을 고수한다.(程工 2018)

   a. [咬死了[猎人的狗]] [[사냥꾼의 개를] 물어 죽였다]
   b. [[咬死了猎人的]狗] [[사냥꾼을 물어 죽인] 개]

위 두 문장은 계층의 분할 방식이 다르므로 의미도 다르다. 계층구조는 비대칭적인 성분통어 관계의 기초 위에 세워진다. 즉, a는 '咬死了(물어 죽였다)'가 중심이 되어 '猎人的狗(사냥꾼의 개)'를 통어한 것이고, b는 '狗(개)'가 중심이 되어 '咬死了猎人的(사냥꾼을 물어 죽인)'를 통어한 것이다. 그러나 지칭어대의 병치라는 관점에서 보면 계층구조에 의존하지 않고도 중의성을 해소할 수가 있다. 실제 대화에서 휴지는 편리하고 실용적인 중의성 해소의 방법으로, 계층분석은 휴지에서 나온다.

    a´. 咬死了, 猎人的狗。 사냥꾼의 개를, 물어 죽였다.
    b´. 咬死了猎人的, 狗。 사냥꾼을 물어 죽인, 개.

  a´는 동사구와 보어가 병치되어 대를 이루고 있고, b´는 관형어와 수식을 받는 명사가 병치되어 대를 이루고 있다. 쉼표 앞뒤는 모두 지칭어로 두 개의 '대등항'(Part1 제6장 '소결: 블룸필드의 이론' 참조)이며, 모두 주어성 지칭어 - 술어성 지칭어의 대이다. 술어성 지칭어는 주어성 지칭어에 대한 보충설명으로 비대칭적인 종속관계나 통제관계가 없다. 또한 계층구조가 항상 중의성을 해소할 수 있는 것은 아니다. 예를 들면, '反对的是他(반대하는 사람은 그 사람이다)'는 행위자 피행위자 동일어휘성으로 인해 '他'는 반대하는 사람일 수도 있고 반대를 당하는 사람일 수도 있지만, 계층 분할에서는 차이가 없다. 따라서 **병치구조야말로 원시적인 개념이고, 계층구조는 이로부터 파생된 것이다.** 중국어에 나타난 병치의 근본적인 특징에 대해서는 장보쟝(张伯江 2018)을 참조할 수 있다.

  중국어의 대언격식은 병치를 기본으로 하기 때문에 언어의 근원에 더 가까우며, 예나 지금이나 활발하고 변함없이 감정을 표현하고 생각을 전달할 수가 있다. 이것이 바로 언어 진화와 언어유형의 연구에서 중국어가 가지는 가치이다. 논의가 여기에 이르니, 필자는 이 책의 제목을 주술구조의 선입견을 '초월'한다고 하는 것이 좋을까 아니면 주술구조에 대한 인식을 그것의 근원으로 '회귀'한다고 하는 것이 좋을까 하는 고민이 드는 바이다.

10 순서대

중국어 어순은 유연하면서도 중요하다. 앞 장에서는 어순의 유연성에 치중하였고, 이 장에서는 어순의 중요성에 중점을 두고 논의를 진행하고자 한다. '어구를 조합할 때는 순서가 뒤바뀌는 것을 경계해야하고, 장절을 구성할 때는 순서를 맞추는 데에 역점을 두어야 한다(搜句忌于颠倒, 裁章贵于顺序)'라는 말이 있다.(『文心雕龙·章句)』) 대를 이루는 A와 B는 연결관계(接续关系)인데, 이때 A가 B를 연결할 것인지 B가 A를 연결할 것인지의 문제는 주어와 술어가 이루는 대(对), 즉 주술대의 순서와 관계가 있다. 중국어는 대가 기본이 되고, 두 성분이 대를 이루면서 서로 연결된다. 그런데 단순히 대구식 연결만이 아니라 대의 순서도 중요하기 때문에 지칭어대(指语对)는 곧 순서대(有序对)이다.

❶ 대구식 연결

언어는 단일 방향의 시간적인 선형 순서이기 때문에 공간에서 서로 마주하는 물체도 언어로 표현할 때는 역시 글자나 단어의 선후 순서로 나타낼 수밖에 없다. 예를 들어 '天安门对前门楼子(천안문은 쳰

면 망루를 마주하고 있다)'에서 '마주하는 것'은 '연결하는 것'으로 표
현해야 된다.

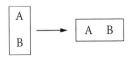

따라서 언어는 일의 전후관계를 묘사하기에는 가장 적합하지만, '동
시간대'의 상황들을 묘사하기에는 어려움이 따른다. 친구에게 집의 구
조를 소개하는 경우를 예로 들어 보자. 전체는 150평방미터로 문을 들
어서서 좌회전하면 화장실, 다시 우회전하면 거실, 거실의 오른쪽은 주
방을 마주하고 있고, 거실 왼쪽 안으로 향해 있는 것은 서재이고, 서재
의 오른쪽은 침실 …. 이렇게 말을 하면 혼란스러워서 분명하게 말하기
도 어렵고, 또 정확하게 이해하기도 쉽지 않다. 언어의 이러한 단점을
보완하기 위해 등장한 것이 바로 지도이다. 중국인들은 언어의 이러한
한계에 대해 충분히 인식하고 있었다. 중국어 표현에서 호문(互文)과
대언(对言)을 대량으로 사용하는 것은 바로 선형 순서에서 대자연이
만든 쌍과 대를 이루는 상황을 최대한 구현하고자 하는 시도이다. 예를
들면, '男男女女(많은 남자와 여자)', '高一脚低一脚(한쪽 발은 높고
한쪽 발은 낮다. 절룩거리다)', '左耳进右耳出(왼쪽 귀로 들어가고 오
른쪽 귀로 나오다. 한 귀로 듣고 한 귀로 흘리다)', '一手软一手硬(한
손은 부드럽고 한 손은 딱딱하다. 한 쪽에겐 약하고 한 쪽에겐 강하다)'
이 그것이다. 더욱 중요한 것은 이러한 호문과 대언이 대화 쌍방의 대
등한 관계와 상호작용의 관계를 최대한 구현했다는 점이다. 다른 한편
으로, 대언 형식은 또 불가피하게 단일방향이라는 선형성의 지배를 받
기 때문에 아래 대언 속어(俗语)와 같이 한 쌍의 단어가 병치된 것을
사람들은 앞뒤가 연결된 관계로 이해하려는 경향이 있다.

一个好汉三个帮。

한 사람의 대장부에 세 사람의 협력자. 능력이 아무리 뛰어난 사람일지라도 모든 방면에 다 재능을 갖춘 것이 아니므로 다른 사람의 도움이 필요하다.

一辈鸡儿一辈鸣。

한평생 닭은 한평생 운다.

人前一笑, 背后一刀。[1]

사람 앞에서는 웃고, 등 뒤에서는 칼을 꽂는다.

说曹操到, 曹操就到。

조조가 온다고 하면 조조가 온다. 호랑이도 제 말하면 온다.

上面一句话, 下面忙不停。

윗사람이 한 마디 하면 아랫사람은 쉴 새 없이 바쁘다.

以小人之心, 度君子之腹。

소인의 마음으로 군자의 속을 헤아리다.

嘴里尧舜禹汤, 做事男盗女娼。[2]

입으로는 요·순·우·탕 같은 성인을 말하면서 하는 짓이 남자는 도둑질, 여자는 창녀 짓이다. 말과 행동이 다르다.

天有不测风云, 人有旦夕祸福。

하늘에는 예측하지 못하는 바람과 구름이 있고, 사람에게는 아침저녁으로 화와 복이 있다. 인간의 화복(禍福)은 예측할 수가 없다.

 3대를 이루면서도 연결되지는 않는 순수한 병렬인 경우는 아주 드

---

1) 역자주: 유사한 표현으로 '人前一套, 背后一刀'도 있다.
2) 역자주: 유사한 표현으로 '人前嘴里尧舜禹汤, 人后做事男盗女娼'도 있다.

물다. '屢战屢败(여러 차례 싸워서 여러 차례 패하다. 연전연패)'와 '屢败屢战(여러 차례 패하고도 여러 차례 싸우다. 연패연전)', '查无实据, 事出有因(조사 결과 확실한 증거는 없지만, 일이 일어난 데는 원인이 있다)'과 '事出有因, 查无实据(일이 일어난 데는 원인은 있지만, 조사 결과 확실한 증거가 없다)'의 차이는 모두들 잘 알고 있을 것이다. 이러한 이유로 앞에서 한 쌍의 지칭어를 병치하면 자연스럽게 주어성 지칭어 - 술어성 지칭어로 해석된다고 하였다. 대화 역시 시간 속에서 이루어지며, 차례대로 말하는 것이 대화의 기본조건이기 때문에 두 사람이 동시에 말을 시작하는 경우는 극히 드물다. 대부분의 대화는 한 사람이 먼저 말을 하고 다른 사람이 이어서 말을 한다.(하지만 한 사람이 말을 다 마치기 전에 다른 사람이 말을 시작하는 경우도 있다) 주어와 술어가 합쳐진 것은 일문일답의 대화에서 나오는데, 대화의 이러한 '연결대적 특성(续对性)'이 주어 - 술어가 기설(起说) - 속설(续说)의 관계라는 것을 결정한다.

1.1 상하구

주어 - 술어 관계는 문장 안에서만 국한되지 않는다. 중국어에는 예로부터 '상하구(上下句)'라는 표현이 있는데, 이백(李白)의 시 「정야사(静夜思)」를 예로 들어 보자.

床前明月光, 침상 앞에 밝은 달빛,
疑是地上霜。 땅 위의 서리인가 했네.
举头望明月, 고개 들고는 밝은 달 바라보고,
低头思故乡。 고개 숙이고는 고향 생각하네.

여기에는 상하구로 된 두 개의 대가 있는데, 첫 번째 대에는 뚜렷한 주어－술어 연결관계가 있다. 이는 치궁(启功 1997:12)의 표현으로 말하면 '위아래의 두 구가 술어를 만들어낸 것(上下挤出谓语)'이다. 이때 아래 구 '疑是地上霜'은 상황으로 보아 자연스럽게 위의 구 '床前明月光'에 대한 평언으로 이해된다. 두 번째 대 역시 위아래 두 구가 술어를 만들어냈다. 이때 만들어진 술어는 평언적인 성질이 다소 약하기는 하지만, '低头思故乡'도 상황으로 보아 역시 '举头望明月'의 평언으로 이해된다. 귀사오위(郭绍虞 1979:161) 역시 이와 같은 생각임을 밝히고 있다. 그는 '不信由他不信, 事实总是事实(믿지 않는 것은 그가 믿지 않지 않는 것이고, 사실은 틀림없이 사실이다)'를 예로 들면서, 이는 두 마디의 말이 순서에 따라 배열되어 한 문장의 말이 된 것으로, 전반부가 주어이고 후반부가 술어라는 것을 바로 알 수 있다고 하였다.

한 수의 사(词)는 상하 두 개의 궐(阕)로 나뉘고, 이 책은 Part1과 Part2 두 편으로 나뉜다. 이는 상·하구의 개념과 형식이 텍스트로 확대된 것이다. 상하는 본래 공간적인 개념인데 시작(起)과 연결(续)이라는 시간적인 개념으로 파생되었다. 상·하구는 시작하는 말(起说)인 주어와 연결하는 말(续说)인 술어의 대로, 두 구는 대를 이루면서 서로 연결된다.

1.2 무종지대

율시(律诗)의 대장(对仗)에는 이른바 계속 이어지며 대를 이루는 '무종지대無終止对(流水对)'라는 것이 있는데, 이에 대해서는 왕리(王力 2005:183)와 장사오위(蒋绍愚 1990:75)에서 모두 서술한 바가 있다. 예를 들어보자.

即从巴峡穿巫峡, 便下襄阳向洛阳。
양쯔강 협곡(파협)에서부터 창장 협곡(무협)을 통과하여 양양을 지나 낙
양으로 향한다. 　　　　　　　　　　　　　　　　　　　　　杜甫「闻官军收河南河北」

唯将终夜常开眼, 报答平生未展。
오직 이 밤이 다하도록 쭉 눈을 뜨고서, 그대 평생 펴지 못한 미간에 보
답하리. 　　　　　　　　　　　　　　　　　　　　　　　　　元稹「遣悲怀」

鸿雁不堪愁里听, 云山况是客中过。
기러기 소리 수심에 차서는 차마 들을 수 없는데, 하물며 구름 쌓인 산
을 걷고 있는 나그네의 마음이랴. 　　　　　　　　　　　　李颀「送魏万之京」

人怜巧语情虽重, 鸟忆高飞意不同。
사람들 말솜씨 어여뻐하는 마음 비록 깊어졌지만, 앵무새는 높이 날았던
시절 추억하니 사람들과 생각이 다르네. 　　　　　　　　　白居易「鹦鹉」

塞上长城空自许, 镜中衰鬓已先斑。
변방의 장성이라 헛되이 자부하였었구나, 거울 속 노쇠한 귀밑머리 이미
먼저 반백 되어 버렸으니. 　　　　　　　　　　　　　　　陆游「书愤五首·其一」

이 예들은 위의 구를 독립시키면 의미가 없거나 의미가 불완전해진
다. 두 구는 하나의 의미로 서로 유기적으로 연결되어 있으며, 일반적
으로 순서도 정해져 있어서 바꿀 수가 없다는 것이 무종지대의 설명
이다. 대를 이루는 수많은 4자격들이 모두 이러한 무종지대이다.

百尺竿头, 更进一步。
백 척의 장대 꼭대기에 서 있지만, 거기서도 한 걸음 더 나아간다. 이미

탁월한 경지에 도달하였더라도 이에 만족하지 않고 더욱더 노력한다.

差以毫厘, 失之千里。

처음에는 털끝만큼 차이나지만 끝에 가서는 천리나 어긋난다. 시작할 때에는 조그마한 차이가 나지만 멀어지면 멀어질수록 그 차이가 더욱 커진다.

道高一尺, 魔高一丈。

도가 한 척 높아지면, 마는 한 장(10척) 높아진다. 좋지 않은 것이 좋은 것을 압도할 정도로 크다

一言既出, 驷马难追。

한 번 입 밖에 나온 말은 네 마리가 끄는 수레로도 따라잡을 수 없다. 한 번 입 밖에 낸 말은 다시 주워 담을 수 없다.

城门失火, 殃及池鱼。

성문에 불이 나는 바람에 연못 속의 고기에까지 재앙이 미친다. 성문에 불이 나면 성을 둘러싸고 있는 해자에서 물을 길어다 끄기 때문에 물을 다 써버리면 결국 물고기도 죽게 된다.

万事俱备, 只欠东风。

모든 것이 다 갖추어졌지만 동풍만 모자라다. 모든 것이 다 준비되었으나 마지막 중요한 것 하나가 모자라다.

　무종지대도 '대를 이루지 않는 것(不对)'이 아니라 '대(对)'를 이루는 것이다. 다만 '대구식 연결'에서 '대'보다는 '연결'이 매우 강할 뿐이다. 연결의 강약은 결국 정도의 문제인데, 순서가 절대로 바뀌어서는 안 되는 경우는 많지가 않다. '不信由他不信, 事实总是事实'는 순서를 바꾸어서 '事实总是事实, 不信由他不信(사실은 틀림없이 사실인데, 믿지 않는 것은 그가 믿지 않지 않는 것이다)'이라고 말할 수도 있

다. 그런데 주어와 술어가 바뀌면 의미 표현의 강조점도 달라진다.

무종지대에 대한 인식이 율시의 대장에만 머물러서는 안 되고, 반드시 무종지문(流水句)의 각도에서 텍스트 조직의 규율에 주안점을 두어야 한다. 이에 대해서는 Part1 제3장 '무종지문'과 아래 제12장 '사슬대'를 참고하기 바란다.

❷ 대의 순서

2.1 세 가지 순서법칙

자오위안런(赵元任 1968a)에 따르면 중국어의 어순은 다음 세 가지 순서법칙으로 간략히 요약할 수 있다.

> 순서법칙1: 주어는 일률적으로 술어 앞에 위치한다.
> 순서법칙2: 보어는 일률적으로 동사 뒤에 위치한다.
> 순서법칙3: 수식어는 일률적으로 피수식어 앞에 위치한다.

이 세 가지 순서법칙은 인도유럽어의 '주어 – 동사 – 목적어'로 구성된 문장의 틀 안에서 서술된 것을 중국어의 실제 상황에 맞게 주어, 술어, 보어라는 범주에 대해 중요한 변경을 가한 것이다.

앞 장의 논술에 따르면, 주어는 일률적으로 술어 앞에 위치한다는 첫 번째 순서법칙에서 주어는 인도유럽어의 주어가 아니라 넓은 의미의 화제이다. 이는 할리데이(Halliday)가 정의한 테마(Theme, 主位)에 가까운데, 정확하게 말하면 '기설(起说)'이다. 술어는 '속설(续说)'로 주어에 대한 후속적인 보충설명이다. 술어가 주어와의 연결(续)을 위주로 하는지 주어에 대한 보충(補)을 위주로 하는지는 명확히 구분하기가 어렵다. 예를 들어, 연결을 위주로 하는 '我的国, 厉害了(나의 조국이여, 대단하다)'에 비해 보충을 위주로 하는 '厉害了, 我的国(대단하다, 나의 조국이여)'는 중간 휴지가 조금 더 길고 술어를 약간 가볍게 읽어야 한다. 하지만 길이와 강약도 정도의 차이만 있을 뿐 절대적인 것이 아니다. 여기서 중요한 것은 어순의 차이인데, 주어와 술어는 한 쌍의 지칭어를 전후 병치한 것이다. 다시 말해 이는 주어성 지칭어-술어성 지칭어의 대이기 때문에, '厉害了, 我的国'는 주어와 술어의 도치라고 할 수 없다. 어순이 변하면 의미가 재구성되고 주안점이 달라지지만, 주어성 지칭어-술어성 지칭어의 관계는 그대로 유지된다.

보어는 일률적으로 동사 뒤에 위치한다는 두 번째 순서법칙에서 말하는 보어의 범위는 상당히 넓어서, 품사와 무관하게 앞에 있는 동사에 대한 후속적인 보충설명을 모두 가리킨다. 과거에 목적어와 보어를 대립하는 것으로 보아 둘로 나눈 것은 '명동분립(名动分立)'의 관점에 기초한 것이다. 이는 목적어는 명사, 보어는 동사나 형용사라고 본 것으로, 동사나 형용사도 명사와 마찬가지로 지칭어라는 사실을 인식하지 못한 견해이다. 동사-보어도 역시 주어성 지칭어-술어성 지칭어의 대이므로 순치나 도치라고 말할 수가 없다. '喝点儿啤酒(맥주를 좀 마신다)'가 '啤酒喝点儿(맥주는 좀 마신다)'로 바뀌면 성분들의 구조관계와 의미가 재구성된다. 그런데 주어성 지칭어-술어성 지칭어의 관계는 그대로 유지된다. 중국어의 어순이 고대의 '주어-동사-목적어'에서 현대로 오면서 '주어-목적어-동사'로 변천되었다고 보는 견해가 있었다. 그런데 이는 인도유럽어 주술구조의 틀을 중국어에 억지로 적용한 주장이다. 현재는 이런 관점을 견지하는 사람을 찾아보기가 어렵다.

수식어는 일률적으로 피수식어 앞에 위치한다는 세 번째 순서법칙에서 수식어는 인도유럽어의 관형어와 부사어를 모두 포함한다. '慢车(완행(열)차)'와 '慢跑(천천히 달리다)'에서 '慢'은 동일한데, 영어의 경우 하나는 slow이고 하나는 slowly로 다르다. '명동포함설(名动包含说)'에 따르면 '慢跑'의 '慢'도 관형어(즉, 동태관형어)인데, 그 이유는 '跑'가 동태명사이기 때문이다.(沈家煊 2016a:276) 중국어에는 수식어가 뒤에 놓이는 어순이 없다. 방언에 '公鸡(수탉)'를 '鸡公'이라고 부르는 경우가 있는데, 현재 이를 관형어 후치라고 하는 사람은 거의 없다. '老公(남편)'에서는 '公'이 중심명사인데, 왜 '鸡公'은 관형어가 후치된 것인가? '饼干(과자)', '面糊(묽은 밀가루 반죽)', '脸蛋'(얼굴), '茶砖(벽돌 모양으로 굳힌 차)', '肚兜(앞치마)'에 대해서 관형어가 후치된 것이라는 주장도 역시 설득력이 없다. 관형어-중심어도 한 쌍의 지칭어가 앞뒤로 병치된 것이므로 순치나 도치라고 할 수가 없다. '红花(붉은 꽃)'가 '花红(꽃이 붉다)'으로, '流水(흐르는 물)'가 '水流(물이 흐르다)'로, '先去(먼저 가다)'가 '去先(가는 것이 먼저다)'으로, '甚衰(매우 쇠약하다)'가 '衰甚(쇠약함이 심하다)'으로 바뀌면 구조관계와 의미의 재구성이 이루어진다. 하지만 앞뒤 두 성분이 주어성 지칭어-술어성 지칭어라는 관계는 그대로 유지된다.

2.2 간결성

세 가지 순서법칙은 모두 '일률적으로(一律)' 어떠하다로 서술하였는데, 이는 문법의 개괄성을 높여준다. 세분화 하는 것이 문법연구의 목적은 아니다. 다른 과학 연구와 마찬가지로 **문법연구의 목적은 단순함**

을 추구하고, 간단명료한 방법으로 복잡한 것을 처리하는 것이다. 치궁(启功 1997:31, 56, 65)은 문법을 말할 때 "간단명료한 방법으로 복잡한 것을 처리(以简驭繁)"해야 하며, "약간의 차이를 근거로 별도의 문제로 간주하여 처리"하지는 말아야 한다고 거듭 강조하였다.

단순한 방법으로 복잡한 것을 처리할 때는 '오캄의 면도날(奥卡姆剃刀)'원칙에 따라 '필요하지 않으면 실체를 늘리지 말아야 한다(如无必要, 勿增实体)'. 위대한 이치는 지극히 간결하다. 과학의 이치는 분명히 단순하고 간단한 것이다. 펑여우란(冯友兰 2013:320, 325)은 철학적인 관점에서 볼 때 명확한 사상이 모든 철학자에게 반드시 필요한 훈련이지만 철학 연구의 목적은 아니며, 철학이 단순하지 않으면 일종의 또 다른 나쁜 과학이 되므로 철학이라는 특성이 간결함을 결정하였다고 주장한다. 그래서 그는 철학 연구의 목적은 단순함에 도달하는 것이라고 보았다. 많은 걸출한 과학자들에게 있어서 단순함을 추구하는 것은 과학적인 신념이며, 그들이 물리적인 세계를 인식하는 지침이자 연구의 방법론적 준칙이다. 아인슈타인은 이론은 "최대한 간단해야 하지만, 또 지나치게 간단해서는 안 된다"고 하였다. 어떤 사람이 방정식에 관한 논문을 써서 그에게 가르침을 청하였다. 이를 본 후 그의 반응은 방정식이 전혀 아름답지 않고 지나치게 복잡하다는 것이었다. 아인슈타인의 상대성이론 방정식을 보면 얼마나 간결하고 아름다운가!(张一鸣·张增一 2012) 중국 위진(魏晋)시대에 현학자들은 예언을 믿는 도참圖讖과 길흉화복을 기록한 위서緯書 및 미신(迷信)을 모두 반대하고, '이성(理性)'을 중시하였다. 사리를 분석할 때는 모두 '간이(易简)'와 '요약(要约)'의 규범을 따랐다. 또한 간략하면서도 두루 미칠 수 있고(约而能周), 한 가지 일을 들어서 세 가지 일을 돌이켜 알며(举一反三), 하나를 접촉하여 다른 것까지 유추해낼 것(触类

旁通)을 주장한 반면, 불필요하고 복잡한 것은 반대하였다. 고대 세계 수학의 태두로 일컬어지는 유휘(刘徽)는 『구장산술주(九章筭术注)』를 써서 수학의 원리를 분석하였다. 당시의 사상적 분위기에 깊이 영향을 받은 그가 학문 연구의 방법으로 삼은 것은 다름 아닌 '쉽고 간결하게 하는 것(易简)'이었다.(郭书春 2009:29-31)

복잡한 것을 간결하게 처리하는 것은 과학적 언어 연구가 추구하는 목표이자 상이한 여러 학문 유파를 능가하는 방법론의 원칙이다.(沈家煊 2017e)

❸ 하나의 자연율

3.1 정보전달의 원리

정보전달의 관점에서 보면, 서로 다른 문법관계(주술, 수식, 동보)를 구분하는 형태수단(품사를 표시하는 접사와 주격·목적격 등의 격표지, 동사의 한정·비한정 형식 등)이 없는 언어에 있어서, 위의 세 가지 순서법칙은 언어가 '자체 조직화(自组织)'를 통해 만들어낸 가장 간단하고 효과적인 어순 구도이다. 중국어가 이러한 어순 구도를 만든 것은 우연이 아니다.

주술관계는 '花开(꽃이 피다)', '姿势端正(자세가 단정하다)'과 같이 주어가 앞, 술어가 뒤에 오는 순서를 취한다. 이는 긴 설명이 필요 없이 구정보는 앞에 오고, 이어서 보충하는 신정보는 뒤에 온다는 정보전달의 자연율에 부합한다.

동보관계는 '开花(꽃이 피다)', '端正姿势(자세를 단정하게 하다)'와 같이 동사가 앞, 보어가 뒤에 오는 순서를 취하는데, 이 역시 정보의 효과적인 전달을 위해서이다. 형태변화가 없는 언어는 '주어 - 동사 - 보어' 어순의 잡음간섭 저항성이 '주어 - 보어 - 동사' 어순보다 강하다는 것이 심리 실험을 통해 증명되었다. '狗咬小红(개가 샤오홍을 물다)'과 같은 불가역적인 문맥(개가 사람을 무는 것만 가능)의 문장에서는 동사 - 보어와 보어 - 동사의 두 가지 어순 모두 정보의 효과적인 전달이 가능하다. 하지만 '小明踢小红(샤오밍이 샤오홍을 차다)'과 같은 가역적인 문맥의 문장은 정보전달의 통신로에 잡음간섭이 존재하기 때문에 일부 정보의 전달 손실은 청자로 하여금 동작의 주체자와 수용자를 확정짓기 어렵게 만든다. '잡음 통신로(noisy channel, 噪声通道) 이론'의 가설에 따르면, 어휘표지가 정보전달의 모호성을 효과적으로 낮출 수 없을 경우에 사람들은 '주어 - 동사 - 보어'의 어순을 더 선호하게 된다.(孟乐·张积家 2018) 단어의 형태표지가 없는 중국어가 동사 - 보어 순서를 취하는 것은 아주 자연스런 선택인 것이다.

수식어가 피수식어 앞에 놓이는 것은 단어에 형태표지가 없는 언어에서 참조체를 이용해 목표의 위치를 정하는 인간의 인지방식에 부합한다. 예를 들어, '큰 급수탑 옆의 단층집'은 목표인 단층집의 위치를 정하기 위해서 눈에 띄는 큰 급수탑을 먼저 지목하여 참조점으로 삼은 것이다. 따라서 수식어 - 피수식어 순서는 인지처리의 각도에서 보면 참조체 - 목표의 순서가 된다. 이때 수식어는 목표를 식별하는 하나의 참조체가 된다. 이 참조체는 반드시 목표보다 현저하며 식별과 처리가 쉬워야 한다. 이것이 바로 흔히 '靠自行车的那面墙(자전거에 기대어 있는 그 담)'이라고는 하지 않고, '靠墙的那辆自行车(담에 기대어 놓은 그 자전거)'라고 말하는 이유이다.(沈家煊·完权 2009, 完权 2018b:92-97 참조)

언어유형론적인 조사를 통해서, 일반적인 어순의 경우 명사구에서 후치 관형어가 전치 관형어에 비해 더 많은 형태 표지가 필요하다는 것을 발견하였다. 즉, 명사 앞 관형어는 형태표지가 적고, 명사 뒤 관형어는 형태표지가 많다는 것이다. 그런데 동사구에서는 전치 보어가 후치 보어에 비해 더 많은 형태표지를 필요로 한다는 것을 발견하였다. 즉, 동사 앞 보어는 형태표지가 많고, 동사 뒤 보어는 형태표지가 적다는 것이다.(陆丙甫·应学凤 2013) 이것은 형태표지가 없는 언어의 경우에 관형어는 명사 앞에, 보어는 동사 뒤에 놓이는 것이 자연스러운 어순임을 의미한다. 이러한 현상 이면의 원리는 정보전달의 간결성과 유효성이다.

중국어의 세 가지 순서법칙은 상호 연결되고 의존한다. 중국어가 만약 일본어처럼 보어가 앞에 놓이는 어순을 취하여 '开花'를 '花开'로 말한다면, 술보(목)구조는 주술구조와 구별이 불가능해진다. 또 프랑스어처럼 관형어 후치 어순을 취하여 '红花'를 '花红'으로 말하는 것도 주술구조와 구별이 불가능하다. 따라서 세 가지 순서법칙이 하나로 합쳐진 것이 가장 단순하고 효과적인 어순의 구도를 형성한다. **중국어의 어순은 정보전달의 원리를 따르는 자연스러운 순서인 것이다.**

3.2 '선이후난'법칙

단순함을 추구하기 위해 위의 세 가지 순서법칙은 더욱 더 간단한 자연율로 통합할 수 있다. 이는 두 발로 걷고 손으로 밥을 먹는 것처럼 간단하고 자연스러운 것으로, '선이후난(先易后难: 앞은 쉽고 뒤는 어렵다)'의 인지가공 법칙이라고 한다.

인지처리에서 일반적으로 처리하기 쉬운 것은 앞에 오고, 처리하기 어려운 것은 뒤에 온다. 술어는 주어에 대한 후속적인 보충설명이다.

주어는 이미 알고 있는 정보를 표현하기 때문에 처리하기가 쉽고, 술어는 새롭게 추가된 정보를 표현하기 때문에 처리의 부담이 크다. 마찬가지로 보어는 동사에 대한 후속적인 보충설명이므로, 동사는 이미 알고 있는 정보를 나타내고 보어는 새롭게 추가된 정보를 나타낸다. 관형어는 인지적으로 목표의 위치 설정에 도움을 주는 참조체이다. 참조체가 현저하면 목표를 처리하기가 쉽다.

주술, 동보, 관형어 – 중심어는 모두 주어성 지칭어 – 술어성 지칭어의 대이다. 이러한 각도에서 보면, 선이후난의 배열순서는 주어성 지칭어와 술어성 지칭어의 '가별도(指別度)' 크기에 따른 것이다. 가별도가 큰 것(처리하기가 쉬움)은 앞에, 가별도가 작은 것(처리하기가 어려움)은 뒤에 온다. 가별도라는 개념은 루빙푸(陆丙甫 2005)가 제시한 것으로, 일종의 '광의의 지칭성'을 말하며 여러 가지 유사 요소를 포함하고 있다. '높은 가별도'의 요소로는 한정(定指), 구정보, 큰 수량, 높은 유생성(animacy, 生命度) 등이 있다. 가별도가 높은 단어는 지각성이 높고 익숙하며, 식별하기가 쉬운 지칭어이다. 그가 제시한 '가별도 우선원리(指別度領先原理)'는 다음과 같다.

다른 조건이 동일한 경우에 X의 가별도가 Y보다 높으면 우선적인 어순은 XY이다.

루빙푸(陆丙甫 2005)는 이 원리가 본질적으로 정보구조 최적화의 필요성을 반영한다고 보았다. 그는 이것이 정보구조 최적화에 부합하는 순서이며, 쉬운 것에서 어려운 것에 이르는 정보의 흐름을 모방한 자연스러운 순서라고 지적하였다. 가장 두드러진 예는 '客人来了((그)손님이 왔다)'('客人'이 한정적인 것)와 '来了客人((어떤)손님이 왔다)'('客人'이 비한정적인 것)이다. 이 원리는 처음에는 '大型白色自

动洗衣机(대형 화이트 자동세탁기)'와 같은 다항 관형어의 배열순서 규칙을 설명하는 데 사용되었다. 그런데 나중에는 다양한 구조유형에 적용되는 일반적인 법칙으로 상승시킬 수 있다는 것을 발견하였다. 마칭주(马庆株 1991)는 한 쌍의 명사 배열로 이루어진 주술구조의 예에 주목하였다.

처소사　下一站故宮。다음 정류장은 고궁이다.
　　　　首都马尼拉。수도는 마닐라이다.
시간사　今天星期一。오늘은 월요일이다.
　　　　明天中秋节。내일은 추석이다.

이들의 어순을 바꾸어 '故宮下一站', '星期一今天', '马尼拉首都', '中秋节明天'이라고 말할 가능성은 크지 않다. 이때 따르는 규칙은 상대어(相对词)는 앞에 오고, 절대어(绝对词)는 뒤에 온다는 것이다. '下一站(다음 역)'은 상대처소사이고 '故宮(고궁)'은 절대처소사이며, '今天(오늘)'은 상대시간사이고 '星期一(월요일)'는 절대시간사이다. 상대와 절대는 정보이론의 각도에서 말하면 대조항의 많고 적음을 가리킨다. 대조항이 적은 것은 간단하고 처리하기가 쉬운 상대어이고, 대조항이 많은 것은 복잡하고 처리하기가 어려운 절대어이다. 예를 들면, '下一站'은 '这一站(이번 정류장)' 또는 '上一站(지난 정류장)'과만 대조가 되고, '今天'은 '昨天(어제)', '明天(내일)'과만 대조가 되므로 대조항이 적다. 하지만 '故宮'은 많은 정류장 이름 가운데 하나이고, '星期一'는 7일 가운데 1일이므로 대조항이 많다. 또 다른 예로는 '那人傻瓜(그 사람은 바보다) /*傻瓜那人'(지시어는 가별도가 높음), '一把椅子四条腿(한 의자에 네 다리이다) /*四条腿一把椅子'(전체의 가별도는 부분보다 높음)와 같은 것도 있다.

위안위린(袁毓林 1999)은 '가공하기 쉬운 성분은 가공하기 어려운 성분보다 앞에 온다'는 것을 모든 구조유형을 포괄하는 일반적인 어순 원칙으로 격상시켰다. 아울러 이로써 일부 주술구조, 동격구조, 조동사 연용 및 중국어와 영어에서의 성명 등의 어순 문제를 설명하였다. 가별도 우선원리는 다른 언어에서도 작용하는데, 다음 한 쌍의 영어 예문을 보자.

They loaded the truck with the hay. 그들은 트럭에 건초를 실었다. 卡车(满)装干草。 트럭에 건초를 가득 실었다.

They loaded the hay onto the truck. 그들은 건초를 트럭에 실었다. 干草(全)装卡车。 건초가 모두 트럭에 실렸다.

루빙푸는 이 문장에서 동사 loaded(装, 싣다)는 공통인수 제거의 방법을 사용하여 제거할 수 있는데, 그렇게 되면 두 개의 지칭어가 선후로 병치된 '卡车—干草(트럭 – 건초)'와 '干草—卡车(건초 – 트럭)'로 변한다고 하였다. 이는 앞에서 제시한 적이 있는 선교사 마틴(Martin, 丁韙良)이 닝보(宁波)말을 배울 때의 사용한 예인 '柴爿—番饼(장작 – 번병)'과 '番饼—柴爿(번병 – 장작)'과 상당히 흡사하다. 이들은 모두 가별도가 높은 것을 앞에 두는 것이다. 여기에서 '卡车'와 '干草'의 가별도 차이를 결정함으로써 어순의 선후를 결정하는 요소는 전체의 가별도가 부분의 가별도보다 높다는 것이다. 위 첫 번째 문장은 트럭 전체에 건초를 가득 실었다는 뜻이고, 두 번째 문장은 건초를 전부 트럭에 실었다는 뜻이다. 하지만 형태표지가 발달한 언어에서 이 원리의 명확한 작용범위는 병렬성분의 배열순서로 크게 축소된다. 영어를 예로 들어보자.

Max and any girl friend he might have
맥스와 그가 가졌을지도 모르는 여자친구
*any girl friend Max might have and Max himself

이는 간단하고 짧은 것이 앞에 놓이는 경우이다. 이 외에도 judge and jury(판사와 배심원단: 중요한 것이 앞에 놓임), friend and foe(아군과 적군: 긍정적인 것이 앞에 놓임), father and son(아버지와 아들: 근원이 앞에 놓임) 등이 있다. 중국어 병렬성분의 배열순서는 위 원칙에 더욱 부합한다. 예를 들면, '老人和抱孩子的妇女(노인과 아이를 안은 부녀)', '太阳月亮(해와 달)', '干部群众(간부와 대중)', '这样那样(이래저래)', '亲戚朋友(친척과 친구)', '叔叔阿姨(아저씨 아줌마)', '长处短处(장단점)' 등이 모두 그러하다.(马清华 2005:134)

가별도는 객관적일까 아니면 주관적일까? 대답은 주관과 객관이 통합되어 있다는 것이다. 가별도의 높고 낮음에는 한정성, 유생성, 수량의 크기 등 객관적인 평가기준이 있지만, 이 역시 인간의 지각과 주관적인 의식에서 벗어날 수는 없다. 예를 들어 '那本厚的书(그 두꺼운 책)'에서 객관적으로 지시어인 '那本(그)'의 가별도가 '厚的(두꺼운)'보다 높다고 말할 수 있는데, 이는 일반적으로 선택하는 어순이다. 그런데 '厚的那本书(두꺼운 그 책)'라고 말할 때는 당시 화자가 '厚的'의 가별도가 더 높다고 느낀 경우이다. 지시와 식별을 나타내는 '这(이)'와 '那(그/저)'는 화자가 주체로서 사용한 것이기 때문에 '지시한다는 것(指)'은 주관적인 의도를 가진다. 이 원리는 '아름다움(美)'이 주관과 객관의 통합이라는 것과 유사하다. 미녀는 객관적인 기준이 있지만, 미녀가 아닌 사람도 연인의 눈에는 서시(西施)[3] 같은 미녀로 보

3) 역자주: 중국 춘추시대 월국의 미녀로 중국의 4대 미녀 중 한명.

이기도 한다.(朱光潛 1980)

선이후난의 원칙도 주관과 객관이 통합된 것으로 순수하게 객관적인 것은 아니다. 왜냐하면 언어는 대화를 기본으로 하며, 대화는 주체들 사이의 상호작용으로 상호주관성(inter-subjectivity)을 가지기 때문이다. 중국어에서 문법적 주어는 없어도 되지만, 단언을 하는 주체인 '나(我)'라는 존재는 반드시 있어야 하기 때문에 어순은 곧 감각의 선후 순서이다. 대를 기본으로 하고 감정의 표현과 의미의 전달이 일체인 중국어와 같은 언어에 대해서는 이러한 인식이 무엇보다 중요하다.

중국어에서 선이후난이라는 배열순서 원칙의 중요성은 독음 순서에도 나타난다. 한자음의 성모, 운모, 성조 세 가지 가운데 중요한 역할을 하는 것은 성조 순서(调序)이다. 중고(中古) 시기에는 '深浅(깊이: 평상(平上))', '中外(중외: 평거(平去))', '今昔(현재와 과거: 평입(平入))', '主次(본말: 상거(上去))', '涨落(밀물과 썰물: 상입(上入))'와 같이 '평성(平) > 상성(上) > 거성(去) > 입성(入)'의 순서로 나타냈다. 그런데 현대에는 '음성(阴) > 양성(阳) > 상성(上) > 거성(去)'의 순서로 나타낸다. 추이시량(崔希亮 1993)은 3,000여 개의 4자성어에 대한 통계를 근거로, 평성으로 시작하여 측성으로 끝나는 '평기측수(平起仄收)'의 경향이 존재한다고 밝혔다. 또한 딩방신(丁邦新 1969)은 그것이 선이후난의 법칙에 따른 것으로, 화자가 무의식적으로 말할 때의 자연스러운 순서라고 보았다. 그 이유에 대해 그는 변화 없는 어조가 변화 있는 어조보다 입에 맞아 자연스럽고 편하기 때문이라고 설명하였다. 일리가 있는 설명이다.

두 성분으로 구성된 병렬항에서 글자 수가 적은 것이 앞에, 많은 것이 뒤에 놓인다. 예를 들면, '且行且珍惜(살아가면서 소중하게 여기다)', '很黄很暴力(외설적이고 폭력적이다)'에서 단음절은 앞에 오고 쌍음절은 뒤에 왔다. 이것은 단지 독음 순서(音序)만이 아니라 의미의 강약과도 관련이 있다. 음성과 의미의 순서에 대한 대응과 조율은 제13장 '음의상징대'를 참조하기 바란다.

3.3 사용 순서

중국어의 어순은 묵시적이고 기본(default)인 정보전달의 원리를 따르는데, 이는 간단하게 하나의 선이후난 법칙으로 귀납할 수 있다. 또한 이로부터 세 가지 자연스러운 정보순서 원칙을 도출해 낼 수 있는데, 이는 중국어의 어순이 본질적으로 사용을 기본으로 하는 '사용 순서(用序)'라는 것을 나타낸다. 자연스러운 어순은 반드시 사용하기 편리한 어순이다. 배열에 참여하는 단위는 화용 단위인 주어성 지칭어와 술어성 지칭어이고, 배열되어진 '문장(句)'은 '사용문(用句)'이다.(제3장) 이것은 중국어 대문법이 본질적으로는 사용을 기본으로 하는 용법(用法)이라는 것과도 일치한다.(제13장 제1절 '용법과 문법'을 참고하기 바란다)

3.4 기본은 대

중국어는 대를 이루면서 연결된다. 그런데 대를 이루는 데에도 순서가 있다. 여기서 '순서(序)'는 주술, 수식, 동보, 병렬 등 각종 구조를 통섭하는 하나의 자연율, 즉 선이후난을 말한다. 이 자연율은 사람들이 모두 무의식적으로 따르는 순서이기 때문에, 중국인의 마음속에서는 중국어 문법을 말할 때 상세하게 설명을 할 필요가 없다. 연결(续)과 순서(序)의 기본은 역시 '대(对)'이다. 대는 곧 대화이고 대언이다.

4자격, 상·하 문장, 호문과 회문(互文回文), 중언과 첩어(重言叠词), 대장(对仗)·대칭(对称) 등을 모두 포함하는 대언의 방식에 대해서는 특별히 상세한 설명을 할 필요가 있겠다. 여기에서는 세 가지 예를 가지고 중국인의 언어와 심리를 설명하고자 한다. 대를 이루면서 연결되고 대를 이루지만 순서가 있다. 따라서 역시 기본은 대가 된다.

> 三天打鱼, 两天晒网。
> 사흘간 고기를 잡는데, (그 중)이틀은 그물을 말린다. 어떤 일을 인내심을 가지고 꾸준히 하지 못하다.

> 垃圾分类, 从我做起。
> 쓰레기 분리수거, 나부터 시작하자.

> 奉献他人, 提升自己。
> 남을 위해 봉사하고, 자신을 향상시키다.

'三天打鱼, 两天晒网'의 의미는 고기를 잡는 사흘 가운데 그물을 말리는 것이 이틀이라는 뜻으로 앞뒤의 의미가 연결된다. 하지만 사람들은 이를 병렬식의 대구로 오해하기가 쉬워서, 거꾸로 말한 '两天晒网, 三天打鱼(이틀 동안 그물을 말리고, 사흘 동안 고기 잡는다)'와 의미가 같다고 잘못 이해한다. '垃圾分类, 从我做起'를 만약 연결관계로만 이해한다면, '我(나)'도 쓰레기의 일부분이 되어버리므로 당연히 말이 되지 않는다. 이 구호의 중점은 대구와 대언에 있다. '奉献他人, 提升自己(타인에게 헌신하여 자신을 향상시킨다)'는 널리 알려진 선전 문구이다. 여기서 두 개의 절을 분리하여 단독으로 말하면 문제가 없지만, 이들을 병치하게 되면 문제가 발생한다. 그렇다면 '奉献自己, 提升他人(자신을 바쳐서 타인을 향상시키다)'는 해서는 안 된다는 말인가? '奉献他人'을 다른 사람을 바친다(희생한다)는 의미로도 이해할 수 있지만, 사람들이 그렇게 이해할 리는 만무하다. 왜냐하면 '奉献他人'은 '提升自己'와 호문견의(互文见义)로, 남을 이롭게 하는 것(利人)과 자기를 이롭게 하는 것(利己)은 하나이기 때문이다.[4]

중국인이 영어를 학습할 때 연결성분의 비대칭용법을 오해하는 경우가 많다. 예를 들어 as well as의 의미는 not only(…일 뿐만 아니라) 이므로, She's clever as well as beautiful은 '그녀는 예쁠 뿐만 아니라 똑똑하다(她不但漂亮而且聪明)'라는 의미이다. 또 She sings as well as playing the piano는 '그녀는 피아노를 칠 줄 알 뿐만 아니라 노래도 잘 부른다(她不但会弹钢琴而且会唱歌)'라는 의미이다. 그런데 중국 학생들은 이와 반대로 이들을 대칭용법에 따라 '그녀는 똑똑하고 예쁘다(她又聪明又漂亮)'와 '그녀는 노래도 잘 부르고 피아노도 칠 줄 안다(她又会唱又会弹)'로 이해한다. 중국어의 '당나귀 문장(donkey sentence, 驴子句)'[5]도 이 문제를 입증해 준다. 먼저 영어 당나귀 문장의 예를 보자.

If a farmer owns a donkey, he always beats it.
만약 농부가 당나귀를 소유하고 있다면, 그는 항상 그것을 때린다.
农夫, 谁有驴谁打驴。
농부라면, 누가 당나귀를 소유하든 당나귀를 때린다.

---

4) 저자주: 이 세 예문은 각각 张伯江, 朱晓农, 魏钢强이 제공하였음을 밝힌다.
5) 역자주: 관계절이나 조건절 안의 비한정 명사구가 그 절 밖의 대명사와 조응하는 문장. 예를 들어, Every man who owns a donkey beats it에서 대명사 it는 비한정 명사구에 의해 통사적으로는 donkey와 결속되지 않지만 의미상으로는 결속되어 있다.

뒤 문장의 he와 it로 대용(代用)되는 대상은 앞의 a farmer(농부)와 a donkey(당나귀)가 아니라 당나귀를 소유한 어떤 한 농부와 농부가 소유한 어떤 한 당나귀를 가리킨다. 이 같은 상황은 서양 문법학자들의 특별한 흥미를 불러일으켰고, 이러한 문장을 당나귀 문장이라고 부르게 되었다. 중국어로는 당나귀문의 의미를 아주 간단한 대언식을 사용하여 '谁有驴谁打驴(당나귀를 가진 사람은 누구든 당나귀를 때린다)'로 표현한다. 대언은 의미를 생성하는데, '항상' 또는 '전체'라는 의미는 대언이 대를 이룸으로써 생성된 것이다. 또 다른 예를 들어보자.

Whatever it is, he does it very well.
他干什么精什么。
그는 무얼 하든 다 잘 한다.

Whoever is tired may rest.
谁累了谁休息。
피곤한 사람은 쉬어도 좋다.

단체미팅에서 누구든지 입맞춤을 한 사람을 아내로 맞아야 하는 규칙이 있다고 가정해보자. '谁亲谁, 谁娶谁'라는 말은 두 가지 의미가 있다.

谁a 亲谁b, 谁a 娶谁b。(a는 남자, b는 여자)
谁a 亲谁b, 谁b 娶谁a。(a는 여자, b는 남자)

첫 번째 의미는 어느 한 남자가 어느 한 여자에게 입맞춤을 하면, 그 남자는 그 여자를 아내로 맞아야 한다는 것이다. 두 번째 의미는 어느 한 여자가 어느 한 남자에게 입맞춤을 하면, 입맞춤을 당한 남자는 입맞춤을 한 여자를 아내로 맞아야 한다는 것이다. 전자는 abab식으로 대를 위주로 하는 반면, 후자는 abba식으로 연결을 위주로 한다. 어감과 실험을 통해 만약 특별히 강세를 주어서 읽지 않는다면 '谁亲谁, 谁娶谁'를 들은 중국인들은 먼저 abab로 이해를 하고, 나중에 비로소 abba로 이해할 수도 있다고 생각한다는 것이 밝혀졌다. 이는 후자로 이해하는 것이 전자로 이해하는 것보다 더 많은 시간이 걸린다는 것을 보여준다.(이에 대해서는 蔡维天 2018에 상세하게 서술되어 있다)

일본어에도 중국어의 이러한 대언식 당나귀 문장은 없다. 비교해보자.

谁先回家谁做饭。 누구든 먼저 귀가하는 사람이 밥을 한다.
先に家に掃った者が食事を作ろ。 먼저 집에 돌아온 사람이 밥을 한다.

你喜欢吃什么就吃什么。 네가 좋아하는 것을 먹어라.
好きなものを食べなさい。 좋아하는 것을 드세요.

중국어식 당나귀 문장은 일본 언어학자들의 특별한 관심을 끌었다. 이케다 스스무(池田晋 2018)는 이를 '의문사 연쇄문(疑问词连锁句)'이라고 칭하면서 조건문의 전건과 후건의 일대일 관계로 분석하였다.

P1 → Q1 갑이 먼저 귀가하면 갑이 먼저 밥을 한다.
P2 → Q2 을이 먼저 귀가하면 을이 먼저 밥을 한다.
P3 → Q3 병이 먼저 귀가하면 병이 먼저 밥을 한다.
  ⋮
Pn → Qn 집에 먼저 돌아온 사람이 밥을 한다.

중국어식 당나귀 문장의 구절은 호문 대언식이다. 요컨대, 중국어는 호문 대언을 기본으로 하며, 연결을 기본으로 하는 인도유럽어의 문법 구도를 타파하고 새로운 진전을 이루었다.

확대 · 축소대

제9장에서 각종 문법관계의 구는 주술, 수식, 동보, 병렬에 상관없이 기본은 모두 주어성 지칭어(起指) - 술어성 지칭어(续指)로 이루어진 지칭어대(指语对)라는 것을 논술하였다. 여기서 한발 더 나아가 제10장에서는 지칭어대의 순서배열 원리를 설명하였다. 이번 장에서는 다양한 크기의 언어 토막, 크게는 텍스트와 단락, 작게는 구와 합성어에 이르기까지 모두 확대와 축소의 크기만 다를 뿐 모두가 지칭어대라는 것을 설명하고자 한다.

① 확대 · 축소형 대칭격식

"사람이 생각을 말로 표현할 때는, 글자로써 구(句)를 만들고, 구를 쌓아서 장(章)을 구성하며, 장을 쌓아서 편(篇)을 구성한다.(夫人之立言, 因字而生句, 积句而成章, 积章而成篇)"(『文心雕龙 · 章句』) 중국어로 문장을 만들고 한 편의 글을 지을 때에는 확대와 연결이라는 두 가지 방식이 있다. 이 장에서는 확대에 대해 서술하고, 다음 장에서는 연결에 대해 서술하고자 한다.

조조(曹操)「거북이 비록 오래 산다 한들(龜雖壽)」의 첫머리 네 구는 '老驥伏枥, 志在千里; 烈士暮年, 壯心不已(늙은 천리마가 말구유에 엎드려 있지만 뜻은 천리 밖에 있고, 열사가 늙었어도 장대한 포부는 식지 않았다)'이다. 이것은 가장 작은 2자대(二字对)로부터 점차 확대되어 이루어진 것이다. 2자대가 합쳐져서 4자대(四字对)가 되고, 두 개의 4자대가 합쳐져서 하나의 8자대(八字对)가 되고, 또 두 개의 8자대가 합쳐져서 16자대(十六字对)가 되었다. 각각의 대는 모두 주어성 지칭어 - 술어성 지칭어의 대(起指 - 续指对)이다.

老　　驥
주어성 지칭어　술어성 지칭어

老驥　伏枥
주어성 지칭어　술어성 지칭어

老驥 伏枥　志在 千里
주어성 지칭어　술어성 지칭어

老驥伏枥 志在千里　烈士暮年 壯心不已
주어성 지칭어　술어성 지칭어

'老驥伏枥志在千里'와 '烈士暮年壯心不已'는 분명한 '비유대(喻对)'로(제7장 '비유대언'), A:B :: C:D 형식이 된다.

老驥伏枥 － 志在千里
｜　　　　　　｜
烈士暮年 － 壯心不已

'烈士暮年'과 '壯心不已'의 관계는 반드시 '老驥伏枥'과 '志在千里'의 관계와 대비를 통해서야 비로소 이해될 수 있으며, 그 역도 마찬가지다. 그렇지 않으면 '老驥'를 '志在'(포부가 있다)라고 말할 수가 없다. 따라서 이 네 구는 호문견의(互文见义)가 된다.

　확대·축소형 대언격식의 기본은 2자대이며, 그 안에서 대우성(对偶性)이 가장 강한 것은 '关关(구욱구욱)', '雎鸠(물수리새)', '窈窕(아리따운)'와 같은 쌍성첩운(双声叠韵)형이다.

关　关
구욱　구욱

关关　雎鸠
구욱구욱　물수리새

关关雎鸠　在河之洲
구욱구욱 물수리새　강의 모래톱에 있고

关关雎鸠 在河之洲　窈窕淑女 君子好逑
구욱구욱 물수리새　아리따운 아가씨는
강의 모래톱에 있고　군자의 좋은 배필

　『시경(诗经)』과 「거북이 비록 오래 산다 한들」의 언어는 모두 당시의 구어에 매우 가깝고 구조적으로 현대중국어와 본질적인 차이가 없기 때문에, 단어의 의미만 이해하면 현대인들이 이해하는 데 문제가 없다. 현대의 확대·축소대(缩放对)는 다음과 같다.

上　有

위로는　계신다

上有　父母

위로는 계신다　부모님이

上有父母　下有儿女

위로는 부모님이 계시고　아래로는 자식이 있다

上有父母 下有儿女　挣钱糊口 不问远方

위로는 부모님이 계시고　돈을 벌어 입에 풀칠을 해야 하니
아래로는 자식이 있어서　먼 곳을 따지지 않는다.

확대·축소형 대칭격식은 22식 4자격을 근간으로 하고, 3언과 5언, 7언 등이 파생되어 나와서 대칭 속에 변화가 있고, 균형 속에 불균형이 있는 모습을 만들었다. 중국어 단어는 단음절과 쌍음절이 유연하게 변환할 수 있고, 허자(虛字)의 사용과 비사용이 강제성을 갖지 않으며, 무종지문은 끊을 수도 이을 수도 있는 등의 이유로 인해 이러한 파생이 대단히 쉽다. 예를 들면, '志在千里 → 志向在千里', '烈士暮年 → 烈士已暮年', '老骥伏枥, 志在千里 → 老骥伏于枥, 志千里'와 같이 변환이 가능하다. 여러 가지 다양하고 복잡한 변화도 있지만, 그래도 여전히 대가 기본이 된다. "'일'은 '이'를 낳고, '이'는 '삼'을 낳으며, '삼'은 만물을 만든다(一生二, 二生三, 三生万物)"라는 노자(老子)의 표현으로 언어의 생성을 말하면, 1언은 2언을 만들고, 2언은 3언을 만들며, 3언은 변화무쌍한 언어를 만들 수 있는 것으로 해석할 수 있다. 이는 특히 또 1언이 2언으로 확대되는 것은 1이 2를 만드는 것이고, 2언이 4언으로 확대되는 것은 2가 3을 만드는 것이며, 4언이 되면 곧 변화무쌍한 말을 만들 수 있다고 해석할 수 있다.

1.1 4구식

중국어는 4자격 외에 4구식(四句式)도 있는데, '老驥伏櫪, 志在千里 ; 烈士暮年, 壯心不已'가 그 예이다. 4구식은 4자격이 확대된 것으로 4자격과 함께 모두 22식으로 이루어져 있다. 서양 언어는 주술구조가 정착되자 곧바로 문장의 대문을 걸어 잠금으로써 다른 구조가 정착되지 못하였다. 반면 중국어는 형태가 고정되어 있지 않아서 작게는 두 글자 결합에서, 크게는 텍스트에 이르기까지 모든 구조가 대언성을 가진다. 위에서 제시한 세 가지 예와 같이 **기승전결의 4구식은 중국어 특유의 복문양식이다.** 4구식은 중국어 텍스트 구조의 근간으로, 한 수의 절구도 22식의 기승-전결로 구성된다. 예를 들면 다음과 같다.

(기) 白日依山盡, 흰 해는 뉘엿뉘엿 서산에 기대어 저물고,
(승) 黃河入海流, 황하는 바다로 들어가 흐르네,
(전) 欲窮千里目, 천리 먼 곳까지 다 바라보고파,
(결) 更上一層樓。누각 한 층 더 높이 올라가노라. 王之渙「登鸛雀樓」

4구를 1절(絶)로 보는 관념은 자연적으로 형성되었다. 『시경(詩經)』은 대다수가 4언 4구로 되어있는데, 옛날 사람들은 이를 '1장(章)'이라 불렀다. 한위(漢魏) 시대에는 4구 1절이 아직 규격화되지 않았지만, 길이가 비교적 긴 시가에서는 이러한 창작법이 자연스럽게 형성되었다. 진송(晉宋) 시기에 이르러 시인들이 4구의 민가를 즐겨 흉내 내면서 5언4구의 짤막한 시가 대량으로 출현하였다. 제량(齊梁) 이후에는 4구1절이 시의 규격이 되었고, 이에 '절(絶)'이라는 명칭을 붙이게 되었다.

시는 노래와 뿌리를 같이하는데, 오랜 옛날에 노동요의 선창이 언어

와 함께 동시에 생겨났을 가능성이 높으며, 이 둘을 구별하기는 상당히 어렵다. 한 민족의 음악적인 특징은 그 민족의 언어적인 특징을 반영한다. 먀오징(苗晶 2002:74)은 한족(汉族) 민가 곡조의 형식적인 구성은 중국 고대의 전통적인 건축 구조와 닮은 점이 있다고 보았다. 그는 이것이 좌우 대칭을 중시하고 수미(首尾)가 호응하며, 겹겹으로 싸여있으면서 균형 있게 발전하는 점이라고 보았으며, 편안한 안정감을 이상적인 구성이라고 지적하였다. 곡조의 형식은 대구식에 중점을 두는데, 「上下联(상하련)」, 「小二番(소이번)」과 같이 악곡의 표제가 바로 그 곡조 형식의 구성을 의미하는 경우도 있다. 곡조 형식의 변화는 종류가 다양하지만 기본구조는 대체로 비슷해서 주로 2구식과 4구식의 두 가지가 있는데, 4구식은 2구식에서 발전되어 왔다. 산이나 들에서 일을 하거나 감정을 토로할 때 즉흥적으로 부르던 민간 가곡인 산가(山歌)를 보면, 북방은 2구식을 위주로 한다. 예를 들면, 허베이(河北)의 「大青山乌啦啦山套山(다칭산 우르르 산이 산을 덮고 있구나)」 속의 '大青山乌啦啦山套山, 绵绵呀哎河套套川(다칭산 우르르 산이 산을 덮고 있구나, 끝없이 이어졌구나, 아 강이 시내를 겹겹이 싸고 있는 것이)', 장시(江西)의 「新打铰剪不要磨(새로 만든 가위는 갈지 마라)」 속의 '新打铰剪不要磨, 新交朋友不要多喂(새로 만든 가위는 갈지 말고, 새로 사귄 친구는 너무 많이 먹여주지(알려주지) 마라)'가 있다. 남방은 대부분이 4구식을 위주로 한다. 속요(小调), 앙가(秧歌), 등가(灯歌), 다가(茶歌), 화고곡(花鼓调) 등 다양한 형식의 노래 체제에서 4구식의 구조는 더욱 보편적이고 기본적인 구조의 의미를 가진다. 2구식은 '대응(对应)'이 곡조 형식에 반영된 것이며, 4구식의 탄생은 사실상 이중대응으로 대응이 중복된 것이다. 전형적인 4구식은 기승전결의 A+B+C+D식인데, 만약 중복구가 있으면 이는 분명히 2구식의 확장인 A+B+C+B식이 된다. 예로는 장시(江西) 보양(波阳)의 「(석공의) 돌 깨기 메김소리(打石号子)」가 있다.

(선창) 齐努力吧　　다 같이 힘써보세
(합창) 嗨也嘿嗬呀。　에헤야 디야.
(선창) 争先进喏　　앞 다투어 나아가세
(합창) 嗨也嗬呀。　에헤야 디야.

　2구 반(半)의 구조는 위아래 구의 중간이나 아래 구 뒤에 1구 반을 붙인 것이다. 3구식 역시 2구가 확장된 것으로, 구조는 대부분 '상상하(上上下)' 또는 '상하하(上下下)' 형식이다. 이는 4구식이 압축된 것으로 볼 수도 있다. 4구 반과 5구는 4구 형식의 확장이다.

　중국어 텍스트의 구성 방식은 한족 민가 악구(乐句)의 구성 방식과 일치하는데, 모두 확대·축소형 대칭격식이다. 이는 2구식을 기초로 하고, 4구식을 근간으로 하는데, 다양한 텍스트 형식들은 모두 이러한 기초와 근간에서 나온 것이다. 궈사오위(郭绍虞 1979:163, 563)는 『좌전·은공3년(左传·隐公三年)』의 한 단락을 예로 들면서, "중국어 특유의 복문"은 이러한 배비구((排比句)[1]인데, 이는 변문대구(骈偶)의 병렬형식을 취한 "복선복합문(双线复合句)"이라고 부를 수도 있다고 하였다. 그는 이것이 서양 문법에서 말하는 "단선복합문(单线复合句)"과는 다르다고 주장하였다.

---

1) 역자주: 배비(排比)는 수사법의 일종으로, 3개 또는 그 이상의 의미가 관련 있고 구조가 유사한 구(문장)을 대구식으로 나열하는 것이며, 이렇게 나열된 문장을 배비구라 한다.

涧溪沼沚之毛, 苹蘩蕴藻之菜, 筐筥锜釜之器, 潢汙行潦之
水, 可荐于鬼神, 可羞于王公。

　　산골 도랑이나 늪가에 난 풀, 부평초나 마름 같은 변변치 못한 나물,
투박한 대광주리와 가마솥 같은 그릇, 웅덩이에 고여 더럽거나 도랑에
흐르는 물이더라도 귀신(조상)께 올릴 수 있고, 왕공(임금과 제후)께 바
칠 수 있다.

　　이는 22식을 기반으로 변화한 것인데, 앞의 2가 4로 확장되었다. 귀
사오위의 책에서는 이 단락에 대해 엄복(严复)[2]이 『중국어로 풀이한
영문법(英文汉诂)』[3]에서 시도한 분석을 인용하고 있다.

　　첫 단계에서는 평행되게 배열된 8구로 나누는데 4(앞)×2(뒤)=8이
며, 여기에는 '涧溪沼沚之菜, 可荐于鬼神', '苹蘩蕴藻之菜, 可羞
于王公' 등이 포함된다. 이어서 '涧之毛, 可荐于鬼神', '苹之菜, 可
羞于王公'과 같이, '涧溪沼沚' 등의 4자어를 한 글자씩 나누어서 32
구로 만든다. 그리고 '涧之毛, 可荐于鬼', '苹之菜, 可羞于王' 등과
같이, 짝수 글자의 단어 '鬼神', '王公'을 다시 한 글자씩 나누어서
64구로 만든다.

　　그런데 필자가 보건대 이러한 분석은 아직 완전하지 못하다. 왜냐하
면 '涧溪沼沚' 등의 4자어는 모두 22식이므로 또 '涧溪之毛, 可荐于
鬼神, 沼沚之菜, 可羞于王公' 등으로 나눌 수 있고, 그러면 모두 128
구가 될 수 있기 때문이다. 그리고 또 '涧溪沼沚之毛, 苹蘩蕴藻之菜,

---

2) 역자주: 엄복(严复, 1854-1921) 중국 청나라 말기의 사상가.
3) 역자주: 중국 최초 가로쓰기로 출판된 영어문법서. 1904년에 출판되었으며,
　 서양의 표점부호를 사용한 중국 최초의 중국어 저작이다.

可荐于鬼', '筐筥锜釜之器, 潢汙行潦之水, 可羞于王' 등으로도 나눌 수 있으니, 모두 합하면 128구를 훨씬 넘어서게 된다. 그 밖에 '荐'과 '羞'는 모두 '진상하다(进献)'를 의미하며, '可荐于鬼神, 可羞于王公'은 호문견의로 '귀신과 왕공께 진상하다(进献于鬼神王公)'라는 하나의 의미를 나타낸다. 여기서는 '鬼神王公'이 22식으로 나누어져 있지만, 이를 따로 분리해서 이해해서는 안 된다.

엄복의 이러한 분석법은 분명히 인도유럽어의 주술구조의 분석법을 모방한 것이다. 그런데 이 단락에 대한 중국인들의 이해는 결코 이처럼 번거롭고 복잡한 분석에 의존하지 않는다. 이 가운데 정말로 구조성을 갖춘 것은 간단한 전체 호문대언(互文对言)이다. 큰 것에서 작은 것 순으로 보면, 앞의 네 구와 뒤의 두 구는 하나의 주어(起说)—술어(续说)의 지칭어대(주술관계를 파생함)를 이룬다. 이때 앞의 네 구는 22병렬식, 뒤의 두 구는 11병렬식으로 각각 대를 이루고 있다. 앞의 네 구는 모두가 각각 관형어 - 중심어 관계의 지칭어대를 파생시키는데, 그 안의 '之'자는 「갈대꽃을 뿌리째 뽑자(拔根芦柴花)」등 민가에 나타나는 지시보조자(衬字) '那'(제9장 참조)와 같다. 뒤의 두 구는 모두가 각각 동보관계의 지칭어대를 파생시킨다. 관형어 '涧溪沼沚' 등 4자어는 모두가 각각 22병렬식의 대를 이루고, 보어인 '鬼神'과 '王公'도 병렬하여 대를 이룬다. 전체 단락의 말은 층층이 겹쳐진 대언으로 이루어져 있으며, 전편이 대언명의이다.

1.2 팔고사비

팔고(八股)[4]는 일종의 문장 형식을 가리키는 명칭으로 그 자체는 좋고 나쁨이 없다. 치궁(启功 1997:103,114)은 팔고의 기본형식은 기승전결이고, 주요 부분은 '사비(四比)'라고 하였다. 또 각각의 두 고(股)는 반드시 서로 대비를 이루어야 하는데, 이를 '일비(一比)'라고 하며, 모두 사비(四比)가 된다는 것을 예를 들어 설명하였다. 사비는 대우(対偶)를 이루어야 하므로 실자(実字)는 실자끼리, 허자(虚字)는 허자끼리, 평성(平声)은 측성(仄声)과, 측성은 평성과 대를 이룬다. 이는 율시의 대구가 확대된 것으로 볼 수 있다. 사비는 산어(散语)체가 비교적 많고, 간혹 변려체와 산어체가 함께 나타나기도 한다. 하지만 양쪽의 길이는 서로 맞아야 하며, 또한 '或者讼未至而为之弭, 或者讼已至而为之讳(송사가 아직 도착하지 않았으면 그것을 그치게 하거나, 송사가 이미 도착하였으면 그것을 덮어둔다)'(八股文「必也使无讼乎」)에서 보듯이 길이를 맞추기 위해서는 글자나 단어의 중복도 피하지 않는다.

팔고문(八股文)은 '사서(四书)'의 문장이라고도 불리는데, 그 이유는 팔고문의 제목을 『논어(论语)』, 『맹자(孟子)』, 『대학(大学)』, 『중용(中庸)』 등 네 편의 유가 경전에서 뽑아야 하기 때문이다. 따라서 사서체(四书体) 형식이 바로 팔고문 문장구조의 최초 연원이 된다. 진커무(金克木)는 『논어·계씨(论语·季氏)』의 문장구조에 대한 면밀한 분석을 통하여 그것이 원시적인 팔고문이라는 결론을 얻었다. 팔고문의 격식은 2천년 동안의 문어체 중국어의 문장구조를 계승한 것으로, 어느 한 사람이 정할 수 있는 것이 아니며, 이는 황제라 해도 불가능

---

4) 역자주: 즉 팔고문. 명·청 과거 시험에 쓰였던 문체의 하나. 격식이 고정되어 있으며, 매 편은 파제破題·승제承題·기강起講·입수入手·기고起股·중고中股·후고後股·속고束股 등 여덟 부분으로 구성되어 있음. 그 중 기고起股에서부터 속고束股까지의 네 부분은 매 부분이 모두 두 개 고股의 대구로 쓰여 모두 여덟 고股가 되므로 붙여진 이름.

하다.(启功·张中行·金克木 1994:129-139)

쭝팅후·천광레이(宗廷虎·陈光磊 2007:1940)는 한발 더 나아가 대화체가 대부분인『논어』,『맹자』등을 독백으로 전환하면 팔고문의 체제와 형식이 아주 분명해진다고 지적하였다.『맹자·양혜왕(하)(孟子·梁惠王(下))』첫 장의 한 편을 예로 들어보자.

> 曰 : 独乐乐, 与人乐乐, 孰乐?
> 혼자 음악을 즐기는 것과 남들과 함께 음악을 즐기는 것 중에 어느 것이 즐겁냐고 묻는다.
> 曰 : 不若与人。남들과 함께 즐기는 것만 못하다고 말한다.

> 曰 : 与少乐乐, 与众乐乐, 孰乐?
> 적은 사람들과 함께 음악을 즐기는 것과 대중과 함께 음악을 즐기는 것 중에 어느 것이 즐겁냐고 묻는다.
> 曰 : 不若与众。대중과 함께 즐기는 것만 못하다고 말한다.

맹자와 왕 사이의 대화를 맹자가 서술하는 언어로 바꾼 것이 바로 '独乐乐, 与人乐乐, 不若与人 ; 与少乐乐, 与众乐乐, 不若与众(혼자 음악을 즐기는 것과 남들과 함께 음악을 즐기는 것은 (혼자 즐기는 것이)남들과 함께 즐기는 것만 못하다. 소수와 함께 음악을 즐기는 것과 대중과 함께 음악을 즐기는 것은 (소수와 함께 즐기는 것이)대중과 함께 즐기는 것만 못하다)'이다. 이는 팔고문의 기강(起讲)[5]이다.

치궁(启功 1997:105)은 또 현대인들이 말을 하기 위해서 준비한 장

---

5) 역자주: 팔고문(八股文)의 제삼고(第三股)로 전체 글에 대해서 개괄적으로 의론하는 부분.

문의 글도 여전히 팔고사비의 형식을 따른다고 강조하였다. 그가 예로
제시한 관광지를 소개하는 가이드의 말을 보자.

今天游燕京八景(破)。八景是本市的名胜古迹，已有几百
年的历史(承)，它们有的在市内，有的在近郊，游起来都很方便
(讲)。a景，b景(提比)，太液秋风不易见，金台夕照已迷失(小
比)，c景，d景(中比)，卢沟加了新桥，蓟门换了碑址(后比)，今
天天气很好，六景全都看了(收)。

　오늘 연경8경을 유람하시겠습니다(파). 8경은 이 도시의 명승고적으
로 이미 수백 년의 역사를 가지고 있습니다(승). 이들 명승지는 시내에
도 있고, 근교에도 있는데요. 관광하기에 모두 아주 편리합니다(강). a명
소, b명소(제비), 태액의 가을바람은 보기가 쉽지 않고, 금대의 낙조는
이미 그 모습을 잃었습니다(소비). c명소, d명소(중비), 루거우에는 새
다리를 설치하였고, 지면에는 비석의 위치를 바꾸었습니다(후비). 오늘
은 날씨가 좋아서 6경을 모두 보았습니다(수).

이를 듣고 가이드에게 팔고문을 지었다고 항의할 관광객은 없을 것
이다.

중국어의 대언 표현은 문어와 구어를 관통한다. 심지어 유명한 소설
『홍루몽』 속 가난한 시골 할머니인 유씨 할머니(刘姥姥)의 입에서 나
온 '시골언어(乡言村语)'도 4자어로 가득 차 있다. 이점에서 보면, 문
어와 구어의 차이는 사실 중국어보다 영어가 더 크다.(최소한 중국어
보다 작지는 않다) 현재 대화분석을 연구하는 사람들은 영어의 문어는
주술구조를 근간으로 하지만, 구어는 주술구조가 완전히 갖추어지지
않은 불완전문(零句)이 상당히 많음을 발견하였다.(Lerner 1991, Aure
1992)

1.3 균형에서 격차까지

비대칭에서 대칭을 모색하고, 대칭에서 비대칭을 생성하는 것은 인간의 정상적인 심리이자 행동이며, 언어의 일반적인 법칙으로 언어 진화의 중요한 원인이 된다. 하나의 체계는 대칭 가운데 비대칭이 있어야 비로소 활력과 생명력을 유지할 수 있다.(沈家煊 1999a, 石毓智 2017) 중국어는 균형적이고 질서정연한 대언을 바탕으로 하지만, 또한 균형 가운데 변화를 추구하고 정연함 가운데 격차를 가지고 있다. 각종 산어체 표현은 모두 대언격식의 기초 위에서 생성된다. 예를 들면, '冷冷清清(몹시 쓸쓸하다)'은 일찍이 송사(宋词)에서 보이다가 원곡(元曲)에 와서는 '冷清清(스산하다)'이라는 말이 생겨났다. 또 '寬寬綽綽(여유가 있다)'으로부터 '寬綽綽(여유로운 모양)'이, '絮絮叨叨(지겹도록 되풀이 되다)'로부터 '絮叨叨(수다스러운 모양)'가 생겨났다. 불균형적인 3음조는 쌍음으로 된 옛 단어에서 파생된 것일 수도 있고, 4언으로 된 성어가 축약된 것일 수도 있다. 그것이 파생인지 축약인지에 대해서는 더 깊이 따질 필요가 없다.

중국어는 표현할 때 글자나 단어의 단음과 쌍음이 탄력적이어서 서로 바꾸어서 사용할 수 있고(郭绍虞 1938), 결합성분의 사용에 강제성이 없으며(赵元任 1968a:350), 특히나 많은 무종지문은 '끊을 수도 있고 이을 수도 있는(可断可连)' 특성을 가지고 있다.(吕叔湘 1979:27, 沈家煊 2012a) 이들 세 가지 요소는 합쳐져서 하나의 중요한 사실을 만드는데, 그것은 바로 변려체와 산어체가 섞여있거나 산어체 위주인 행문(行文)은 항상 전편(全篇)을 4자어로 바꾸어 쓸 수 있다는 것이다. 변려체와 산어체가 섞여있는 아래의 『홍루몽』 속 두 단락의 말을 예로 들어보자.([] 속은 필자가 바꾸어 쓴 것임) 제12회에서 가서(贾瑞)가 봉아씨(凤姐)의 놀림을 받아 부끄러워하고 분개하여 병이 난 모습을 서술하고 있다.

不觉就得了一病 [不知不觉, 得了一病] : 心内发膨胀 [心内
发胀], 口中无滋味[口无滋味] ; 脚下如绵, 眼中似醋 ; 黑夜作
烧, 白昼常倦 ; 下溺连精, 嗽痰带血。诸如此症, 不上一年都添
全了 [不上一年, 都添全了]。

자신도 모르는 사이에 병을 얻었다. 심장 안이 팽창하고 입에 맛이 없
고, 발밑은 솜과 같이 무르고 눈 안은 식초같이 시큰거리며, 어두운 밤에
는 열이 나고 대낮에는 늘 피곤하며, 소변에 정액이 섞여 있고, 기침 가래
에 피가 섞여 있다. 이와 같은 증세는 일 년도 안 되어 모두 다 더해졌다.

제65회는 우삼저(尤三姐)가 가진(贾珍)과 가련(贾琏)을 놀리는 모
습을 서술한 부분이다.

尤三姐天天挑拣穿吃 [三姐儿天天, 挑拣穿吃], 打了银的,
又要金的 ; 有了珠子, 又要宝石 ; 吃的肥鹅, 又宰肥鸭。或不趁
心, 连桌一推 ; 衣裳不如意 [衣不如意], 不论绫缎新整 [绫缎新
整], 便用剪子铰碎 [剪子铰碎], 撕一条, 骂一句 [边撕一条, 边骂
一句]。

우삼저는 날마다 골라 입고 골라 먹으면서, 은으로 된 것을 차고 있으
면서 또 금으로 된 것을 달라고 한다. 진주를 가졌으면서도 또 보석을
내놓으라고 하며, 살이 통통한 거위를 먹으면서도 또 살이 찐 오리를 잡
는다. 간혹 마음에 들지 않으면 탁자를 밀쳐버리고, 옷이 마음에 들지
않으면 새로 만든 비단 옷이건 말건, 가위로 조각조각 자르는데, 한 가
닥 자를 때마다 욕을 한마디씩 한다.

괄호 안의 내용으로 바꾸어 쓴 후에는 4언의 글이 되었음을 알 수

있다. 치궁(启功 1997:4)은 아래의 예를 통해 일상의 대화도 상·하 문장으로 나누면(쉼표로 나눔), 역시 높낮이와 곡절의 조화를 가져올 수 있다고 설명하였다.

> 今天我来谈一个问题，　就是汉语语法方面的事。汉语语法的范围太广了，从何说起呢？我要说的，只是古代汉语中的一部分语法问题。
> 오늘 제가 한 가지 문제를 이야기할 텐데, 그것은 바로 중국어 문법에 관한 일입니다. 중국어 문법의 범위가 너무 넓은데, 어디서부터 말을 시작해야 할까요? 제가 말하려고 하는 것은, 단지 고대중국어의 일부 문법 문제일 따름입니다.

이를 4언의 문장으로 바꾸어보면 다음과 같다.

> 今天我来，谈个问题。什么问题？汉语语法。汉语语法，范围太广，从何说起？我要说的，只是关于，古代汉语，而且只是，部分问题。
> 오늘 제가, 하나의 문제를 이야기 하겠습니다. 무슨 문제일까요? 중국어 문법입니다. 중국어 문법은 범위가 너무 넓은데, 어디서부터 말을 시작할까요? 제가 말하고 싶은 것은, 단지 고대중국어, 그것도 단지, 일부 문제에 관한 것입니다.

물론 이렇게 바꿔 쓰면 지나치게 질서정연하여 딱딱하게 보인다. 일부 비교적 긴 상용어의 경우, 이를 22식 4자격으로 압축하는 것은 중국인의 언어 습관이다. 예를 들면, '房子是用来住的, 不是用来炒的(집은 거주용이지, 투기용이 아니다)'를 '房住不炒'로 압축하는 것과 같다. 인터넷에서 4자어가 유행하여 '人艰不拆(인생이 이토록 힘드니 좋지 않은 일은 들추어내지 말자)', '不明觉厉(무엇을 말하는지 잘은 모르지만 뭔가 대단해 보인다)', '细思极恐(곰곰이 생각해보면 상당히 무섭다)' 등과 같이 극단적인 표현까지 등장하는 것이 바람직하지는 않지만, 이러한 표현의 유행은 4자격의 힘을 말해준다. 자오위안런(赵元任 1975)은 현대에도 고정불변의 4자 1구로 사실적인 주제의 산문을 쓰는 사람이 있다고 지적하였다. 예를 들어 장빙린(章炳麟)의 글(백화문)은 마치 장례식의 추도사 같은데, 그가 황제의 수레에 대해 쓴 글은 다음과 같다.

「摩托车箴」
穆穆乘舆，五路有制。黄屋虽崇，厥心犹厉。彼摩托何？青盖赤茷。小人所乘，君子之器。上慢下暴，陵轹无艺。兼国与钩，而窃载以逝。盗思夺之，两寇交弊。走马司粪，敢告在势。

「자동차 잠언」
위엄 있고 장엄한 천자의 수레, 다섯 가지 수레(옥로玉路·금로金路·상로象路·혁로革路·목로木路)는 법도가 있네. 누런 비단의 수레 덮개는 높지만, 그 마음은 오히려 엄격하네. 저 자동차는 어떠한가? 푸른 색 덮개에 붉은 색 깃발이라. 소인이 올라탄 것이 군자가 타는 기구구나. 위 사람에게는 오만하고 아래 사람에게는 난폭하여, 무시하고 업신여김이 끝이 없네. 나라를 겸병하고 재물을 갈고리로 끌어와, 몰래 싣고 가는구나. 도적이 보고서 그것을 강탈하고자 마음먹으니, 두 강도가 번갈아 가며 해악을 저지르네. 말을 타고 달리며 똥을 치우면서 감히 권좌에 있다고 알리는 구나!
『章太炎全集』第五集

자오위안런은 자신이 4자구를 쓰는 이들을 찬성하는 것은 아니며,

단지 "이러한 현상은 발생할 가능성이 있으며, 또 실제로 계속 발생하고 있다"는 것을 설명할 뿐이라고 하였다. 그렇다면 왜 이러한 현상이 발생할 가능성이 있고, 또 계속 발생하는지에 대해서 학술적으로 살펴볼 필요가 있다. 과거에는 변려체에서 산어체로 바뀌는 것이 매우 자연스러운 변화라고 모두가 생각하였다. 하지만 거꾸로 산어체를 왜 항상 변려체로 바꾸어 쓸 수 있는지에 대해서는 생각해 보지 않는 것일까? 이 문제야말로 중국어의 본질을 건드리는 문제이다.

❷ 대비를 통한 조어법과 통사법

제7장에서 비유대언(내용과 형식)이 중국어에서 중요한 지위를 차지하는 것에 대해 설명하였는데, 여기서 비유는 바로 비교와 대조를 통해 말하는 것이다. 이 절에서는 조어법에서부터 통사법에 이르기까지 중국어는 항상 비유대언을 떠날 수 없음을 설명하고자 한다.

2.1 대비를 통한 조어법

중국어의 조어법은 인도유럽어처럼 파생을 위주로 하는 것이 아니라 대를 이룬 형태소의 복합을 위주로 한다. 파생어의 어간과 접사는 비대칭적이어서 대를 이루지 않는다. 영어에도 복합의 조어법이 있고 중국어에도 유사한 파생의 조어법이 있지만, 전체적으로 보면 두 언어의 조어법은 뚜렷한 차이를 보인다. 영어의 조어법을 말하면서 복합이 주가 된다고 하고, 중국어 조어법을 말하면서 파생이 주가 된다고 하는 것은 본말이 전도되고, 주객이 구분되지 않은 주장이다. 그러므로 이를 통해서는 언어에 대한 효과적인 설명을 기대하기가 어렵다. 제7장에서 이미 지적했듯이, 복합을 통한 조어는 바로 호문을 통해 의미를 이해하는 호문견의(互文见义)와 대언을 통해 의미를 생성하는 대언생의(对言生义)이다. 복합어 전체의 의미는 두 구성성분의 단순한 합이 아니며 대부분이 1+1>2가 된다. 예를 들면, '长短(길이)'>'长(길다)+短(짧다)', '出入(출입)'>'出(나가다/나오다)+入(들다)', '轮椅(휠체어)'>'轮(바퀴)+椅(의자)', '大车(대형 짐차)'>'大(크다)+车(차)', '讲理(이치를 말하다)'>'讲(말하다)+理(이치)' 등과 같은 것이다. 반면 1+1<2인 경우도 적지 않다. 예를 들면 '国家(국가)'<'国(국가)+家(가정)', '教学(가르치다)'<'教(가르치다)+学(배우다)'가 그러하다.

'墙脚(담의 토대)'와 '的姐(여성 택시기사)'라는 두 단어를 예로 들어보자. 이들의 생성 방식은 모두 A:B :: C:D의 대비를 통한 것이다.

人 사람—人脚 사람의 발　　哥哥 형/오빠—的哥 남성 택시기사
　|　　　　　|　　　　　　　|　　　　　　|
墙 담 — 墙脚 담의 토대　　姐姐 누나/언니 — 的姐 여성 택시기사

개념적으로 벽체와 담의 토대의 관계는 인체와 사람의 발의 관계와 같고, 누나(언니)와 여성 택시기사의 관계는 형(오빠)와 남성 택시기사)의 관계와 같다. 이러한 대비를 통해서 '墙(벽)'과 '人脚(사람의 발)'을 섞어서 혼합(糅合)한 '墙脚(담의 토대)'가 생성되었고, '姐姐(누나/언니)'와 '的哥(남성 택시기사)'를 섞어서 혼합한 '的姐(여성 택시기사)'가 생성되었다. 이러한 조어법의 또 다른 예로는 '电车(전차)'('水车(물레방아)'와 대비), '法盲(법맹)'('文盲(문맹)'과 대비), '睡莲(수련)'('睡女(수녀. 잠자는 여자)'와 대비) 등이 있다. 대비를 통한

조어법은 또 음성대응(의미대응을 상징함)을 이용하기도 한다. 예를 들면, 인터넷의 새로운 단어 '织围脖(목도리를 짜다)'는 '写微博(웨이보(미니블로그)를 쓰다)'의 의미로, '围脖(목도리)'와 '微博(웨이보)'의 발음이 서로 가깝고6) 의미적으로는 '织(뜨개질 하다)'와 '围脖'의 관계가 '写(쓰다)'와 '微博'의 관계와 유사하다.

写 쓰다 — 微博 웨이보
　　｜　　　　　｜
织 짜다 — 围脖 목도리 ('织围脖(목도리를 짜다)'를 만듦)

만약 언어의 생성이 근본적으로 계산에 의해 이루어진 것이라면, A :B :: C:D의 대비 방식은 곧 수학에서 $\frac{1}{2} = \frac{2}{4}$와 같은 등비식(等比式)이 될 것이다.

2.2 대비를 통한 통사법

중국어 통사법도 이러한 대비를 통해 섞어서 혼합하는 것이다. 예를 들면, 문법학계에서 논의가 많은 문형 가운데 하나인 '王冕死了父亲(왕면은 아버지를 여의었다)'는 자동사 '死(죽다)'가 뜻밖에도 행위자성 목적어를 가진다. 이 문장의 생성 방식은 사실 단위만 확대되었을 뿐, '墙脚', '的姐'와 일치한다.

---

6) 역자주: '围脖(목도리)'의 병음은 [wéibó]이고, '微博(웨이보)'의 병음은 [wēibó]로 앞 음절의 성조만 다를 뿐 상당히 유사하다.

塞翁的马丢失了 　 — 　塞翁丢失了马
변방 늙은이의 말이 없어졌다 　변방 늙은이가 말을 잃어버렸다
　　　　│　　　　　　　　　│
王冕的父亲死了 　 — 　王冕死了父亲
왕면의 아버지가 돌아가셨다 　왕면이 아버지를 여의었다

'생성문법'에서는 좌우 두 문장 사이의 유사도가 크면 공통적인 하부구조를 가지고 있다고 보고, 성분의 위치이동이라는 통사 조작을 통해 두 문장을 연결시킴으로써 좌우 문장의 수평적인 전환관계를 강조한다. 하지만 위치이동의 조작은 해결하기 어려운 문제를 많이 안고 있다. 반면, '인지문법'에서는 좌우 두 문장은 각각 서로 다른 문형에 속하기 때문에 유사도가 매우 낮지만, 상하 두 문장 사이의 유사도는 높아서 비유적인 투사(投射)의 인지적인 조작을 통해 연결된다고 본다. 구체적으로 말하면, '塞翁丢失了马'를 참조하여 이를 '王冕的父亲死了'와 섞어서 혼합하면 '王冕死了父亲'을 얻을 수 있다. 따라서 대비를 통한 조작은 수직적인 대응관계를 강조하는데, 이는 인지언어학에서 제창하는 문형 연구의 요체가 된다.

　이상의 논의를 통해서 생성문법은 '연결을 위주로 하는(以续为主)' 사고로, 선형구조에서 단어의 위치이동을 통해 문장을 생성함을 알 수 있었다. 그런데 이는 주술구조(연결을 기본으로 함)를 근간으로 하는 인도유럽어에는 대체로 잘 적용되지만, 대를 근간으로 하는 중국어에는 잘 적용되지 않음을 확인하였다. 선쟈쉬안(沈家煊 2006, 2009b)의 두 연구에서는 문형의 '비유혼합(比喻糅合)'을 사용하여 이러한 문장의 생성과정을 설명하고 있다. 이는 매우 간단하여 하부구조를 설정하거나 위치를 이동할 필요가 없다. 또 '他是昨儿出的医院(그는 어제 퇴원을 한 것이다)'이라는 문장은 자오위안런(赵元任 1956)에 따르면

'他是昨儿来的人(그는 어제 온 사람이다)'을 참조로 유추를 통해 생성되었다.

他是昨儿来的   ―   他是昨儿来的人
그는 어제 온 것이다   그는 어제 온 사람이다
　　│   │
他是昨儿出的   ―   他是昨儿出的医院
그는 어제 나온 것이다   그는 어제 퇴원을 한 것이다

　이 유형을 따라 또 다시 유추하여 '他是去年生的孩子(그는 작년에 아이를 낳은 것이다'('그의 아내가 아이를 낳은 것은 작년이다'의 의미임)를 생성할 수 있다. 이와 같이 앞의 사례를 참조하여 유추할 수 있는 이유는, '我是医院不是救济所(나는 구조센터가 아니라 병원이다)', '我是一个男孩一个女孩(나는 1남1녀이다)'와 같이 중국어는 주어가 바로 화제여서 일반적으로 오해를 불러일으키지 않기 때문이다.
　'你静你的坐, 我念我的书(너는 조용히 앉아 있어라, 나는 내 책을 읽을게)'에서 '你静你的坐'의 생성은 두 차례 대비를 통한 다음의 혼합과정을 거쳤다.

你做事   ―   做(一会儿)事   ―   你做你的事
너는 일을 해라   (잠시)일을 해라   너는 너의 일을 해라
　│   │   │
你静坐   静(一会儿)坐   你静你的坐
너는 조용히 앉아 있어라   (잠시)조용히 앉아있   너는 조용히 앉아있
                      어라   어라

첫 번째 단계에서 '做事(일을 하다)'는 동보관계이고, '静坐(조용히 앉아 있다)'는 수식관계이다. 하지만 이것이 '静坐'가 '做(一会儿)事'를 모방하여 동보관계인 '静(一会儿)坐'를 생성하는 것을 결코 방해하지 않는다.(왜냐하면 '静坐'와 '做事'는 모두 두 글자가 병치된 것이기 때문이다. 이에 대해서는 제9장을 참조) 다음으로 두 번째 단계에서 동보관계인 '静坐'는 또 '你做你的事'를 모방하여 '你静你的坐'를 생성한다. 이와 같이 비유를 통한 통사법의 예는 아주 많다. 예를 들면 '他看了三天的书(그는 3일 동안 책을 읽었다)', '我不买他的账(나는 그의 체면을 세워주지 않는다)', '是你引诱的我(네가 나를 유혹한 것이다)' 등이 있다.

이 비유혼합 모델은 포코니에 & 터너(Fauconnier & Turner(2003)의 '개념혼성(conceptual integration, 概念整合)' 모델보다 조금 더 간단하다.(刘探宙 2018:127-133) 여기서 개념은 모두 비유적이기 때문에 개념혼성도 모두 비유적 혼성이어야 한다. 상술한 글자를 쌓아 문장을 생성하는 두 가지 모델은 연결관계와 대응관계에 기초한 것인데, 궁극적으로 어떤 것이 중국어에 더 적합한지는 언어적 사실에 근거하여 '엄밀함'과 '간결함'이라는 두 가지 기준으로 판단할 수밖에 없다. 이 두 가지 기준은 여러 다른 학파보다도 우선한다.

마지막으로 한자의 구조 역시 대비법을 벗어날 수 없다는 것에 대해 간단하게 서술하고자 한다. 상형자는 형태-의미의 대비이고, 한자의 대다수를 차지하는 형성자의 구성법과 복합어의 조어법은 원리가 일치한다. 예를 들면, '恸(몹시 슬퍼하다)'자는 '动'의 소리를 취하여 형방(形旁) '忄'을 붙인 것으로, 이는 복합어 '心动(마음이 움직이다)'의 구성법과 완전히 일치한다. 또 '遁(도망치다)'은 도피하여 숨는 것을 의미하는데, '逃(달아나다)'의 형방 '辶'에 '盾'의 소리와 바뀐 의미

(转义) '숨다(隐)'를 더한 것이다. 이는 복합어 '逃隐(도망가서 은둔하다)'의 구성법과 기본적으로 일치한다. 또 다른 예를 들어보자.

> 山边曰"崖", 水边曰"涯"。
> 산의 가장자리는 '崖(애: 벼랑)'라고 하고, 물의 가장자리는 '涯(애: 물가)'라고 한다.

> 肋骨相连曰"骿", 两马并驾曰"骈"。
> 갈비뼈가 서로 연결되어 있는 것은 '骿(변: 통갈비)'이라 하고, 말 두 마리가 나란히 수레를 끌고 가는 것은 '骈(변: 나란히 하다)'이라 한다.

> 两力相交曰"拼", 男女和合曰"姘"。
> 두 힘이 서로 만나는 것은 '拼(병: 한 데 합치다)'이라 하고, 남녀가 좋아서 교합하는 것은 '姘(병: 사통私通하다)'이라 한다.

이것은 한자가 언어를 나타내는 부호일 뿐만 아니라 그 자체도 하나의 언어(소쉬르는 '제2의 언어'[7]라고 칭함)가 되는 이유이다. 문자, 특히 한자에 대해서 20세기 프랑스 최고의 언어학자 벵베니스트(Benveniste)[8]의 생각은 다음과 같다. 문자가 언어를 표상으로 바꾸는 것은 손과 말의 결합을 뜻하는데, 이는 말하는 사람의 '내적 언어활동' 및 독특한 '체험'과 연관되어 있으며, 다른 언어활동[9]의 생성을 촉진

---

7) 저자주: 『일반언어학 강의』(Saussure 1916:24) : "중국인에게 표의자와 구어의 단어는 모두 관념의 부호이다. 그들이 보기에 문자는 제2의 언어이다."
8) 역자주: 에밀 벵베니스트(Émile Benveniste, 1902-1976) 프랑스 언어학자. 인도유럽어 비교언어학, 일반언어학 이론, 언어인류학을 주로 연구하였다.
9) 저자주: 중국어 특유의 수사격으로 글자를 쪼개는 '석자격(析字格)'이 이를 가장 잘 말해준다. 예를 들면, 황정견(黄庭坚)의 사 「两同心」 '你共人, 女边着子 ; 争知我, 门里挑心'이 그러하다. 여기서 '女边着子(女변에 子를 붙이

할 수도 있다. 따라서 문자는 언어활동 자체를 '조직하는' '2급 형식의 언어'이며 문자에서 발견되는 모든 것도 언어 속에서 찾아야 한다.(克里斯蒂娃 2018)

③ 확대·축소대의 형성 원인

팔고사비를 설명할 때, 치궁(启功)은 '8'을 기준으로 삼는 것에 대해 의문을 제기하였다. 8이라는 수가 민족적인 습관에서 흔히 보인다는 것만 알 수 있을 뿐, 그 이유에 대해서는 의외로 대답하기가 어렵다. 8은 4의 배수이고, 4자격은 확대·축소대의 때문에 4자격의 형성 과정과 4를 기준으로 삼은 이유를 먼저 알아야 한다. 4자격의 형성 원인을 분명히 알면 확대·축소형 4자격 전체의 형성 원인을 분명하게 알 수 있게 된다.

3.1 22식 4자격

4자격이 '4'인 까닭은 사람의 기억 용량과 주의력 지속 시간과 관련이 있다. 연구에 따르면, 단기기억의 용량 한도는 일반적으로 7±2이고, 주의력 지속 범위는 4±1인데(Miller 1956, Cowan 2001, 陆丙甫·蔡振光 2009), 7±2는 대략 4±1의 2배로 볼 수 있다.(陆丙甫와 통신으로

다)'는 합쳐서 '好'가 되고, '门里挑心(문 안에서 마음을 취하다)'은 '闷'를 구성한다. 이를 통해 '당신이 다른 사람과 서로 좋아하니, 내가 마음이 답답하다는 것을 어찌 알까나'라는 애틋하고 원망서린 정서를 함축적으로 나타내고 있다.

확인) 예를 들어 19자리로 구성된 은행카드 번호를 읽는 방법 0200 ǀ 2145 ǀ 0103 ǀ 4069 ǀ 806은 일반적으로 4개의 숫자를 한 번에 읽는 것이다. 길지 않은 전화번호를 읽을 때는 두 개의 숫자를 한 번에 읽는 경우도 많다. 이 규칙은 단지 언어 재료의 묶음(chunk)에만 적용되는 것이 아닌 일반적인 인지심리 법칙이다.

언어로만 보면 4자격은 나름의 구조적인 특징이 있다. 하나는 모든 문법관계에서 단어와 구의 구분이 어렵다는 것이고, 또 하나는 22식 대를 이루는 균등한 '2+2'식이라는 것이다. 4자격이 22식이라는 것은 평범한 듯 보이지만, 상당히 의미가 심장하다. 이 특징은 장쉰루(張洵如 1948)가 가장 먼저 지적하였고, 후대 사람들 또한 계속해서 언급하였다. 4자격의 두 단락은 항상 구조가 같고 의미가 대칭을 이룬다. 설령 구조와 의미가 다르고 비대칭일 경우에도 음운적으로는 여전히 유사하여 대칭을 이룬다. 궈사오위(郭紹虞 1979:250, 654)도 이 점을 강조하며 『시경·정풍·대숙어전(诗经·郑风·大叔于田)』의 '抑罄控忌 (말을 몰아 달리다가 말고삐를 당겨서 멈추고)'와 '抑纵送忌(화살을 쏘며 짐승을 쫓네)'를 예로 들고 있다. '罄控(말을 몰아 달리다가 멈추게 하다)'과 '纵送(활을 쏘며 짐승을 쫓는다)'은 쌍음절어인데도 이들 네 글자는 여전히 2+2로 읽힌다고 지적하였다. 이러한 특징은 현대중국어에서도 그대로 유지된다. 예를 들어 '一衣-带水(한 가닥의 허리띠처럼 좁은 냇물이나 강물. 거리가 매우 가까워서 왕래가 편리함)', '无肺-病牛(폐가 없는 병든 소)'(赵元任의 예) 등은 이미 상투적인 말이 되었다. 제7장에서 '多大-年纪(연세가 어떻게 되십니까)', '被人-骗了(남에게 속았다)', '谁敢-不来(누가 감히 오지 않겠는가)' 등과 같이 『사자문전주(四字文笺注)』에 나타난 대량의 4자로 된 자유구(自由词组)를 예로 들었는데, 이들 대부분도 역시 22식이다.

문법구조상 22식처럼 보이지 않는 표현들도 있는데, 이는 인도유럽어 문법관념의 지배를 받았기 때문이다. 예를 들어 '买件棉衣(솜옷을 한 벌 사다)'는 문법구조적으로 13식인 '买 - 件棉衣'인 것 같지만 사실은 그렇지가 않다. 이는 역시 22식인 '买件 - 棉衣(棉衣, 买一件)'로 분석할 수 있다. 그 이유는 중국어의 주어는 사실상 화제여서 동사도 주어가 될 수 있으며, 술어도 명사일 수 있으므로 주어 - 술어가 지칭어대가 되기 때문이다. 또 예를 들어 '就辞去了(바로 물러났다)'와 '谁敢不来'도 문법구조가 반드시 '就 | 辞去了'와 '谁 | 敢不来'여야 하는 것은 아니다. 이는 '就辞 | 去了(就辞而去了)'와 '谁敢 | 不来(不来, 谁敢呢)'로 분석할 수도 있다. 마찬가지로 '志在千里'의 문법구조 역시 22식인 '志在 - 千里'가 될 수 있다는 것은 제2장과 제9장에서 이미 상세하게 설명하였으며, 또 별도로 선쟈쉬안(沈家煊 2018)을 참조할 수도 있다.

자오위안런(赵元任 1968a:223-224)은 다양한 복합어에 대한 고찰을 통해서 2+2 리듬의 압력이 매우 강하다는 것을 설명하였다. 3+1의 복합어 가운데는 3이 2+1인 경우가 1+2인 경우보다 좀 더 많은 듯하다. 예를 들어보자.

3이 2+1인 경우:
　自来水笔 만년필
　九龙山人 구룡산 사람
　萝卜丝儿饼 무채로 만든 전

3이 1+2인 경우:
　红十字会 적십자회
　染指甲草 손톱을 물들이는 풀. 봉숭아

그 이유에 대해서, 자오위안런은 (2+1)+1의 리듬이 (1+2)+1보다 2+2에 더 가깝기 때문에 어느 정도 말만 통한다면, '无肺病 | 牛'와 같은 3+1의 복합어는 '无肺 | 病牛'처럼 2+2로도 이해된다고 하였다. 2+2쪽으로 치우치려는 이러한 압력은 1+3을 2+2로 바꾸어 말하려는 경우에도 나타난다.

支 | 编辑部(지부 | 편집부) → 编辑 | 支部(편집 | 지부)
北 | 中山路(베이 | 중산루) → 中山 | 北路(중산 | 베이루)
二 | 毛纺厂(2 | 모 방직공장) → 毛纺 | 二厂(모 방직 | 2공장)
新 | 秋之歌(새 | 가을노래) → 新秋 | 之歌(새 가을 | 의 노래)

5음절의 복합어 중에는 2+3의 예(公共汽车站(버스 정류장), 螺丝推进器(스크루드라이버)가 3+2의 예(无政府主义(무정부주의), 降落伞部队(낙하산 부대))보다 많다. 이 역시 2+2의 압력이 초래한 것으로, 2+3은 2+2+1로 분해되는 것이 자연스럽지만, 3+2가 2+1+2로 분해되는 것은 부자연스럽다. 5언시의 리듬이 2+3인 것도 이와 같은 맥락이다.[10] 심지어 7언시가 4+3(3+4가 아님)인 것도 마찬가지 이치이다. 4+3이 2+2+2+1로 분해되는 것이 3+4가 2+1+2+2로 분해되는 것보다 더 자연스럽다.

신경언어학에서는 인간의 뇌가 사건에 반응하는 시간과 관련된 전위(Event-related Potentials, ERP) 실험을 통해 4자격 성어와 비성어를 2+2 운율에 따라 낭독했을 때, 통사구조와 무관하게 피험자들은 모두 이를 정상으로 느낀다는 것을 밝혀냈다. 하지만 반대로 2+2 방식대로 낭독하지 않았을 때는 피험자들이 어휘 가공에 어려움을 느꼈으며, 성

---

10) 저자주: 5언시의 행이 2+1+2인 경우는 극히 드물다.

어가 아닌 구의 가공이 성어의 가공보다 더 많은 시간이 걸린다는 사실도 밝혀냈다.(张辉 2016:제8장) 그런데 그 이유에 대해서는 설명이 필요하다. 단순히 기억으로 보면, 대칭적인 것이 비대칭적인 것보다 기억하기가 쉽다는 것이 아마도 하나의 원인이 될 수 있을 것이다. 하지만 왜 중국어와 일부 언어에 4자격이 있는지에 대해서는 언어학적인 해석이 더 필요하다.

왜 4자격은 '4'이고, 13식이나 31식 또는 121식이 아닌 22식인지는 학리(学理)적으로 따져보아야 한다. 이것은 중요한(non-trivial) 문제이다. 허단(何丹 2001:24)은 『시경』 속 4언체의 기원을 탐구하면서 『시경』 시대의 중국어는 단음자 위주이지만, 4자 구조는 또 쌍음자의 결합을 기반으로 하고 있으니 모순처럼 보이는 이 현상을 어떻게 설명할 것인가의 문제를 제기하였다. 훌륭한 문제 제기가 아닐 수 없다.

3.2 글자 중심과 글자 등가

위에서 제기한 문제의 답안은 먼저 중국어가 글자, 즉 '자(字)'를 기본단위로 한다는 데 있다. 글자는 형(形), 음(音), 의(义), 용(用)의 결합체이므로 분석은 가능하지만, 분리는 불가능하다. 분리를 하게 되면 글자의 완전성이 훼손되기 때문이다. 이때 기본단위(primary unit)와 지배단위(predominant unit)를 구분해야 하는데, 이 두 개념은 모순되지는 않지만 그렇다고 같지는 않다. 중국어가 '글자 중심(字本位)'이라는 것은 글자가 기본단위라는 것을 가리킨다. 중국어 문법의 기본단위는 당연히 글자이다. 그런데 고대중국어에서는 지배단위도 글자였고, 현대중국어의 기본단위도 역시 글자이다. 쌍음자의 결합이 이미 지배적인 글자 결합이 되었지만, 단음자도 여전히 매우 활발하게 사용된다. 어떤 이는 문법을 설명할 때는 글자를 중심으로 할 수 있지만, 어휘를 설명할 때는 단어를 중심으로 해야 한다고 말한다. 그러나 현대중국어 사전의 이름은 단어(词) 중심의 '사전(词典)'이라고는 부르지만, 실제로는 글자를 중심으로 하고 있다. 먼저 글자를 나열하고 글자의 여러 가지 의미항목과 그 연관성을 분명하게 설명하면, 각 표제어의 의미풀이는 편리하고 간단해진다. 영어처럼 처음부터 바로 표제어를 나열하면, 의미해석이 장황하고 복잡할 뿐 아니라 표제어 사이의 의미 연관성을 분명하게 찾기가 어렵다. 현대중국어에는 또 '역순사전(倒序词典)'도 있는데, 이는 서양 언어에서는 찾아볼 수 없는 것이다. 현대중국어의 어휘는 형태적으로 쌍음절어가 훨씬 많다는 통계를 본 기억이 있다. 하지만 단어의 용례로 보면, 쌍음절어와 단음절어의 수량은 뚜렷한 차이가 없다. 이는 당연히 단음절어의 사용빈도와 활성화 정도가 쌍음절어에 비해 훨씬 높기 때문이다. 많은 쌍음절 복합어는 두 음절에 담긴 단어의 뜻을 그 중 하나의 음절에 귀속시켜 새로운 복합어를 만들기 위한 형태소를 제공하거나 또는 그 자체가 하나의 단음절어를 만들 수도 있다.(张博 2017) 예를 들면 다음과 같다.

현金 현금 → 現 현금:
　변現 현금화하다　　　提現 현금을 인출하다
　付現 현금으로 지불하다　收現 현금으로 받다
　取現 현금을 인출하다　　現支 현금을 지불하다
　支現 현금을 인출하다

模特 모델 → 模 모델:
　女模 여성 모델　　　男模 남성 모델
　车模 레이싱 모델　　衣模 패션 모델

名模 유명 모델   嫩模 소녀 모델

学模 학교 홍보 모델

이는 또한 현대중국어는 쌍음자 결합이 지배적인 단위이며, 그것이 중국어는 글자 중심이라는 것과 모순되지 않음을 말해준다. 자오위안런(赵元任 1968b)은 이른바 "중국어 단음절의 신화"(金守拙의 말)는 "중국의 신화 가운데 가장 진실된 신화"라고 하였다.

그런데 '글자 중심'의 함의는 여기에서 그치지 않고, 글자와 글자가 대략 같은 무게와 같은 값, 즉 등중 등가(等重等价)라는 의미를 가리키기도 한다. 가장 작은 글자 결합은 두 개의 대등항(equated terms)으로 이루어진 두 글자의 결합이다. 주로 이러한 의미의 '글자 중심'이 4자격을 만들어냈다. 허단(何丹 2001:32)은 4자격이 22식이라는 것을 설명할 때, 그 근본은 중국어가 일자 일의 일음절(一字一义一音节)이라는 데 있다고 하였다. 단음절 자체가 하나의 박자단위, 즉 한 박자이고, 하나의 박자가 모두 상대적으로 안정된 시간(등음단(等音段))을 차지하기 때문에 두 박자가 하나의 결합 단위인 짧은 박자리듬 구조를 형성하기가 쉽다는 것이다. 다시 말해, 먼저 한 글자끼리 결합하여 두 글자 구조를 만들고, 다시 두 글자끼리 결합하는데, 4박자식과 같은 음단의 결합구조는 2박자식 결합구조를 기본으로 한다. 현대중국어의 쌍음자 결합이 지배단위가 됨으로써 대언격식의 범위와 변화의 공간을 넓혔지만, 단음자가 등중 등가라는 기초는 변함이 없다.

이러한 원리는 자오위안런(Chao 1975)의 글에서 이미 오래 전에 명확히 언급된 바 있다. 그것은 중국어의 음절은 모두 완전한 성조를 가지며, 음량과 길이가 대체로 같다는 것이다. 따라서 중국어 쌍음의 결합은 영어와 같이 편중된 1+1(**conduct**, **present**)이나 1+1(**conduct**, present)이 아니라 음성적으로 대략 등중 등가의 1+1이다. 복합어인 '管理(관리(하다))'를 보면, 영어 **manage**의 두 음절이 대를 이루지 못하는 것과 달리, '管(담당하다)'과 '理(처리하다)'라는 두 글자가 대체로 등중 등가이기 때문에 중국인들의 마음속에서 이들은 대를 이룬다. 마찬가지 원리로, '老驥'와 '伏枥'도 대를 이룬 두 글자가 합성된 것이다. 간단히 말하면, **균등한 2+2는 균등한 1+1의 확대판이자 충실판이다.** 균등한 1+1과 2+2는 중국어의 일반적이고 정상적인 리듬 상태이다.

이것은 글자는 음성적으로 등가이지만, 형·음·의·용의 통일체이므로 글자 등가는 동시에 자형(字形), 자음(字音), 자의(字义), 자용(字用)의 등가임을 말한다. 자형의 등가는 두말할 필요도 없이 한 글자가 하나의 네모 칸을 차지함을 말한다. 자용의 등가는 제9장에서 이미 설명한 바와 같이, 사물을 나타내는 글자인 '명자(名字)', 동작 행위를 나타내는 글자인 '동자(动字)', 성질이나 상태를 나타내는 '형용자(形容字)'는 모두가 지칭을 하는 지칭자(指称字)이며, 각각의 글자는 모두 사용하는 글자인 '사용자(用字)'라는 것을 말한다. 자의의 등가는 각각의 글자가 모두 의미를 담고 있음을 말하는데, 허실의 구분은 있지만 허(虚)와 실(实)은 여전히 하나의 통일체이다. 이 말은 다소 생소하게 들릴 수 있기 때문에 편폭을 들여 약간의 설명을 할 필요가 있겠다.

3.3 허와 실의 통일

모든 글자가 등가라면 허자(虚字)와 실자(实字)도 역시 등가인지를 묻는 사람이 틀림없이 있을 것이다. 답은 그렇다는 것이다. 청대 원인림(袁仁林)은 『허자설(虚字说)』에서 "허와 실은 항상 서로 의지하고, 본체(体)와 활용(用)은 서로 떨어지지 않는다(虚实恒相依, 体用不相

离)"라고 하였다. 또 궈사오위(郭绍虞 1979:95)는 『허사편(虚词篇)』에서 여러 가지 방법과 증거 제시를 통해 한발 더 나아가 "허와 실은 하나의 통일체"라는 주장을 도출하였다. 이 주장은 학계의 큰 관심을 끌지는 못하였지만, 다음과 같이 소개를 할 필요가 있다.

허와 실에 대한 옛사람들의 관점은 그것에 대한 현재 우리들의 이해와 크게 다르다. 그 이유는 현재의 이해가 인도유럽어 문법 개념의 심각한 간섭을 받고 있기 때문이다. 사실은 서구의 문법학자들이 먼저 중국 전통으로부터 한자의 허실 구분 개념을 도입하였고, 이로 인해 그들의 언어에서도 function word(기능어)와 content word(내용어)를 구분하였다. 그 결과 '수출 상품의 국내 재판매(出口转内销)'의 형국이 되어버렸다. 즉, 서양물이 묻으니 현재의 중국인들도 거꾸로 그들의 기능어와 내용어의 구분에 따라 한자의 허실 구분을 이해하게 된 것이다. 『허사편』은 다음 몇 가지를 분명하게 정리하였다.

첫째, 옛사람들은 허와 실이 절대적으로 정해진 것이 아니라고 하였고, 명사, 동사 형용사의 세 부류를 실사(实词)로 보지 않았다. 또한 허와 실은 이분대립이 아니라 상대적인 것이므로 명확한 경계가 없다고 보았다. 대사(代词)와 부사를 『마씨문통(马氏文通)』에서는 실사라 칭하였으나, 청대 유기(刘淇)의 『조사변략(助词辨略)』에서는 이를 허사(조사)에 귀속시켰다. 또 형용사를 실사로 보고 동사는 허사로 보는 사람도 있다. 원임림의 『허자설』에서 동사는 명사에 대해서 상대적으로 허사이기 때문에, '解衣衣我, 推食食我(옷을 벗어서 나에게 입혀주고, 먹을 것을 건네주며 나에게 먹게 하였다)'에서 두 번째 '衣'와 '食'는 "실사가 허사처럼 사용된 실사의 허사 활용(实词虚用)"이라고 하였다. 실사에도 허실의 구분이 있을 수 있고, 마찬가지로 허사에도 허실의 구분이 있을 수 있다. 따라서 실사와 허사가 반반인 반실반허

(半实半虚)와 거꾸로 허사와 실사가 반반인 반허반실(半虚半实)이라는 말도 있다. 같은 '死(죽다)'자라도 '这是一条死胡同(이것은 막다른 골목이다)'에서는 실사적인 의미가 되고, '你这样下去是死路一条(너 계속 이러다가는 끝장이야)'에서는 허사적인 의미가 된다. 단위 양사는 실사적인 의미를 띠고, 개체 양사는 허사적인 의미를 띤다.

여기에 덧붙이면, 명사에도 허실의 구분이 있다. 예를 들면, 『홍루몽(红楼梦)』제37회 보차(宝钗)와 상운(湘云)이 해당시사(海棠诗社)의 모임을 위해 시제(诗题)를 내는데, 두 사람은 의논하여 제목을 실자와 허자 각 한 글자씩 단지 두 글자만 사용해서 정하였다. 실자는 '菊(국화)'로 정하고, 이를 허자와 결합하여 12개의 제목을 만들었는데 다음과 같다.

忆菊 국화를 추억하다	访菊 국화를 찾다
种菊 국화를 심다	对菊 국화를 마주하다
供菊 국화를 바치다	咏菊 국화를 읊다
画菊 국화를 그리다	问菊 국화에게 물어보다
簪菊 국화를 머리에 꽂다	菊影 국화 그림자
菊梦 국화 꿈	残菊 지다 남은 국화

'忆(추억하다)', '种(심다)', '问(묻다)', '残(남다)' 등의 동사와 '影(그림자)', '梦(꿈)' 두 개의 추상명사는 모두 허자에 속하고, '菊'와 같은 실체 명사는 실자에 속한다. 이어서 『홍루몽』제38회에는 게를 먹고 시를 읊는 모습을 묘사하고 있다. 보차가 지은 시「국화를 추억하며(忆菊)」와 보옥(宝玉)이 지은 시「국화를 찾으며(访菊)」에는 반드시 대구를 이루어야 하는 2개의 연(联)이 있다.

「국화를 추억하며(忆菊)」

空篱旧圃秋无迹, 텅 빈 울안 묵혀 진 뜰엔 가을에도 그 자취 없는데,

冷月清霜梦有知。 쓸쓸한 달 찬 서리 같은 마음을 꿈속에선 아는
이 있으리.

「국화를 찾으며(访菊)」

霜前月下谁家种? 서리 내린 달빛 아래 누가 심었는가?

槛外篱边何处秋? 문간 밖 울타리 가 어디가 가을인가?

「국화를 추억하며(忆菊)」의 1연에서 '梦有知(꿈에서 아는 이가 있다)'와 '秋无迹(가을에 (국화의)흔적이 없다)', '知(알다)'와 '迹(흔적)'가 각각 대를 이룬다. 그런데 이는 영어로 말한다면 동사와 명사가 대를 이루는 것이다. 또 「국화를 찾으며(访菊)」의 1연에서 '何处秋(어디가 가을인가)'와 '谁家种(누가 심었나)', '秋(가을)'와 '种(심다)'이 각각 대를 이룬다. 이 역시 영어로 말한다면 명사와 동사가 대를 이루는 것이다. 이 문제에 대해서는 Shen(2017)을 참조할 수 있다.

둘째, 허와 실은 용법에 따라 정해진다. "붓으로 글을 쓰면서 그것을 활용할 때에 이르러서야 비로소 허자가 허용될 곳과 활용될 곳을 알 수 있게 된다(追涉笔用之, 始得其虚活处)"(『虚字说』) 옛 사람들은 허와 실을 말할 때 이들의 전환 작용에 치중하였는데, 이때 중요한 것은 활용에 있다. 중국어에는 실사가 허사로 활용되는 실사허용(实词虚用)과 허사가 실사로 활용되는 허사실용(虚词实用)의 두 가지 용법이 모두 존재한다. '解衣衣我(옷을 벗어서 나에게 입혀주었다)', '推食食我(먹을 것을 건네주며 나에게 먹게 하였다)'는 실사허용의 예이다. 반대로(필자가 보충) 동사가 주어나 목적어로 쓰이는 것이 바로 '허사실용'에 해당된다. 예를 들면, '御((차나 말을) 몰다)'자가 '其

御屡顾, 不在马'(말을 모는 사람이 누차 뒤를 돌아보니 정신이 말에 있지 않습니다)(『左传·成公十六年』)에 쓰여 '말을 모는 사람(驾御的人)'을 전환지칭(转指)하고, '吾何执? 执御乎? 执射乎?'(나는 무엇을 전문으로 할까? 수레몰이를 전문으로 할까? 활쏘기를 전문으로 할까?)(『论语·子罕』)에 쓰여서 '말이나 수레를 모는 동작(驾御这一活动)'을 자기지칭(自指)하는 것과 같다.[11]

어미 또는 어기사 '兮'자는 『초사(楚辭)』에서 '于', '以', '之'의 세 글자와 통용되는 이체자이다.

> 朝发轫于天津兮。 아침에 은하수 나루터에서 출발하였네.　　『离骚』
>
> 朝驰余马兮江皋。 아침에 강 언덕에서 내 말을 타고 달렸다. 『湘夫人』
> → '兮'는 '于'자의 의미

> 集芙蓉以为裳。 부용 잎을 모아 치마를 만들었네.　　　　『离骚』
> 网薜荔兮为帷。 벽려(활엽 덩굴나무)를 엮어 그물을 짜서 휘장을 만들었네.　　　　　　　　　　　　　　　　　　　　『湘夫人』
> → '兮'는 '以'자의 의미

> 载云旗之委蛇。 구름 깃발 꽂으니 바람에 펄럭이네.　　　　『离骚』
>
> 观流水兮潺湲。 천천히 흘러가는 강물을 본다.　　　　　『湘夫人』
> → '兮'는 '之'자의 의미

'兮'자 자체에 '于', '以', '之'의 의미가 들어있지는 않지만, '兮'자

---

11) 역자주: 자기지칭(自指)과 전환지칭(转指)의 개념을 가장 먼저 제시한 것은 주더시(朱德熙) 「自指与转指」(『方言』 1983년 제1기, 『朱德熙文集』 제3권)이다.

용법에서 그것이 비교적 실질적인 의미의 다른 허사로 전환되는 징후가 보인다. 또 발어사(发语词) '夫'의 경우, 『좌전(左傳)』 '夫祛犹在, 汝其行乎(그 잘린 옷소매가 아직 있거늘, 넌 아마 갈 테지?)'(僖公二十四年)와 '夫二人者, 鲁国社稷之臣也(이 두 사람은 노나라의 사직을 지탱할 신하입니다.)'(成公十六年)에서는 지시사인 '彼(그, 저)', '此(이)'의 의미를 가진다. 하지만 '使夫往而学焉, 夫亦愈知治矣(그(윤하)로 하여금 가서 학문을 하게 한다면, 그도 다스리는 것을 더 잘 알게 될 것이다)'(襄公三十一年)에서는 또 대사('윤하(尹何)'라는 사람을 가리킴)의 의미를 가진다. 조사 '若'도 '一女必有一针一刀, 若其事立(한 여자는 반드시 바늘 한 개, 칼 한 개를 가지고 있어야 하는데, 이와 같아야 그가(여자가) 일을 할 수가 있습니다)'(『管子·海王』[12])에서는 '乃(이에), 则(…하면 …하다), 如此(이러하다)'의 의미를 가지므로 부사로 분류할 수 있다. 그런데 또 '法若言, 行若道(이러한 말을 따르고, 이러한 주장을 실행하다)'(『墨子·节葬』)에서는 지시사나 대사의 성질을 가진다.

　중국어에서 실자의 허화는 대부분 철저하지 못하다. 예를 들어 '果然(과연)', '虽然(비록)'에서는 '然'의 '그러하다(如是)'라는 의미가 사라졌지만, '不然(그렇지 않다)'에서는 여전히 존재한다. 문법책에서는 동사가 전치사로 바뀌는 것과 같은 실사의 허화 현상만 서술하고 있을 뿐, 공허함의 정도가 큰 어기사가 그보다 공허함의 정도가 약한 전치사나 접속사, 대사로 바뀔 수 있다는 점은 간과하였다. 여기에 치궁(启功 1997:29)이 든 예, '兰亭已矣, 梓泽丘墟(난정은 이미 끝장이 났고, 재택은 황폐한 곳이 되었구나)'(王勃 『滕王阁序』)를 보충하고자

---

12) 역자주: 원서에는 출전이 명기되지 않아 추가하였음.

한다. 여기서 '丘墟'(실사)와 '己矣'(허사)도 대를 이루는데, 이는 '丘墟'에 '황폐하다(荒废)'의 의미가 '己矣'의 '완료하다(完了)'의 의미와 통하기 때문이다. 또한 이들은 모두 쌍성첩운[13]이므로 허와 실이 대를 이루는 것이 더욱 문제가 되지 않는다. 이것을 '허사를 실사로 활용하고 실사도 허사로 활용한다(以虚作实实亦虚)'라고 한다.

셋째, 허자는 사용할 수도, 사용하지 않을 수도 있다. 예를 들면, '堤溃[于]蚁穴(개미구멍에 제방이 무너진다), 气泄[于]针芒(바늘 끝 같은 작은 구멍에도 공기가 새어나간다)'의 '于'가 그러하다. 사용하면 사용하는 어기를 나타내고, 사용하지 않으면 사용하지 않는 어기를 나타낸다. 또 다른 예를 들면, 『장자·마제(庄子·马蹄)』에서 '马, 蹄可以践霜雪, 毛可以御风寒(말은, 발굽은 서리와 눈을 밟을 수 있고, 털은 바람과 추위를 막을 수 있다)'가 하나의 어기를 나타낸다. 그런데 여기에 '之'자를 넣어서 '马之蹄可以践霜雪, 马之毛可以御风寒(말의 발굽은 서리와 눈을 밟을 수 있고, 말의 털은 바람과 추위를 막을 수 있다)'이라고 하게 되면, 문장의 어기는 달라진다. 『좌전·소공31년(左传·昭公三十一年)』에 나오는 '若得从君而归, 则固臣之愿也, 敢有异心(만약 제가 우리 군주를 따라 도읍으로 돌아갈 수 있다면, 이야말로 신이 바라는 것이니, 감히 딴마음을 가질 수 있겠습니까!)'는 단호하고 결단성 있게 말한 것이다. 그런데 이를 만약 '岂敢有异心乎(어찌 감히 다른 마음을 가질 수 있겠습니까?)'라고 하면 원래의 단호함이 사라진다. 「목란시(木兰诗)」의 '军书十二卷, 卷卷有爷名. 阿爷无大儿, 木兰无长兄(군대 문서 열두 권, 권마다 아버지의 이름이 있

---

13) 역자주: 이들은 대가 아닌 것처럼 보이나, '己矣'는 쌍성(双声)이고 '丘墟'도 고대중국어에서는 모두 '溪'母로 역시 쌍성이므로 서로 대를 이룬다.

없어요. 아버지에겐 장성한 아들이 없고, 목란에게는 오빠가 없어요.)'에서 아버지를 한 번은 '爷'라고 부르고, 다른 한 번은 '阿爷'라고 부르고 있다. 그런데 '阿姊闻妹来, 当户理红妆(언니는 여동생이 돌아온다는 소식을 듣고, 문간에서 옷차림을 가지런히 하네.'에서는 언니를 '阿姊'라고 했지만, 여동생은 '阿妹'라고 하지 않았다. 이를 통해서 허자를 사용하지 않을 경우에는 실사도 어기를 나타낼 수 있다는 것을 알 수 있다.

넷째, 허와 실이 결합하여 단어를 만든 경우도 있다. 예를 들어 '话归本传(이야기를 본론으로 돌리면)', '话分两头(이야기를 두 갈래로 나누면)', '总而言之(요컨대)', '统而言之(총괄하여 말하면)' 등은 모두 허와 실이 결합하여 이루어진 4언의 허사들이다.(현재의 표현으로는 '담화표지(Discourse markers, 话语标记)'임) 복합어 자체에도 허와 실이 결합하여 대를 이룬 허실대(虛实对)가 많다. 예를 들면, 『시경·패풍(诗经·邶风)』의 '雨雪其霏(진눈깨비 펄펄 날리네)', 『시경·소아(诗经·小雅)』의 '雨雪霏霏(진눈깨비 펄펄 날리네)'가 그러하다. 『시경·위풍·석인(诗经·卫风·硕人)』의 '四牡有骄(네 필의 말이 건장하다)'도 '四牡骄骄(네 필의 말이 건장하다)'라고 말할 수 있을 것이다. 4언의 호문도 허와 실이 결합된 것이 많은데, '又说又笑(웃고 떠들다)', '既好又省(물건도 좋고 값도 싸다)', '有吃有穿(먹을 것과 입을 것이 있다)' 등이 모두 이에 해당된다.

허실과 관련하여 『허사편』은 다음과 같이 정리하고 있다. 서양문법을 도입하기 전에 옛사람들은 허실을 설명할 때 활용에 무게를 두었고, 문법과 수사의 결합을 중시하였다. 하지만 서양문법을 도입한 후에는 허실을 설명할 때 몇 개의 큰 품사로 나눈 토대 위에서 이야기할 수밖에 없었다. 그래서 이도 저도 아닌 전혀 다른 모습으로 변했고, 허와 실의 구분도 유명무실해져서 실용적인 의미도 사라져 버렸다.

'허와 실은 하나의 통일체'라는 중요한 관점을 오늘날의 이론적인 언어로 설명하면 다음 세 가지로 귀납할 수 있다.

1. 서양 언어의 기능어와 내용어는 문법의 범주이고, 중국어의 허자와 실자는 용법의 범주이다. 리루롱(李如龙 2018b)에 의하면 실사와 허사는 중국인의 마음속에서 똑같은 '辞(말)'이다. '辞'는 언어의 운용 단위를 가리킨다.

2. 서양의 기능어와 내용어는 이분 대립한다. 일부 겹치는 부분을 제외하면, 기능어이면 내용어가 아니고, 내용어이면 기능어가 아니다. 반면 중국어의 허자와 실자는 분립관계가 아니라 포함관계이다. 실자에서 독립된 허자는 존재하지 않는다. 허자는 실자 중에서 어느 정도 허화(虛化)된 글자들로, 다양한 허화 정도를 가진 글자들을 모두 포함한다. 허자의 범위 또한 확대나 축소가 진행 중이어서 확정된 것이 아니다.

3. 중국어에는 역사적으로 시종 두 가지 진화의 힘이 병존하고 있는데, 하나는 '허화'이고 다른 하나는 '충실(充实)화'이다. 허화와 충실화는 모두 상대적인 것으로 언어를 사용하는 과정에서 진행된다.

허자 '了'에 대한 현대중국어 문법의 연구에서 '了'와 동사 '有'(일반적으로 실사로 분류함)는 용법상 체계적인 대응관계가 존재한다는 것이 발견되면서, 이 현상은 다시금 주목을 받게 되었다.(Wang 1965, 胡建华 2008, 王伟 2019) 예를 들면, '听说了?(들었어?) 有听说(들었어)', '研究员了?(연구원이 되었습니까?) 还没有(아직 안 되었어요.)',

'水果样样齐全, 苹果了、橘子了、葡萄了······ (과일은 종류별로 다 있어, 사과도 있고, 귤도 있고, 포도도 있고······)', '水果样样齐全, 有苹果、有橘子、有葡萄······ (과일은 종류별로 다 갖추어져 있는데, 사과도 있고, 귤도 있고, 포도도 있고······)' 등과 같다. 최근의 문법화 연구 분야에서 '허사의 실화(虚词实化)' 현상이 갈수록 주목을 받고 있다. 이는 양사가 명사로, 전치사나 접속사가 동사로, 부사가 형용사로, 접속사가 전치사로 변하는 등의 현상을 말한다. 이에 대한 연구로는 李宗江(2004), 张谊生(2011), 吴福祥(2017) 등이 있다. 특히 접속사가 전치사로 변하는 현상에 대해 논증한 江蓝生(2012, 2014)의 두 연구는 가장 정확한 것으로 평가된다.

쌍음절화(대언격식화에 속하며, 제7장 1절 '복합어와 쌍음절화' 참고)는 의미와 문법적인 충실화의 중요한 수단 가운데 하나이다. 허자 역시 쌍음절화의 추세를 보이는데, 예를 들면 '呜(아아)' → '呜呼(아아)', '嗟(아)' → '嗟乎(아)', '至(···으로 말하면)' → '至于(···으로 말하면)', '况(하물며)' → '何况(하물며)', '常(자주)' → '常常(자주)', '恰(마침)' → '恰恰(마침)', '自(···에서)' → '自从(···에서)' 등이 그러하다. 또 『홍루몽』에서는 '呢'와 '吗' 두 글자가 흔히 '呢吗'로 연용되는데, 이는 어기의 충실화에 해당된다. 선쟈쉬안(沈家煊 2016a:369-374)은 '명동포함' 구도를 바탕으로 쌍음절화를 통한 충실화는 명사성(名性)을 강화시키고 동사성(动性)은 약화시킨다고 설명하였다. 이런 관점에서 볼 때, 중국어의 '문법화'에는 실사의 허화도 있고, 허사의 실화도 있다. 왜냐하면 중국어와 인도유럽어는 문법 개념과 허실의 구분이 모두 다르기 때문이다. 중국어와 인도유럽어의 허실 차이를 그림으로 나타내면 다음과 같다.

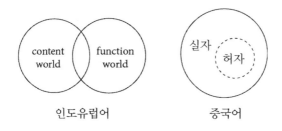

인도유럽어   중국어

중국어의 실자와 허자는 화용적인 것으로 허자는 허화된 실자이며, 범위도 불명확하다.(점선의 원으로 표시) 실자가 허자를 포함하는 이러한 '실허포함(实虚包含)'의 구도는 '명동포함'의 구도(동사는 허화된 명사임. Part1 제2장 참조)와 일치한다. '실허포함'이라는 것과 실자와 허자가 '글자 사용(字用)'에서 등가라는 것, 그리고 실자와 허자가 하나로 통합 가능하다는 세 가지 의미에서 우리는 "허와 실은 하나의 통일체(虚实是一个统一体)"이며, "글자의 허와 실은 구분이 있으면서도 구분이 없다(字之虚实有分而无分)"(清 谢鼎卿 『虚字阐义』)고 설명할 수가 있겠다.

쌍음절화를 통한 '충실화'의 문법 작용을 그림으로 나타내면 다음과 같다. 그림의 왼쪽 원에서 오른쪽 원으로 바뀌면, 분산되어 있는 점이 무(无)에서 유(有)로 변한 것과 듬성한 것에서 촘촘한 것으로의 변화가 있다. 이는 모두 충실화를 나타낸다. 공허한 것은 약간 실질적인 것이 되었고, 실질적인 것은 더욱더 실질적인 것으로 변하였다.

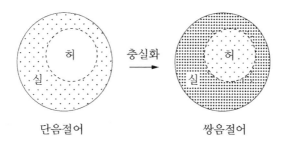

단음절어   쌍음절어

CHAPTER 11. 확대·축소대 149

글자는 단독으로 말할 수 있는 것과 그렇지 않은 것이 있는데, 이는 단어와 비단어를 구분하는 기준이 된다. 그렇다면 여전히 글자 등가라고 할 수 있는지 의문을 제기하는 이도 있을 것이다. 따라서 중국어는 단어가 아닌 '단어와 유사한(像词)' 단위를 가려낼 수밖에 없다. 하지만 이러한 분석은 무의미하다고 할 수는 없지만, 중국인의 심리와 습관에는 맞지가 않다. 베이징 말에서 '鸡(닭)'는 단어이지만 '鸭(오리)'는 단어가 아니고, '鸭蛋(오리알)'은 단어이지만 '鸡蛋(계란)'은 구라고 한다. 그 이유는 '鸡'는 단독으로 말할 수 있지만, '鸭'는 그렇지 못하기('鸭子'라고 해야 한다) 때문이다. 그런데 이는 정말로 '괜한 풍파를 일으켜 어리석은 사람이 사서 고생하는(兴风作浪, 庸人自扰)' 격이라는 느낌이 든다.(陆志韦 1956) 허자는 단독으로 말할 수는 없어도 여전히 단어로 인정된다. 루즈웨이(陆志韦)는 '동형대체법(同形替代法)'을 사용하여 단음절어(单音词)를 추출한 적이 있다. 하지만 그는 이 역시 단어가 아닌 형태소였다고 훗날 자인한 바 있다.(陆志韦 1955) 중국인들의 마음속에서 단음과 쌍음은 허실에 관계없이 표현을 할 때는 서로 교환이 가능한 탄력성을 가진다. 이것은 정말 중요한 대목이다. 글자를 단독으로 말할 수 있는지 여부의 문제는 쌍음절화가 곧 '대언화(对言化)'(제7장)라는 관점에서 고찰하고 인식하여야 할 것이다.

3.4 IP와 IA

위에서 이미 4자격의 네 글자가 등가임을 설명하였으니, 이제 마지막으로 왜 '4'인지에 대한 해답을 내놓아야 할 차례이다. 이를 위해서는 언어분석의 두 가지 방법을 검토할 필요가 있다. 구조주의 언어학은 문법분석에는 두 가지 방법이 있을 수 있음을 발견하였다. 하나는 문법을 각각의 항목이 어떤 변화들을 통해 결합된 것으로 보는 것이고, 다른 하나는 문법을 단지 이들 항목을 어떻게 배열할 것인가의 문제로 보는 것이다. 전자는 IP(Item and Process, 항목과 처리)분석법이라고 불리는데, 중국어로는 '项目与变化(항목과 변화)'로 번역된다. 후자는 IA(Item and Arrangement, 항목과 배열)분석법이라고 불리는데, 중국어로는 '项目与配列(항목과 배열)'로 번역된다. 자오위안런(赵元任 1968a : 104)은 "대부분의 경우에 IP분석과 IA분석은 서로 전환될 수 있지만, 특정한 언어나 한 언어의 특정한 한 부분에 대해서는 두 분석법 가운데 어느 하나를 택하는 것이 다른 것을 택하는 것보다 더욱 편리하거나 효과적인 경우도 종종 있다"고 하였다. IP분석은 영어 sing의 과거형인 sang이 i→a와 같은 원음 변화를 통해 만들어졌다고 보는 것이다. 이 견해는 간단하면서도 명료하다. 그런데 IA분석에 따른다면, sing이라는 항목에 i→a라는 항목을 더하여 sang이 되었다고 말해야 한다. 이는 빙 돌려서 말한 것으로 상당히 부자연스럽다. IP분석은 sing/sang/sung과 같은 항목의 계열(类聚)관계에 주안점을 둔 것이고, IA분석은 look+ed → looked와 같은 항목의 결합(组合)관계에 주안점을 둔 것이다.

이제 중국어의 호문 4자어를 살펴보자. 호문으로 된 4자어는 가장 전형적인 4자어인데, 이 중에는 유의어가 반복되는 4자 중언식(重言式)과 유사한 것이 상당히 많다. 예를 들면 '干干玩玩(일도 하고 놀기도 하다)'은 중언식이고, '边干边玩(일하면서 놀다)'은 호문 4자어이다.

A
蹦蹦跳跳 깡충깡충 뛰다
活蹦乱跳 기운차게 이리저리 깡충깡충 뛰다

一蹦一跳 기뻐서 깡충깡충 뛰다

又蹦又跳 깡충깡충 뛰기도 하고 뛰어오르기도 하다

连蹦带跳 뛰어 오르다

B

长长短短 길었다 짧았다 하다. 길이가 들쑥날쑥하다

你长我短 니가 옳니 내가 옳니 하다

问长问短 장점과 단점을 묻다. 이것저것 자세히 묻다

有长有短 장점도 있고 단점도 있다

取长补短 장점을 취하여 단점을 보충하다

C

说说笑笑 떠들고 웃고 하다. 이야기로 웃음꽃을 피우다

有说有笑 말하다가 웃다가 하다

又说又笑 떠들고 웃고 하다

未说先笑 말하기도 전에 미리 웃다

连说带笑 말도 하고 웃기도 하다. 웃고 떠들다

D

干干净净 아주 깨끗하다

一干二净 하나 둘 할 것 없이 깨끗하다

不干不净 말끔하지도 않고 깨끗하지도 않다

半干半净 반 정도 말끔하고 깨끗하다

盘干碗净 접시와 그릇이 말끔하고 깨끗하다

E

花花草草 무성한 꽃과 풀

红花绿草 붉은 꽃과 푸른 풀

拈花惹草 꽃을 꺾고 풀을 건드리다. 여색을 찾아다니다

弄花弄草 꽃을 가꾸고 풀을 키우다

花败草枯 꽃이 떨어지고 풀이 시들다

각 그룹의 첫 번째 예는 중언식이고, 나머지 네 개는 모두 호문 4자 어로 호문견의이다. 중언식은 가장 기본적이고 간단한 대언 호문이라 할 수 있다.

4자 중언식은 크게 보면 두 가지 유형으로 나뉜다. 하나는 XYXY와 그 변형된 형태이고, 다른 하나는 XXYYY와 그 변형된 형태이다.

XYXY	叮当叮当	딸그락딸그락
	琢磨琢磨	좀 생각해보다
XXYY	零零碎碎	자질구레하다
	家家户户	가가호호
XYXZ	有条有理	조리 정연하다
	大天大亮	동 틀 무렵
X不YY	酸不溜溜	시큰시큰하다
	滑不唧唧	미끌미끌하다
X里XY	傻里傻气	어리숙하다
	疙里疙瘩	울퉁불퉁하다
XXRYYR[14]	叽里咕噜	중얼중얼
	丁零当啷	딸랑딸랑
XZYZ	七岔八岔	갈기갈기
	买空卖空	공매매하다
XXY/XYY	蹦蹦脆	팔짝팔짝
	冷冰冰	쌀쌀하다

이 두 가지 유형은 의미상 다소 차이는 있지만, 모두 하나의 근원에 서 나왔으며 어기를 강화하기 위한 것이다.(郭绍虞 1979:620) 다음으

---

14) 저자주: 단지 운모(韵母)의 중복만을 가리킴.

로 '指点指点(가르치다)'(我请你指点指点(저에게 좀 가르쳐 주시기 바랍니다))과 '指指点点(비난하다)'(別在背后指指点点(뒤에서 비난하지 말아라))을 대표로 하여 이 두 가지 4자 중언식을 분석하고자 한다.

XYXY   指点指点 가르치다
XXYY   指指点点 비난하다

XYXY식 '指点指点'에 대해서, IA분석은 2+2, 즉 XY항에 XY항을 더한 것으로 분석하고, IP분석은 2×2, 즉 XY항이 한 차례 중복의 변화를 거친 것으로 분석한다. 두 가지 분석이 모두 가능하고 효과도 같다. 한편, XXYY식 '指指点点'에 대해서는 다음과 같이 IP분석에 따라 2×2로 분석하는 것이 더 간단하고 편리하다.

$$(X + Y) \times 2 = 2X + 2Y$$

그런데 만약 이를 IA분석법으로 분석하면 상당히 번거롭고 복잡하다. '指指点点'을 XY항에 'X→XX와 Y→YY'라는 변화 항목을 더한 결과라고 말해야 하기 때문이다. 이는 마치 베이징의 궁주펀(公主坟)이라는 곳에서 같은 1호선 상에 있는 젠궈먼(建国门)으로 갈 때, 지하철 1호선을 타고 직통으로 바로 가면 될 것을 중간에 2호선으로 환승했다가 다시 1호선으로 환승해서 가는 것과 같은 격이다. 여기서 소결론을 내리면 다음과 같다.

指点指点   2 + 2 = 4 또는 2 × 2 = 4
指指点点   2 × 2 = 4

따라서 4자 중언식은 IP로 분석하는 것이 전반적으로 더욱 효과적이다.

다음으로 대량의 비중언(非重言)의 호문 4자어('준중언(准重言)'이 더욱 적합한 명칭이다)를 보자. 이들은 중언식 XYXY의 변체 $X_1Y_1X_2Y_2$로 볼 수 있는데, 예를 들면 '你来我往(너와 내가 왕래하다)', '青山绿水(푸른 산과 푸른 물. 수려한 경치)', '男欢女爱(남녀가 서로 즐거워하고 사랑하다)', '一干二净(깨끗이, 모조리)', '拈花惹草(꽃 과 풀을 꺾고 건드리다. 여자를 농락하다)' 등과 같은 것이다. 그 가운데 X_1과 X_2, Y_1과 Y_2는 계열관계이므로 서로 바꾸거나 선택할 수 있지만, 그들의 의미를 정확하게 이해하기 위해서는 역시 IP분석을 이용해야 한다. '青山绿水'의 의미는 2+2인 '青山+绿水' 또는 '青绿+山水'가 아니며,(陆志韦 1956) '你来我往'의 의미도 2+2인 '你来+我往' 또는 '你我+来往'이 아니다. 이들의 의미는 2×2, 즉 $(X+Y)×2=2X+2Y$이며, 여기서 X=青/绿, X=你/我이고, Y=山/水, Y=来/往이다. 마찬가지로 '主人下马客在船'(白居易「琵琶行」) 구는 주인과 손님이 함께 말에서 내려 배에 있다는 의미이다. 그런데 이를 IA분석에 따라 (A+B)+(C+D)로 분석하여 영어로 The host got off the horse while the guest was in the boat(손님이 배에 있는 동안 주인은 말에서 내렸다)라고 번역한다면, 이는 원문의 의미를 곡해한 것이다. 간단하고 효과적인 분석법은 역시 IP, $(X+Y)×2=2X+2Y$으로 분석하는 것인데, 여기서 X=主人/客人, Y=下马/在船이다. '老骥伏枥, 志在千里 ; 烈士暮年, 壮心不已'와 같은 확대된 호문 대언을 포함한 모든 호문 대언은 다 IP분석을 해야 한다.

영어 형태론(품사론)은 IA분석을 주로 사용하고(sing→sings), IP분석은 부차적으로 사용함으로써(sing→sang) 형태론의 범위를 뛰어넘었다. 중국어 '山山水水(산수, 광할한 대지)'와 같은 중언식이 IP분석에만 적합한 것과는 달리, 영어 mountains and rivers(여러 산과 강)는 기본적으로 IA분석에만 적합하다.

결론적으로 중국어의 대량의 호문 4자격(중언식 포함)은 품사론과 통사론의 경계를 넘어서 텍스트까지 확대되었다. 여기에는 결합관계와 계열관계가 모두 있다. IA와 IP 두 가지 분석에 모두 적합한 호문 4자격도 있지만, IP분석에만 적합한 것들도 있다. IA분석에 적합한 것은 IP분석에도 적합하기 때문에 공통으로 적합한 분석법은 IP 분석법이다. IA분석은 결합과 연결관계를 중시하고, IP분석은 계열과 대칭관계를 중시한다. 따라서 영어는 연결이 기본이 되어 연결식 대구를 이루지만(以续为本, 续中有对), 중국어는 대가 기본이 되어 대구식 연결을 이룬다(以对为本, 对而有续)고 하겠다.

3.5 신비로운 숫자 4

마침내 4자격이 왜 '4'인지의 문제에 대한 해답을 내놓을 수 있겠다. 그 해답은 두 가지 원인이 서로 의지하여 도출해낸 것이다. 하나는 형·음·의·용에 있어서 모든 글자가 등가라는 중국어의 특성인데, 이에 대해서는 이미 위에서 상세히 설명하였다. 다른 하나는 숫자 4의 특성이다. 숫자 가운데 0을 제외하고 오직 4라는 숫자만이 자신을 더한 결과와 자신을 곱한(제곱) 결과가 같다. 즉, 4=2+2=2×2이다. 모든 곱셈은 덧셈으로 환원할 수 있다. 그런데 덧셈을 곱셈으로 바꾸는 조건은 처음의 숫자와 더해지는 숫자가 서로 같은 것이어야 한다는 것이다. 이는 수학 상식이다. 중국어는 '글자 등가(字等价)'이기 때문에 덧셈이 곱셈으로 변환되는 조건에 부합하며, 둘을 결합하여 볼록과 오목을 잘 맞추면 중국어의 광범위한 호문 대언의 요구사항을 만족시키게 된다. 이것이 바로 4자격의 형성 원인에 대한 대답이자 왜 하필 '4'인가에 대한 대답이다.

4자격이 22식이라는 것 역시 이로써 설명이 가능하다. 0을 제외하고 오직 X=2라는 조건을 충족시킬 경우에만, $X+X=X^2$이 된다. 쌍음자 그룹은 두 개의 단음자를 합해 만들 수도 있고, 하나의 단음자에 2를 곱해 만들 수도 있다. 하지만 조건은 단음자가 반드시 등중 등가인 것이어야 한다는 것이다. 어느 한쪽으로 편중되어 등가가 되지 않는 1+1이나 1+1은 단지 1이 서로 더해진 결과일 뿐, 1 곱하기 2의 결과일 수는 없다. 따라서 4자격 22식이 2×2식이 될 수 있다는 근거는 단음자가 형·음·의·용에 있어 등가라는 데 있으며, '곱하기2'는 바로 2배의 확대 투사라는 것을 의미한다. 만약 1+1과 같이 균등하지 않은 음절의 결합이라면 확대 투사된 결과는 11+11이 되고(영어에는 존재하지 않음), 서로 더한 결과는 11+11이 될 것이다. 그런데 이는 바로 **introduction, go and get** it과 같이 강약을 교체하는 영어 리듬의 일반적인 상태와 같다.

4자격은 분석적인 특성을 지닌 즉 한장어(汉藏语), 중국·티베트어(티베트버마(藏缅)어, 몽몐(苗瑶)어, 따이까다이(壮侗)어)에 보편적으로 존재한다. 그것은 인도유럽어 및 알타이어와는 다른 중국·티베트어의 중요한 특징이다. 중국·티베트어 내에서 형태변화가 상대적으로 풍부하고 어근의 단음절적인 특징이 상대적으로 약한 티베트어(藏语), 남부 치앙어(南部羌语), 푸미어(普米语) 등은 4자격도 이에 상응하여 많이 발달되지 않았다. 분석적인 언어(analytic language)[15]에 중언과

---

15) 역자주: 분석어라고도 하며 보통 고립어(isolating language)와 같은 의미로 이

첩어가 많이 보이는 것도 모두 우연이 아니다.(孙艳 2005, 戴庆厦 2017) 반차오·궁링챵(班弨·宫领强 2013)은 쑨옌(孙艳)의 통계 자료를 근거로 중국·티베트어의 4자격과 해당 구조의 형식적인 내포관계를 언어유형론의 관점에서 논한 바 있다. 그들의 결론은 '성조가 있으면 4음격도 있다(有声调蕴涵有四音格)'는 것과 '단음절어에 속하면 4음격이 있다(属于单音节语蕴涵有四音格)'는 것이다.

이상의 논의를 통해 마침내 중국어 대언격식이 왜 4자격을 근간으로 하는지 알 수 있게 되었다. 원래 계열관계이던 대등한 단어를 수평적인 결합 축 위로 끌어올리기 위한 가장 작은 결합의 서열은 22식 4자 서열이고, 4자격의 확대나 축소는 전체가 하나의 대언 구도를 만든다. 이에 대해서는 선쟈쉬안(沈家煊 2019) 참조할 수 있다.

이상으로 우리는 언어가 대화의 논리에 뿌리를 두고 있다는 것을 더욱더 분명하게 알게 되었다. 대화구조의 기본단위는 위아래 두 개의 말차례가 대를 이루는 '인접대(邻接对)'(제8장 제4절 '대화분석' 참조)이다. 가장 간단하고 질서정연한 인접대는 바로 Hi '嗨(하이)' Hi '嗨(하이)'와 같이 서로 인사를 나누는 것이다. 『예기·단궁(礼记·檀弓)』에서 '증자가 돗자리를 바꾸다(曾子易簀)'라는 고사를 예로 들어보자.

> 子春曰 : "止！" 参子闻之, 瞿然曰 : "呼！"
> 자춘이 "그치라"고 하자, 증자께서 그것을 듣고는 놀라서 "아"라고 하셨다.

해된다. 이러한 언어는 굴절법을 사용하지 않고 문법적인 낱말이나 불변화사를 이용하여 통사관계를 나타내는데, 대표적인 것이 중국어이다. 분석어는 종합어(synthetic language)와 대조된다.

대답을 하는 방식은 무궁무진 하겠지만, 근본은 이처럼 가장 간단하고 균형적인 11식인 것이다.

3.6 대언의 동일구조성

글자들 간의 결합에서 텍스트에 이르기까지 각각의 단계가 모두 대언구도를 이루는데, 이를 '대언의 동일구조성(对言同构性)'이라고 한다. 언어의 이 같은 동일구조성은 우주론에서 말하는 '척도불변성(scale invariance, 标度不变性)'과 일치한다. 현대우주론의 발전은 어떤 관점에서 보면 우주는 단순하고 조화로운 체계이며, '완벽한 형식'과 '놀라운 대칭성'이 존재한다는 것을 증명하였다. 우주는 정적인 것이 아니라 균등하게 팽창하거나 수축하는 것이라는 것이 우주에 대한 동적인 해석이다. 구체적으로 말해 많은 우주학자들은 우주가 대폭발(Big Bang)에서 기원하였으며, 그 후 한차례 짧은 시간 동안의 초가속 팽창, 즉 급팽창을 겪었다고 믿는다. 급팽창 이론(Inflation Theory)을 믿는 것은, 우리가 관측한 우주의 특징에 대해서 이 이론만이 간단명료한 해석을 제공할 수 있기 때문이다. 양자물리의 기초 지식에 의하면, 급팽창이 끝날 때 전체 우주에서 온도와 물질의 밀도는 장소마다 각각 다를 수밖에 없다. 이는 관찰된 전파 강도 분포도 상에서 핫스팟과 콜드스팟이 뒤섞여 분포하는 것으로 확인되었다. 그러나 중요한 것은 우주의 척도가 아무리 축소되어도 핫스팟과 콜드스팟의 분포 패턴은 변하지 않는다는 점이다. 과학자들은 이러한 성질을 '척도불변성'이라고 불렀는데, 최신 플랑크(Planck)위성 지도도 역시 이를 뒷받침하고 있다.(伊尧什외 2017)

'척도불변성'의 개념은 우주론뿐만 아니라 물리학, 수학, 통계학, 경제학 등의 분야에도 적용된다. 우주의 일부인 인간과 그들의 언어도 분명히 척도불변성을 가진다. 중국어 문법의 척도불변성을 주샤오눙 (朱晓农 2018a)은 '동일구조성(同构性)'이라고 칭하고, 아래와 같이 예를 들었다.(약간 수정을 가하였음)

구조	단어	구	문장
주술	夏至 하지	花开 꽃이 피다	花儿凋谢。 꽃이 시들었다.
술목	炒米 차오미16)	炒饭 밥을 볶다	炒了他的鱿鱼。 그를 해고했다.
술보	提高 제고하다	看清楚 분명히 보다	累得他气喘吁吁了。 피곤해서 그는 가쁘게 숨을 몰아쉬었다.
수식	白菜 배추	白马 백마	好一朵美丽的茉莉花! 한 송이 아름다운 자스민 꽃!
연합	道路 도로	诗歌散文 시가산문	一边老婆一边老母呀! 마누라도 되고 엄마도 된다!
연동	进击 진격하다	开门迎客 문을 열고 손님을 맞이하다	打开门把客人迎进来吧。 문을 열고 손님을 안으로 맞이하세요.
전첨	老三 두목	至于天气 날씨에 관해서는	何况你也用不着。 하물며 너도 필요 없다니.
후첨	棍子 막대기	修路的 도로 수리공	该来了是吧? 올 때가 되었죠?
중첩	清清楚楚 매우 분명하다	一下一下 잠시 잠시	来吧来吧。 오세요 오세요.

---

16) 역자주: 찰밥을 말려서 볶은 허난 지방의 음식.[네이버 사전]

동일한 글자 결합 '头疼'은 단어일 수도 있고(让你头疼了吧(너를 골치 아프게 했지)), 구일 수도 있으며(头疼医头, 脚疼医脚(머리가 아프면 머리를 치료하고, 발이 아프면 발을 치료한다)), 문장일 수도 있다(什么不舒服? 头疼(어디가 불편해요? 머리가 아파요.)).(李如龙 2018b) 하나의 단어나 구에 일정한 어조나 어기사를 붙이기만 하면 문장이 되기 때문에 중국어의 문장은 '사용문(用句)'이라는 것이 중국어의 사실이다.(제3장 참조)

과학적인 연구는 간결함과 단순함을 추구한다. 위에서 서술한 대언격식에 대한 동일구조성, 다시 말해 언어 단위 각각이 가진 확대·축소성 대칭격식은 한 걸음 더 나아가서 '척도불변성'을 가지는 것으로 개괄되어야 한다. 이를 위해서 지금까지 주술, 술보, 수식, 병렬 등의 관계가 모두 '불확실성'을 가지고 있지만, 한 단계 더 높은 차원에서는 두 개의 대등항이 병치관계라는 것을 설명하였다. 또한 허사와 실사는 상대적이지만 사용의 각도에서는 하나의 통일체인데, 그 이유는 조어법에서 통사법, 텍스트 구성까지 모두 대비의 방식을 통해서 이루어지기 때문이라는 것을 설명하였다.

CHAPTER
12

사슬대

앞 장에서는 중국어에서 글자의 축적과 문장의 생성 및 텍스트의 구성이 대언의 확대와 축소를 통해 이루어진다는 것을 설명하였다. 이 장에서는 그것이 대언의 연결(链接)을 통해 이루어진다는 것을 서술하고자 한다. Part1에서 표현과 이해가 반드시 계층구조를 통해서만 실현되는 것은 아니며, 편평(扁平)구조를 통해서도 마찬가지로 실현될 수 있음을 무종지문의 병치성을 예로 들어 설명하였다. 그리고 9장에서는 또 '大型白色自动洗衣机(대형 화이트 자동세탁기)'와 '剑桥八月二十三日国际东方学者会议宣读论文(케임브리지 8월 23일 국제 아시아 학자 학술대회 발표 논문)'을 예로 들어 설명한 바 있다. 이 견해에 따르면, '老骥伏枥(늙은 천리마가 말구유에 엎드려 있다)'라는 하나의 구절은 세 개의 지칭어대(指语对)로 분석할 수 있는데, 이들은 각각 전통적인 분석에서 말하는 수식, 주술, 동보 세 가지 구조유형에 대응한다.

老者, 骥也 ; 骥者, 伏也 ; 伏者, 枥也. → 老骥伏枥。
지칭어대1   지칭어대2   지칭어대3
(수식)   (주술)   (동보)

수식, 주술, 동보 등의 개념을 빌릴 필요도, 계층분석을 사용할 필요도 없이 편평구조와 수미(首尾) 연결의 지칭어대인 '사슬대(链接对)'를 통해서도 이 문장에 대한 이해가 가능하다. 편평구조를 통해서 표현과 이해가 가능한 주요 원인은 이 구절이 **대언명의(对言明义)**이기 때문이다. '老骥(늙은 천리마)'와 '老笋(질긴 죽순)', '伏枥(구유에 엎드리다)'과 '伏虎(호랑이를 굴복시키다)'에서 '老(늙다/질기다)'와 '伏(엎드리다/굴복시키다)'의 의미는 모두 결합된 대자(对字: 대를 이루는 글자)를 통해 분명해지며, 대언을 이루지 않고는 의미를 밝히지 못한다는 것을 앞의 7장에서 설명한 바 있다. 같은 이치로, 첫 번째 대 '老 - 骥'의 대언명의가 있기 때문에, 두 번째 대 '骥 - 伏'의 '骥'는 이미 일반적인 천리마를 가리키는 것이 아니라 '老'와 '骥'의 교집합을 가리키고, 세 번째 대 '伏 - 枥'의 '伏'는 이미 일반적인 엎드림을 가리키는 것이 아니라 '老骥'와 '伏'의 교집합을 가리킨다. 이러한 이해 과정은 실시간 심리처리 과정에 부합하고, 계층분석을 통한 이해 과정과 결코 모순되지 않고 효과는 동일하지만 훨씬 더 간단하고 빠르다. 이를 화면에 한 글자씩 차례대로 입력하면 다음과 같다.(영문자 입력도 무방)

老	骥	伏	枥
old	steed	lie	stable

마지막 한 글자까지 입력을 완료하면 상식과 경험을 바탕으로 전체 의미를 바로 이해할 수가 있다. 네 글자가 모두 화면에 나타난 다음, 계층에 따라 다시 주어 - 동사 - 목적어의 분석을 거친 후에 이해가 될

때까지 기다릴 필요가 없는 것이다. 이러한 의미 이해 모델은 주술구조의 이해 모델을 수용한다. 이는 마치 러셀이 주술문 '凱撒死了(카이사르는 죽었다)'를 "두 종류의 공동 구성원이 존재한다고 단언한 것으로, 여기서 두 종류는 각각 카이사르 사건과 사망 사건이다"라고 분석한 것과 같다.(陈嘉映 2011) 주술문 '老驥伏枥'는 늙은 천리마라는 하나의 종류와 구유에 엎드려있다는 또 다른 종류의 교집합이 존재함을 단언한다. 물론 이러한 이해 방식의 전제는 문장의 글자 수가 지나치게 많아서는 안 된다는 것이다. 인간의 단기기억 용량의 한도가 대략 7개의 묶음(chunk, 组块)이고, 주의력 지속의 범위는 대략 4개의 묶음이기 때문이다. 이는 사람의 호흡과도 관련이 있다. 치궁(启功 1997:58)은 음악이 모두 4박자나 4절을 벗어나지 않는 이유는 더 많아지면 숨이 차기 때문이라고 지적하였다. 중국어 무종지문이 모두 짧은 구절로 이루어진 것도 역시 같은 이유 때문이다. 화본식(话本式) 장편소설 『갖가지 꽃(繁花)』에 나타난 구의 길이는 선쟈쉬안(沈家煊 2017c)의 통계 결과, 평균이 5자이며 7자 이상인 것은 12%에 불과했다.

① 전사반복격

대언의 연결은 일종의 전사반복前辭反復(anadiplosis, 顶真[1])현상이다. 전사반복은 '顶真续麻(전사반복 끝말잇기)'의 약칭으로 '蝉联(같이 길게 이어지다)', '联珠(구슬을 꿴 것처럼 끊이지 않는 것)', '连环

----

1) 역자주: 수사법의 일종으로서 앞의 문장의 끝 단어가 뒤 문장의 첫머리 단어로 되게 하는 방법. 顶针 또는 顶针이라고도 한다.

(여러 개의 고리를 꿴 사슬)'이라고도 불린다. 과거에는 이것이 일종의 수사격으로 간주되었는데, 앞 구의 끝 단어를 다음 구의 첫 단어로 함으로써 수미가 서로 반복되어 형식적으로는 일종의 사슬식 나열이 된다. 표현에 있어서는 앞뒤의 의미가 긴밀하게 연결되고 기세가 뒤로 이어져서 '구슬을 꿴 듯 또렷한(历历如贯珠)' 리듬미가 있다. 전사반복은 한 구의 내부, 구와 구 사이, 단락과 단락 사이에서 모두 나타나며, 각종 문체에도 사용된다. 사물의 정경을 묘사하는 전달 계승관계, 사리를 추론하는 인과 연쇄 관계는 모두 전사반복이 필수적이다.

天之生我, 我辰安在?
하늘이 나를 낳았으니, 나의 좋은 때는 어디에 있는가? 『小雅·小弁』

其德克明, 克明克类, 克长克君。
그의 덕이 한껏 밝으시어, 한껏 밝으시어 한껏 훌륭하게 다스리셨으니, 어른 노릇 임금 노릇 잘 하셨네. 『大雅·皇矣』

相鼠有皮, 人而无仪 ; 人而无仪, 不死何为。
쥐에도 가죽이 있는데, 사람으로서 예의가 없다. 사람으로서 예의가 없다면, 죽지 않고 무엇 하리. 『鄘风·相鼠』

道生二, 二生二, 二生三, 三生万物。
도는 '일'을 낳고, '일'은 '이'를 낳으며, '이'는 '삼'을 낳고, '삼'은 만물을 낳는다. 『道德经』

出门看火伴, 火伴皆惊忙。归来见天子, 天子坐明堂。
문을 나와 전우를 보니, 전우들 모두 놀라고 당황한다. 돌아와 천자를 알현하는데, 천자께서는 명당(임금이 조회를 받던 정전(政展))에 앉아 계신다. 「木兰辞」

力拔山兮气盖世，时不利兮<u>骓不逝</u>。<u>骓不逝</u>兮可奈何，虞兮虞
兮奈若何。

힘은 산을 뽑고 기개는 세상을 덮을 만하건만, 시운이 이롭지 못하여 추
<u>(항우의 준마)도 나아가지 않네.</u> 추가 나아가지 않으니 어찌하면 좋으랴.
우여! 우여! 너를 어찌하란 말이냐.   项羽「垓下歌」

전사반복의 운용이 극치에 이른 예는 다음과 같다.

　　他部从，入穷荒；我銮舆，返咸阳；返咸阳，过宫墙；过宫
墙，绕回廊；绕回廊，近椒房；近椒房，月昏黄；月昏黄，夜生
凉；夜生凉，泣寒螿；泣寒螿，绿纱窗；绿纱窗，不思量。呀，不
思量除是铁心肠，铁心肠也愁泪滴千行。

　　그는 흉노의 군대를 따라 변방의 황량한 땅으로 들어간다. 나는 천자
의 수레를 타고 함양으로 돌아온다. 함양으로 돌아와서 궁궐의 담장을
지난다. 궁궐의 담장을 지나서 회랑을 돈다. 회랑을 돌아서 후궁의 처소
로 다가간다. 후궁(왕소군)의 처소에 다 와 가는데, 달빛이 어둑어둑하
다. 달빛이 어둑어둑하고, 밤이라 차디찬 추위가 찾아온다. 밤이라 추위
가 찾아오니 쓰르라미가 운다. 쓰르라미가 울고, 창에 푸른 색 비단 휘
장 드리워진다. 창에 푸른 색 비단의 휘장 드리워졌으니, 그리워하지 않
으리. 아, 철심장이 아니고서야 그리워하지 않는다는 것이, 철심장도 슬
픔의 눈물 천 갈래 떨굴 텐데.   马致远『汉宫秋』剧

　　老猫老猫，上树摘桃。一摘两筐，送给老张。老张不要，气得
上吊。上吊不死，气得烧纸。烧纸不着，气得摔瓢。摔瓢不破，气得
推磨。推磨不转，气得做饭。做饭不熟，气得宰牛。宰牛没血，气得
打铁。打铁没风，气得撞钟。撞钟。撞钟不响，气得老张乱嚷！

　　고양이가, 고양이가 나무에 올라가 복숭아를 따네. 한 번에 두 광주리

를 따서 라오장에게 주네. 라오장이 싫다하며 화가 나서 목을 매다네. 목을 매달아도 죽지 않으니 화가 나서 지전(紙錢)을 태우네. 지전을 태워도 타지 않으니 화가 나서 바가지를 던지네. 바가지를 던져도 깨지지 않으니 화가 나서 맷돌질을 하네. 맷돌질을 하여도 돌지 않으니 화가 나서 밥을 짓네. 밥을 지어도 쌀이 익지 않으니 화가 나서 소를 잡네. 소를 잡아도 피가 없으니 화가 나서 쇠를 두드리네. 쇠를 두드려도 바람이 없으니 화가 나서 종을 치네. 종을 치네. 종을 쳐도 울리지 않으니 화가 나서 라오장은 마구 소리를 질러댄다네!　　　　　　　『北平歌谣·老张』

起起蹬, 架黄莺。黄莺落, 戴纱帽。纱帽高, 买把刀。刀不快, 切韭菜。韭菜青, 买个弓。弓没弦, 买个船。船没底, 买个笔。笔没头, 买个牛。牛没爪, 买个马。马没鞍, 上西天。西天路, 扯红布。红布禧, 买只鸡。鸡不叫狗不咬, 杀了吃了白拉倒。

발을 치켜들고 꾀꼬리 새장을 매단다. 꾀꼬리가 떨어지니 망사 모자를 쓴다. 망사 모자가 높으니 칼을 산다. 칼이 잘 들지 않으니 부추를 썬다. 부추가 푸르니 활을 산다. 활에 줄이 없으니 배를 산다. 배에 바닥이 없으니 펜을 산다. 펜에 촉이 없으니 소를 산다. 소가 발이 없으니 말을 산다. 말에 안장이 없으니 저승으로 간다. 저승 가는 길이니 붉은 천을 산다. 붉은 천은 기쁜 일이니 닭을 산다. 닭이 울지 않고 개가 물지 않으니, 잡아서 먹어치운다.　　　　　　　「老北京童谣」

전사반복은 분포 범위가 상당히 넓어서 다양한 문체에 모두 나타남으로써 대중으로부터 큰 환영을 받는다.

猪多肥多, 肥多粮多, 粮多猪多。
돼지가 많으니 비계가 많고, 비계가 많으니 양식이 많고, 양식이 많으니 돼지가 많다.　　　　　1959년 상하이「해방일보(解放日报)」

骆驼进万家, 万家欢乐多。

낙타(낙타표 선풍기)가 집집마다 들어가니, 집집마다 즐거움이 가득.

「낙타표 선풍기 광고 문구(骆驼牌电扇广告词)」

处处有真诚, 真诚在爱心。

곳곳에 진심이 있고, 진심은 '아이신(爱心)'에 있어요.

「아이신 결혼정보회사 광고 문구(爱心婚姻介绍所广告词)」

金陵塔, 塔金陵, 金陵宝塔第五层, 五层宝塔廿只角, 廿只角浪挂金铃 ……

금릉탑, 탑금릉, 금릉탑 제5층, 5층탑 20개 모서리, 20개 모서리에 금방울이 달렸고 ……

「금릉탑(金陵塔)」노래가사

指挥员的正确的部署来源于正确的决心, 正确的决心来源于正确的判断, 正确的判断来源于周到的和必要的侦察 ……

지휘관의 정확한 부대 배치는 올바른 결심에서 비롯되고, 올바른 결심은 올바른 판단에서 비롯되며, 정확한 판단은 주도면밀하고 반드시 요구되는 정찰에서 비롯되며 ……

마오쩌둥(毛泽东)「중국혁명전쟁의 전략 문제(中国革命战争的战略问题)」

다음은 「중매인 꽃(花为媒)」이라는 노래의 가사에 나타난 전사반복의 예이다.

用目打量, 打量她多才多貌。

눈으로 훑어보네, 그녀의 뛰어난 재능과 미모를 훑어보네.

闯的人, 人心乱, 乱一团, 团团转, 转团团。

돌진하는 사람, 그 사람은 마음이 어지러운데, 어지럽게 하나로 뒤엉켜서, 빙글빙글 돌고, 돌아서 빙글빙글.

怎知我, 我抢了先, 先来到。
어떻게 알았을까 내가, 내가 먼저 왔다는 것을, 먼저 온 것을.

到得早, 早不如巧, 巧不如恰, 恰恰当当我们拜了花堂。
일찍 도착하는 것, 일찍은 절묘한 것보다 못하고, 절묘한 것은 딱 맞는
것보다 못한데, 마침 딱 맞게 우리는 혼례식장에 들어갔네.

범위를 확대해 보면 전사반복격은 텍스트에도 나타난다. 장회소설
(章回小说) 매 회의 첫머리에는 '话说…(이야기는 이러합니다)'가 쓰
이는데, 이는 바로 앞 회의 말을 중복하고 계속 이어서 말을 하는 것
이다. 전사반복과 호문, 회문은 흔히 함께 섞여서 나타난다.

1.1 주술 동일어휘

전사반복은 중국어에서 단지 수미의 반복만을 요구하기 때문에 다
른 형식적인 제약을 받지 않는다. 그래서 품사에 관계없이, 단어와
구, 절의 구분 없이 각종 문법관계를 포용하며, 심지어 해음(谐音)[2]
만 충족되어도 전사반복이 된다. 주즈칭(朱自清)은 『중국가요(中国
歌谣)』에서 『오가갑집(吳歌甲集)』을 언급하면서, 장시(江西) 저장
(江浙) 일대에 '끝말잇기(接麻)'라고 하는 일종의 '대구식(对子式)'
의 놀이는 해음자로도 말을 연결할 수 있다고 하였다. 예를 들면 다
음과 같다.

你姓啥? 我姓白。白个啥? 白牡丹。丹啥个? 丹心轴。轴个啥?
轴子。子啥个? ……

---

2) 역자주: 중국어에서 같거나 유사한 음.

네 성이 뭐야? 내 성은 백씨야. 백 뭐야? 백목단이야. 단은 어느 단이야? 단심축의 단이야. 축은 어느 거야? 축자의 축이야. 자는 어느 거야?

이러한 예는 무궁무진하다. 끝말잇기 놀이의 문답형식에서 알 수 있듯이, 두 가지 이상의 일을 평행하게 서술하는 평서(平叙)의 전사반복은 대화의 중복과 대응에서 기원한다. 이러한 중복과 대응은 상호작용을 증진시키고 공명을 불러일으키는 작용을 한다.(제8장 '대화분석' 참조) 이는 또 대화 자체가 목적이고, 의미가 없는 '무정대(无情对)[3]'도 결국은 역시 의미가 있는 '유정대(有情对)'임을 보여주는 사례이다.

전사반복을 수사 수단으로만 보는 것은 지나치게 편협한 시각이다. 전사반복격은 사실 중국어의 구조적이고 보편적인 격식의 일종이다. 이러한 현상은 주술구조의 관점에서 보면 '술어를 주어로 변화시키는 것(化谓语为主语)'이라고 할 수 있다.(郭绍虞 1979:52)『한궁추(汉宫秋)』의 네 구절을 예를 들어보자.

近椒房, 月昏黄, 月昏黄, 夜生凉。
후궁(왕소군)의 처소에 다 와 가는데, 달빛이 어둑어둑하다. 달빛이 어둑어둑하고, 밤이라 차디찬 추위가 찾아온다.

'月昏黄'은 먼저 '近椒房'의 술어로 쓰이고 나중에는 다시 '夜生凉'의 주어로 쓰이는데, 본서의 관점으로 이는 바로 '속설이 기설로 바뀐 것(化续说为起说)'이다. 이렇게 보면 중국어는 '행위자 피행위자 동일어휘(施受同辞)'인 언어일 뿐만 아니라 '주술 동일어휘(主谓同

---

3) 역자주: 대련의 격식 가운데 하나로, 상하연이 글자와 단어의 대만 따지고 내용은 전혀 고려하지 않는 대를 일컬음.

辞)’인 언어이기도 하다. 다시 말해, 주어와 술어가 동일한 형식을 사용함으로써 이들을 하나로 통합할 수가 있다. 이는 블룸필드의 말로 하면 주술구조가 중국어에서는 ‘등식형이고’, 주어와 술어는 ‘대등항’으로 볼 수 있다는 것이다.(제6장 ‘블룸필드의 이론’ 참조)

1.2 동적 처리

‘인지문법’의 최근 진전 가운데 하나는 ‘접근과 활성화(access and activation, 提取和激活) 이론(Langacker 2012, 張翼 2018)이다. 이 이론은 문장의 구조를 어순으로 환원함으로써 다음의 동적인 인지처리를 유도한다. 구체적으로 말하면, 하나하나의 주의창문화(windowing of attention, 注意視窗)[4]를 연속적으로 구축하고, 문법단위가 주의창문에서 상호 접근과 활성화를 통해 의미해독을 결정한다. 예를 들어 다음 영어 문장을 보자.

He sadly missed his mother.
他很伤心, 想念母亲。
그는 매우 슬퍼하며 어머니를 그리워했다.

부사 sadly(슬프게)가 구조적으로 뒤의 동사를 수식하여 sadly와 missed(그리워했다)가 주의창문을 구성한다. 그런데 이 창문의 앞에 sadly의 어근인 형용사 sad는 또 그 앞에 있는 주어 he와 하나의 새로

---

4) 역자주: 사건과 관련된 장면에서 주의를 분배하는 하나의 유형을 의미하는데, 여기서 주의의 분배란 사건틀의 특정 요소를 전경화(foregrounding)하거나 배경화(backgrounding)하는 인지적 과정을 말한다.

운 주의창문을 구성한다. 이 창문 안에서 he와 sad는 서로 접근하고 활성화하여 개념상의 주술관계를 형성한다. 즉, sadly는 앞의 창문 안에도 있고, 뒤에 연결되는 창문 안에도 있다. 이 이론 모델은 특히 중국어에 잘 적용된다. 위의 영어 예문을 중국어로 번역할 때 습관적인 표현은 '他伤心地想念母亲(그는 어머니를 슬프게 그리워했다)'이 아니라, 대언 형식으로 된 전후 두 문장 '他很伤心, 想念母亲(그는 슬퍼하며 어머니를 그리워했다)'이다. 위광중(余光中 1987)은 영어의 부사형식이 중국어로 번역되면 '영어식 중국어(英式中文)'가 만들어진다고 하였다. 예를 들면 다음과 같다.

老师苦口婆心地劝了他半天。
선생님은 노파심에서 그를 한참이나 타일렀다.
수정: 老师苦口婆心, 劝了他半天。
　　선생님은 노파심에서 그를 한참이나 타일렀다.

他苦心孤诣地想出一套好办法来。
그는 고심 끝에 좋은 방법을 생각해냈다.
수정: 他苦心孤诣, 想出一套好办法来。
　　그는 온갖 고심을 하였고, 좋은 방법을 생각해냈다.

大家苦中作乐地竟然大唱其民谣。
모두들 고생 속에서도 즐거워하며 그 민요를 크게 불렀다.
수정: 大家苦中作乐, 竟然大唱其民谣。
　　모두들 고생 속에서도 즐거워하며 뜻밖에도 그 민요를 크게 불렀다.

'老骥伏枥'의 경우, 연속으로 창문 열기의 인지처리 과정은 아래와 같다.

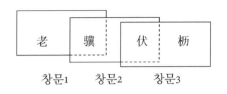

창문1   창문2   창문3

　　이러한 동적 처리 방식은 위에서 말한 '전사반복 끝말잇기'와 중국
어 문법에서 자주 논의되는 '겸어식(遞系式)'(아래 서술 참조)에 해당
한다.

　　특히 형식의미론 학자들은 일종의 동적 논리(dynamic logic, 动态逻
辑)를 고안함으로써 문구의 왼쪽에서 오른쪽으로 점진하는 의미결합 방
식을 형상화하고, 이를 통해 언어의 보편적인 구조 특징을 설명하는 '동
적 통사론(dynamic syntax, 动态句法)'(Kempson etal. 2001, Cannetal.
2005)을 제기하였다. 칸 등(Cann *et al*, 2005:38)을 참조하면, '老骥伏
枥'라는 구의 의미결합 방식과 해독 과정은 한 그루 나무의 생장(tree
growth)과 같다.

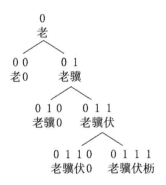

　　각 절점(node, 节点)은 모두 0과 1로 표시되고, 절점 n 아래에 있는
좌단 절점은 n0, 우단 절점은 n1로 표시되는데, 이는 한 번에 하나씩

정보가 늘어나는 것이다. 주의할 점은, 여기서 절점은 글자나 단어를 나타내는 것이 아니라 상하 문장과 문맥에서 글자와 단어의 해독을 나타낸다는 것이다. 가장 중요한 것은 이 의미구조 트리는 계속 생장 중인 나무로 의미의 점진적인 생장과정을 나타낸다는 점이다. 어순이 다르기 때문에 '老驥伏枥(늙은 천리마가 말구유에 엎드리다)'와 '驥老枥伏(천리마가 늙어서 말구유에 엎드리다)'의 생장 순서는 다르다. 하지만 근본은 모두 나무의 생장이다.

② 겸어식

2.1 겸어식의 상호 연결

겸어식은 압축된 전사반복격이다. '你通知他, 他来开会(그가 회의에 오라고 그에게 알려라)'는 전사반복이지만, '你通知他来开会(그에게 회의에 오라고 알려라)'는 겸어식이다. '我托你, 你带给他(내가 너에게 부탁하는데, 네가 그에게 갖다 주어라)'는 전사반복이지만, '我托你带给他(네가 그에게 갖다 주기를 부탁할게)'는 겸어식이다. 반복되는 것을 동형병합하게 되면 겸어식이 되는 것이다. '递系式(겸어식)'라는 명칭은 '递相连系(전달하여 서로 연결되다)'라는 의미에서 취하였으며, 후에 '兼语式(겸어식)'로 고쳐 부르게 된다. 이는 주어 - 동사 - 목적어라는 구조분석법의 영향을 받은 것이다. 즉, '递系式'란 앞 동사의 목적어가 뒤 동사의 주어를 겸하는 것을 말한다. 만약 이 영향을 벗어난다면 주어와 술어가 동일한 어휘이므로 역시 '递系式'라고 부르는 것이 좋겠다.[5]

뤼수샹(吕叔湘 1979:83-85)은 겸어식이 다른 구조와 경계 구분이 어렵고, 또 계층분석에도 적합하지 않다고 지적하였다. 그 이유에 대해서 그는 하나의 동목구조가 하나의 주술구조를 덮고 있어서 '이분법'을 사용할 수가 없고, 또 이로 인해서 겸어식을 인도유럽어의 문법틀에 넣을 수가 없기 때문이라고 하였다. 그래서 어떤 이는 중국어 문법에서 겸어식을 없애고자 하였으나 줄곧 성공하지 못하였다. 왕리(王力)는 "중국어와 서양어의 문법이 서로 같은 부분에 대해서는 굳이 그 차이를 억지로 찾지 않아야 하고, 서로 다른 부분에 대해서는 더더욱 같은 점을 억지로 찾으려 해서는 안 된다"고 하였다. 이 같은 그의 사상은 『중국문법이론(中国语法理论)』과 『중국현대문법(中国现代语法)』에 모두 서술되어 있는데, 이때 서술의 중점은 뒤 구절에 있다. 겸어식은 바로 이 사상에 따라 제기되었다.

그 후의 진전은 겸어식의 소멸이 아니라 겸어식의 일반화였다. 뤼수샹(吕叔湘 1979:85)은 '我有一期画报丢了(나는 화보 한 편을 분실했다)'를 일반적으로 겸어식이 아닌 연동식이라고 부르는 이유는 '一期画报(화보 한 권)'가 행위자가 아닌 피행위자이기 때문이라고 주장하였다. 그렇지만 문장 속에는 그 외 또 다른 관계도 있을 수 있다. 예를 들면, '我有办法叫他来(나는 그를 오게 할 방법을 가지고 있다)'(도구), '我这儿有人说着话呢(나에게 누군가 이야기하고 있다)'(교제), '你完全有理由拒绝(너는 거절할 이유가 충분히 있다)'(이유), '我们有时间做, 可是没有地方放(우리는 만들 시간은 있지만, 놔둘 곳이 없다)'(시간, 장소)가 있다. 따라서 뤼수샹은 겸어식과 연동식을 모두 '동사 뒤'라는 총체적인 문제에서 생각해야 한다고 주장하였다. 주더

---

5) 역자주: '递系式'는 일반적으로 '兼语式(겸어식)'을 가리키므로, 본 역서에서는 이들을 구분하지 않고 모두 '겸어식'으로 번역하였다.

시(朱德熙 1982:12장)도 역시 겸어식은 연동식과 하나로 병합하여 연술식(连谓式)으로 총칭할 것을 주장하였는데, 병합의 이유는 아주 간단하다. 중국어의 주어는 행위자를 위주로 하지 않기 때문에, 중간의 명사가 행위자를 가리키면 겸어식이고 행위자를 가리키지 않으면 연동식으로 볼 수는 없다는 것이다.

2.2 광의의 겸어식

겸어식의 범위는 더 확대되어야 하며, 또 확대를 막을 이유도 없다. 중국어 구조의 동일구조성(同构性)을 확대해 보면, 아래 3연의 무종지문도 겸어적인 성질을 가지고 있어서 일종의 광의의 겸어식인 전사반복 격식의 압축 형식으로 볼 수 있다.

老王呢，又生病了吧，又生病了吧，也该请个假呀。
라오왕은요, 또 병이 났죠, 또 병이 났으면, 휴가를 내야지요.(느슨한 형식)

老王呢，又生病了吧，也该请个假呀。
라오왕은요, 또 병이 났죠, 휴가를 내야지요.(긴밀한 형식)

이를 통해 무종지문의 연결에는 느슨한 것과 긴밀한 것의 두 가지 형식이 있는데, 느슨한 형식에서 동일한 부분이 병합됨으로써 긴밀한 형식이 된 것을 알 수 있다. 느슨한 형식은 전사반복식이고, 긴밀한 형식은 겸어식이다.

전사반복식	겸어식
我銮舆, 返咸阳; 返咸阳, 过宫墙 나는 천자의 수레를 타고 함양으로 돌아온다. 함양으로 돌아와서 궁궐의 담장을 지난다.	我銮舆, 返咸阳, 过宫墙 나는 천자의 수레를 타고 함양으로 돌아와서 궁궐의 담장을 지난다.
过宫墙, 绕回廊; 绕回廊, 近椒房 궁궐의 담장을 지나서 회랑을 돈다. 회랑을 돌아서 후궁의 처소로 다가간다.	过宫墙, 绕回廊, 近椒房 궁궐의 담장을 지나서 회랑을 돌아 후궁의 처소로 다가간다.

Part1에서 무종지문의 끊어지기도 하고 이어지기도 하는 단연성(斷連性)을 서술하면서 동형병합은 품사의 제약을 받지 않는다는 것을 설명하였다. 이에 대해서 다시 예를 들면 아래와 같다.

双心一影俱回翔, 吐情寄君君莫忘。
두 마음이 한 그림자로 함께 빙빙 돌며 날아오르기에, 심정을 토로하여 그대에게 부치오니 그대여 잊지 마소서.

翡翠羣飞飞不息, 愿在云间长比翼。
물총새 무리지어 나는데, 날기를 쉬지 않음은, 구름 속에서 길게 짝지어 날고 싶어서이지.　　　　　　　　　　　　　沈约「四时白纻歌五首」

'君(그대)'은 명사이고, '飞(날다)'는 동사이다. 그런데 이와 무관하게 이들이 속한 구절을 병합하면 각각 '吐情寄君莫忘(심정을 토로하여 그대에게 부치오니 잊지 마소서)'과 '翡翠羣飞不息(물총새 무리지어 쉬지 않고 날다)'로 압축된다. 또 예를 들어보자.

谁重断蛇剑, 致君君未听。 → 致君未听

누가 사검(蛇劍)을 거듭 끊었는지, 임금께 충성을 다하여도 임금은 듣지
못하네. → 임금께 충성을 다하여도 듣지 못하네.

粝食拥败絮, 苦吟吟过冬。→ 苦吟过冬
거친 쌀 먹으며 해진 솜 끌어안고, 괴로이 시 읊고 읊으며 겨울을 보내
네. → 괴로이 시 읊으며 겨울을 보내네.　　　　　　唐·裴说「冬日作」

　따라서 겸어식을 '星垂平野阔(별이 넓은 평야에 드리우다)'와 '月
涌大江流(달이 흐르는 큰 강에서 솟구쳐 오르다)'와 같이 겸어항이
명사인 문장에만 국한시켜서는 안 된다. 겸어항이 동사인 '飘零为客,
为客久(유랑하며 나그네가 되었는데, 나그네가 된 것이 오래되었다)
→ 飘零为客久(유랑하며 나그네가 된 지 오래다)', '江雨夜闻, 夜闻
多(강물소리와 빗물소리는 밤에 들으면, 밤에 더욱 많이 들린다) →
江雨夜闻多(강물소리와 빗물소리는 밤에 더욱 많이 들린다)'와 같은
문장도 포함하여야 한다. 또 '枪声响不绝(총소리 울림이 끊이지 않는
다)'처럼 술어가 동보구조인 문장도 포함하여야 한다.

　枪声响, 响不绝。총소리가 울리는데, 울림이 끊이지 않는다.
　→ 枪声响不绝。총소리 울림이 끊이지 않는다.

　树叶落, 落无声。나뭇잎이 떨어지는데, 떨어짐이 소리가 없다.
　→ 树叶落无声。나뭇잎이 떨어짐이 소리가 없다.

　鸟儿飞, 飞不停。새가 나는데, 나는 것이 멈추지 않는다.
　→ 鸟儿飞不停。새가 나는 것이 멈추지 않는다.

　'响(소리를 내다)', '落(떨어지다)', '飞(날다)'는 앞의 성분에 대해서

CHAPTER 12. 시슬대　179

는 술어가 되고, 뒤의 성분에 대해서는 주어가 된다. 또 '响不绝', '落无声', '飞不停'은 동보관계이다. 그런데 제9장에서 서술한 바와 같이, '不绝' 등의 보어는 앞의 동사에 대한 후속 보충설명(续补)이므로, '响不绝', '落无声', '飞不停'을 주어성 지칭어 - 술어성 지칭어의 대(起指 - 续指对)로 분석할 수도 있다. 따라서 동보식은 근본적으로 지칭어대(指语对)라고 할 수 있다. 여기서 동보식은 동목식도 포함하는데, 이는 목적어도 동사에 후속하는 보충설명이기 때문이다.

大风刮, 刮山头。 강한 바람이 부는데, 산꼭대기에 분다.
→ 大风刮山头。 강한 바람이 산꼭대기에 분다.

大肚能容, 容天下难容之事 ; 开口便笑, 笑世间可笑之人。
큰 배는 거뜬히 담을 수 있어, 세상 사람들이 담기 어려운 일을 담는다.
입을 열면 이내 웃는데, 세상의 웃음거리가 되는 사람을 비웃는다.

→ 大肚能容天下难容之事, 开口便笑世间可笑之人。
큰 배는 세상이 담기 힘든 일을 담을 수 있고, 입을 열면 세상의 웃음거리가 되는 사람을 마냥 비웃는다.　　　　　北京潭柘寺弥勒殿联

병합한 후에 연동식의 형태로 압축되는 예는 위에서 제시한 『한궁추』 외에 또 있다.

知止而后有定, 定而后能静, 静而后能安, 安而后能虑, 虑而后能得。
그칠 줄 알게 된 뒤에야 뜻의 방향이 정해지고, 뜻의 방향이 정해진 뒤에야 마음이 고요해질 수 있으며, 마음이 고요해진 뒤에야 외물에 동요되지 않아 편안하게 될 수 있고, 편안하게 된 뒤에야 생각할 수 있게 되며, 생각하게 된 뒤에야 터득할 수 있게 된다.　　　　　『大学』

→ 知止而后有定, 能静, 能安, 能虑, 能得。

그칠 줄 알게 된 뒤에야 뜻의 방향이 정해지고, 마음이 고요해질 수 있으며, 외물에 동요되지 않아 편안하게 될 수 있고, 생각할 수 있게 되며, 터득할 수 있게 된다.

痴则贪, 贪则嗔, 嗔则伤人种苦因, 故知痴是苦 ; 戒而定, 定而慧, 慧而悟道成师匠, 当以戒为师。

어리석으면 탐욕스러워지고, 탐욕스러워지면 화를 내게 되고, 화를 내게 되면 남을 상하게 하여 고통의 원인을 심어주기 때문에 어리석음을 안다는 것은 고통스러운 것이다. (하지만) 삼가하고 신중하면 안정이 되고, 안정이 되면 지혜로워지며, 지혜로워지면 도를 깨달아서 사람들의 스승이 되니, 마땅히 삼가하고 신중한 것을 스승으로 삼아야 한다.

潭柘寺弥勒殿联

→ 痴则贪、嗔、伤人、种苦因, 戒而定、慧、悟道、成师匠。

어리석으면 탐욕스러워지고, 화를 내게 되고, 남을 상하게 하고, 고통의 원인을 심어주지만, 삼가하고 신중하면 안정되고, 지혜로워지며, 도를 깨닫게 되어, 사람들의 스승이 된다.

연동식 '唐寅卖画度日(당인은 그림을 팔아서 생계를 꾸려간다)'는 '唐寅卖画, 卖画度日'(당인은 그림을 팔고, 그림을 팔아서 생계를 꾸려간다)의 압축병합 형식이다.6)

---

6) 저자주: 왕리(王力 1984:133-144)가 논술한 겸어식은 이미 광의의 것으로, "문장 안에 두 번의 연결이 포함되어 있는데, 첫 번째 연결의 술어 일부 또는 전부가 다음 연결의 주어가 되는 형식"이라고 정의하였다. 이 정의에 따르면, '迎春又命丫头点了一支梦甜香, 幸亏是宝二爷自己应了(영춘은 또 계집종에게 몽첨향에 불을 붙이게 하였는데, 다행히 가보옥이 응답했다)' 안의 '丫头'와 '宝二爷'뿐만 아니라 '我来的不巧了, 他到得太晚了(내가 때를 잘못

고대중국어에 원인과 결과에 동일한 단어 형태를 사용하는 경우가 있는데, 이는 사람들의 주목과 탐구를 불러일으켰다.(曾冬梅외 2017) 예를 들어 보자.

为难故, 故欲立长君。
국난의 이유 때문에, 그래서 나이 많은 임금을 옹립하고자 한다.

『左传·文公六年』

앞의 '故'는 원인을 나타내고 뒤의 '故'는 결과를 나타내는데, 이 둘의 동형병합 방식은 두 가지가 있다.

为难故, 欲立长君。
국난의 이유 때문에, 나이 많은 임금을 옹립하고자 한다.

为难, 故欲立长君。
국난 때문에 나이 많은 임금을 옹립하고자 한다.

이 예는 무종지문의 단연성과 사슬성, 또 '허자와 실자는 하나(虚实一体)'(제11장 참조)라는 점을 잘 설명해준다. 여기서 '故'는 접속사이자 명사이다. '故'와 유사한 단어로는 '緣', '因', '由' 등이 있다.

맞춰 왔어, 그가 너무 늦게 도착했어)' 안의 '来'와 '到'도 역시 연결항(단어를 덧붙이는 '的/ 得'는 '鸟之降死, 其鸣也哀(새가 죽음에 임박하니, 그 울음이 애처롭다)'에서 보듯이 같이 고대중국어의 '也'자와 같다)이다. 또 더 나아가 '我买两个绝色的丫头谢你(내가 절색 계집애 둘을 사게 되어 너에게 고마워)'와 같은 연동식으로 확대하면 '买两个绝色的丫头'가 연결항이 된다. 중국어의 동사와 동사구는 본래 주어(화제)가 될 수 있기 때문에 이러한 분석을 막을 수 있는 규칙은 없다.

이상의 논의를 통해 보건대, 과거 겸어식을 중국어의 특수한 문형으로 보는 것은 편협된 관점이며, **중국어의 구조는 넓은 의미의 겸어성을 가지고 있다고 해야 한다.** 언어의 감정 표현과 의미 전달은 귀환성(recursion, 递归性)을 통해서만이 아니라 겸어성을 통해서도 가능하다.(제3장 '무종지문' 참조) 귀환은 인류 특유의 능력이 아니다. 붉은 털 원숭이와 같은 인간이 아닌 영장류 동물도 훈련을 통해서 두 개의 계층으로 된 내장형 구조물을 만들어낼 수 있으며, 인류 아동들이 단지 이러한 능력의 습득 속도가 빠르고 학습 전략이 약간 고급스러울 뿐이라는 것이 최신의 연구에서 밝혀졌다.(Jiang외 2018) 귀환성은 비대칭 종속구조의 성질을 가지고 있지만, 겸어성은 대칭성 연결구조의 성질을 가진다.

중국어 겸어의 구성 원리는 애니메이션의 제작 원리와 유사하기 때문에 중국어를 '애니메이션형 언어(动画型语言)'라고도 할 수 있다.

③ 평접형 사슬대 격식

광의의 겸어식에서 느슨한 형식과 긴밀한 형식의 변환 가능성은 무종지문의 단연성에서 비롯되는데,(Part1 제3장 참조) 두 가지 형식은 같은 것이다. 예를 들면, 남제(南齐) 화가 사혁(谢赫)[7]이 화품(画品)을 논하면서 제기한 '6법(六法)'이 그러하다.

---

7) 역자주: 사혁(谢赫, 479-502) 중국 남제시대 인물화가, 미술 이론가. 회화의 6법을 제시하여 후대 화가, 미술가에게 지대한 영향을 미쳤다.

一、气韵生动是也。
1. 기운이 생동하는 것이 그것이다.

二、骨法用笔是也。
2. 그리고자 하는 대상을 파악하여 붓을 맞게 사용하는 것이 그것이다.

三、应物象形是也。
3. 물체 자체의 모습과 특성 등에 맞게 그 형상을 표현하는 것이 그것이다.

四、随类赋彩是也。
4. 그리는 대상의 종류에 따라 채색을 가하는 것이 그것이다.

五、经营位置是也。
5. 그리려는 대상의 위치를 배치하는 것이 그것이다.

六、传移模写是也。
6. 선인의 그림을 모방하여 그리는 것이 그것이다.

그런데 『관추편(管锥篇)』에서 첸중수(钱钟书)의 '6법'에 대한 단구(断句)는 다음과 같다.

一、气韵, 生动是也。
1. 기운은, 생동하는 것 그것이다.

二、骨法, 用笔是也。
2. 골법은, 붓을 맞게 사용하는 것 그것이다.

三、应物, 象形是也。
3. 응물은, 사물을 표현하는 것 그것이다.

四、随类, 赋彩是也。
4. 수유는, 채색을 가하는 것 그것이다.

五、经营，位置是也。

5. 경영은, 배치하는 것 그것이다.

六、传移，模写是也。

6. 전이는, 모방해서 그리는 것 그것이다.

'一'는 주어성 지칭어이고, '气韵(기운)'은 술어성 지칭어이자 동시에 뒤의 술어성 지칭어 '生动(생동하다)'의 주어성 지칭어가 된다. 마찬가지로 '六'는 주어성 지칭어이고, '传移(옮기는 것)'는 술어성 지치어이자 동시에 뒤의 술어성 지칭어 '模写(모방해서 그리다)'의 주어성 지칭어이다. 주어성 지칭어와 술어성 지칭어는 명사와 동사를 가리지 않고 모두 지칭어이며 사슬대를 형성한다. '气韵生动'에서 '气韵'은 곧 '生动'이며, 이 둘은 호문이 된다. 이 예는 끊지 않은 것은 끊어서 설명할 수도 있고, 끊어진 것은 끊지 않고 설명할 수도 있음을 보여준다. 치궁(启功 1979:31)은 두보(杜甫)의 시 「봄밤의 기쁜 비(春夜喜雨)」의 두 연을 예로 들고 있다.

好雨知时节，当春乃发生。
좋은 비가 시절을 알기에, 봄을 맞아서야 나타나는구나.

晓看红湿处，花重锦官城。
아침에 일어나 붉게 젖은 곳을 보라, 금관성에 꽃이 활짝 피어있으리니.

두 연 모두 쉼표를 사용하여 두 부분으로 끊어 놓았지만, '当春'은 여전히 앞의 '时节'를 긴밀하게 잇고 있어서 '时节, 当春也(시절은, 봄을 맞는다는 것이다)'가 된다. 마찬가지로 '花重'도 여전히 '湿处'를 긴밀하게 잇고 있어서 '湿处, 花重也(젖어 있는 곳은, 꽃이 활짝 피었다는 것이다)'가 된다. 어떤 사람은 당시(唐诗)의 이른바 리듬이 의미를 압도하는 현상에 대해 논하였는데, 예를 들면 다음과 같다.

永夜角声悲自语, 긴 밤 뿔피리 소리 슬피 홀로 울리는데,
中天月色好谁看。중천의 어여쁜 달빛 누가 볼까나.   杜甫「宿府」

그런데 이 구절에 대해서, 의미의 연결을 따지면 '角声悲(뿔피리 소리가 슬프다)', '月色好(달빛이 어여쁘다)'가 되지만, 리듬을 따르면 '永夜ㅣ角声ㅣ悲自语, 中天ㅣ月色ㅣ好谁看'으로 읽어야 한다고 말하는 것도 역시 주술구조의 관점에서 문제를 본 것이다. 무종지문의 관점에서 보면 이는 겸어식이 된다. '悲'와 '好'는 각각 앞에 있는 '角声'과 '月色'의 술어이면서 뒤에 있는 '自语', '谁看'의 주어이기 때문에 리듬이 의미를 압도하였다고 말할 수가 없다. 그리고 잘 알려진 이야기로, 어떤 사람이 왕지환(王之涣)[8]의 「양주사(凉州词)」를 베껴 적으면서, '间'자 한 글자를 빠뜨리고는 새로이 구절을 나누어서 다음과 같은 한 수의 사(词)가 되었다는 일화도 있다.

黄河远上白云间, 황하는 멀리 흰 구름 사이로 올라가고,
一片孤城万仞山。한 조각 외로운 성 만 길 산에 있네.
羌笛何须怨杨柳, 강족(羌族)의 피리로 어찌 봄버들 피지 않음을 원망하랴,
春风不度玉门关。봄바람이 옥문관(玉门关)[9]을 넘지도 못하는데.

---

8) 역자주: 왕지환(王之涣, 688-742) 중국 당나라 때의 시인.
9) 역자주: 옥문관(玉门关) : 한 무제가 설치한 관문. 서역에서 수입하는 옥이 이 문을 통과한다고 해서 붙은 이름. 원래 지금의 간쑤성 둔황 서북쪽의 소방반

↓

黄河远上, 白云一片 황하는 저 먼 곳에 올라오고, 흰 구름 한 조각
孤城万仞山。만 길 높이 산에 걸려있네.
羌笛何须怨? 강족(羌族)의 피리로 어찌 원망하랴?
杨柳春风, 不度玉门关。봄버들에 이는 봄바람이 옥문관을 넘지도 못
　　　　　　　하는데.

　중국어의 이러한 유연성은 무종지문의 단연성과 구조의 겸어성에서
비롯된 것이다.

3.1 유기적인 전후 연결

　치궁(启功 1997:65)은 중국어 문장구성 규칙이 매우 간단하다고 하
였다. 그것은 '앞이 뒤를 덮고, 뒤가 앞을 잇는(上罩下、下承上)' 유기
적인 전후 연결의 방법이라는 것이다. '大型白色自动洗衣机(대형 화
이트 자동세탁기)'와 같은 명사를 연결한 연명식, '花钱买来搁着不用
当摆设(돈을 주고 사와서 놓아둔 채 쓰지 않고 장식품으로 삼다)'와
같이 술어를 연결한 연술식이 그러할 뿐 아니라 일반적인 문장도 마
찬가지이다. 치궁은 '两岸猿声啼不住(강 양쪽 언덕에선 원숭이 울음
소리 그치지 않네)', '轻舟已过万重山(쪽배는 이미 만 겹의 산을 지났
구나)'과 같은 두 구(사실 이는 현대의 백화문과 본질적인 차이가 없
다)도 반드시 주술구조에 따라 계층분석을 해야만 이해할 수 있는 것
은 아니며, 편평구조에 따라 몇 가지 사슬대의 연결로 분석하여도 이
해가 가능하다고 보았다.

　성(小方盘城)에 있었으나, 육조(六朝) 시대에 지금의 안시 솽타바오(安西双
　塔堡) 부근으로 이전하였음.

两岸者, 猿声也 ; 猿声者, 啼也 ; 啼者, 不住也。
양쪽 강 언덕은, 원숭이 소리이다. 원숭이 소리는, 우는 것이다. 우는 것은, 그치지 않는 것이다.

轻舟者, 已过也 ; 已过者, 万重也 ; 万重者, 山也。
쪽배는, 이미 지나간 것이다. 이미 지나간 것은, 만 겹이다. 만 겹은, 산이다.

자세히 따져 보면 '轻舟(가벼운 배)'도 '轻者舟也(가벼운 것은 배이다)'이고, '已过(이미 지나갔다)'도 '已者过也(이미는 지나간 것이다)'이다. 하지만 '轻舟', '已过', '万重山'은 이미 하나의 묶음을 형성하였기 때문에 그 내부를 다시 분석할 필요는 없겠다. 요컨대, 중국어는 한마디로 모두 'X는 Y이다(X者Y也)'라는 주어성 지칭어 – 술어성 지칭어의 대이다. 이는 유기적인 전후 연결을 통해 문장을 구성하는 것이다. 또한 중국어는 모두 평면으로 이어진 평접형 사슬대 격식이다. 이때 사슬 성분은 품사와 길이의 제약이 없는데, 이것이 바로 '애니메이션형 언어'이다.

3.2 기승전결

4언의 연결 방식을 전통적으로는 '기승전결(起承转合)[10]'이라고 하는데, 이것은 처음에는 작시법(作诗法)을 가리켰다. 기승전결에 대해서, 원대(元代) 범덕기(范德矶)의 『시격(诗格)』에는 "시를 짓는 데는

---

10) 역자주: '기승전합(起承转合)'은 '기승전결(起承转结)'이나 '기승전락(起承转落)'과 같은 의미로 사용되나, 약간의 어감 차이가 있어 보인다. 기승전결이 결론을 강조한다면, 기승전합은 내용을 종합한다는 것을 강조한 것으로 이해된다. 본 역서에서는 우리에게 잘 알려진 '기승전결'이라는 용어를 사용하기로 한다.

네 가지 법칙이 있는데, 기는 평평하게 곧아야 하고, 승은 힘 있고 우렁차면서도 차분해야 하며, 전은 변화가 있어야 하고, 결은 연못의 물같이 깊고 운치가 있어야 한다(作诗有四法 : 起要平直, 承要舂容, 转要变化, 合要渊水)"라고 설명하였다. 이후에 기승전결은 문장의 습관적인 장법(章法)을 가리키고, 심지어는 글을 짓는 것을 총괄하여 가리키며, 특히 팔고문(八股文)을 쓰는 것을 가리키기도 하였다. 어떤 사람은 기승전결이 글의 기운이기 때문에 간파하기가 어렵다고 보았지만, 기승전결은 좀처럼 버림받지 않고 나아가 일종의 사유양식과 예술창작의 구조적인 기법이 되었다. 치궁(启功 1997:46-47)은 일반적인 작문 습관이 모두 기승전결이며, "이 규칙은 외적으로 덧붙이거나 덧씌운 것이 아니라 내적인 것이다"라고 설명하였다. 그가 예로 든 『논어(论语)』의 문장을 보자.

(起)有子曰, (承)其为人也孝弟, (转)而好犯上者, (合)鲜矣。
(기)유자가 말하길, (승)그 사람됨이 효성스럽고 우애가 있으면서, (전)윗사람에게 대들기 좋아하는 사람은, (결)드물다.

(起)君子务本, (承)本立而道生, (转)孝弟也者, (合)其为仁之本与?
(기)군자는 근본이 확립되도록 힘 써야 하는데, (승)근본이 확립되면 도가 생기니, (전)효성과 우애가, (결)아마도 인의 근본이 되지 않을까?

지적하여야 할 점은, 기승전결 역시 기승 – 전결의 22식으로 기승과 전결이 각각 한 부분이며, 승과 전 사이에는 하나의 틈이 있다는 것이다. 엄격한 기승전결은 운각(韵脚)의 격률(格律)과 관계가 있다. 절구(绝句)는 1, 2, 4구가 협운(协韵)이고, 제3구는 협운을 취하지 않는다. 중요한 것은 기승전결의 사슬대 격식도 역시 대칭의 확대·축소형이라는 점이다.

老 | 驥　伏 | 枥
기 | 승　전 | 결

老驥 | 伏枥　志在 | 千里
기 | 승　　전 | 결

老驥伏枥 | 志在千里　烈士暮年 | 壮心不已
기　　|　　승　　　전　　|　　결

이는 치궁이 말한 바와 같이, 작게는 어구와 어구 사이, 중간으로는 문장과 문장 사이, 크게는 몇 개의 문장으로 이루어진 단락과 단락 사이에 이르기까지 전부 적용된다.

기승전결 4언식은 상, 중, 하 3연조로 압축할 수 있으며, 중련(中联)은 승과 전을 겸한다. 예를 들어보자.

(상)　子曰,　　　　　　(상)　공자께서 말씀하시기를,

(중1)　博学于文,　　　(중1)　학문을 널리 배우고,

(중2)　约之以礼,　　　(중2)　예로써 자신을 절제한다면,

(하)　亦可以弗畔矣。　(하)　역시 빗나가지 않을 수 있을 것이다.

(상)　我銮輿,　　　　(상)　나는 천자의 수레를 타고,

(중1)　返咸阳,　　　　(중1)　함양으로 돌아왔고,

(중2)　返咸阳,　　　　(중2)　함양으로 돌아와,

(하)　过宫墙。　　　　(하)　궁궐의 담장을 지난다.

위쪽은 치궁이 든 『논어·옹야(论语·雍也)』의 예인데, 중련의 중1과 중2는 합쳐져서 함께 앞의 문장을 받고 또 전환하여 뒤 문장을 잇

고 있다. 이러한 격식은 아래쪽의 전사반복 격식과 본질적인 차이가 없다. 전사반복격의 중련은 중복이고, 위쪽의 중련은 일종의 준중복 (准重复)의 호문인데, 이는 중복의 변체로 볼 수 있다.

3.3 병렬 처리

언어 구조의 본질은 지극히 간단하다. 생성문법의 새로운 진전은 통사 조작으로부터 '병합(merge, 合并)'으로 '이동(move, 移位)'을 대체한 것이다. 왜냐하면 두 요소 X와 Y가 순서에 상관없이 병합을 통해 집합 {X, Y}를 생성하므로 병합은 가장 간단하고 자연스러운 통사 계산의 조작일 가능성이 크기 때문이다.(乔姆斯基(Chomsky) 2018) 나아가 어떤 사람은 '병렬병합설(Parallel Merge, 平行合并说)'(Citko 2005)을 제기하면서 병렬병합은 논리적인 필연이자 연동문과 겸어문을 포함한 일련의 문형들이 해결하기 어려운 생성의 문제를 해결하기 위한 것이라고 주장하였다. 예를 들어 아래 연동식의 겸어문 '买一份报看(신문 한 부를 사서 보다)'의 경우, 뤼수샹(吕叔湘 1979:84)은 일찍이 이분법으로는 이 문장을 분석하기가 어렵지만 병렬병합으로 처리하면 이러한 난제를 해결할 수 있다고 지적하였다. 이를 그림으로 나타내면 다음과 같다.(따狂 2018에서 재인용)

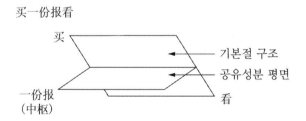

중추성분(pivot, 中枢成分) '一份报(신문 한 부)'는 앞 성분 '买(사다)', 뒤 성분 '看(보다)'과 모두 병합하였는데, 이 두 가지 병합은 병행하여 진행되었다. 사실 병렬병합은 병합 조작을 2차원에서 3차원으로 확대시킨 것으로, 병합 시에 구조에 대한 규정이 없기 때문에 어떤 성분이든 중추성분이 되어 병렬병합에 참여할 수가 있다. 이렇게 함으로써 생성문법이 제시했던 복제를 통한 이동 실현이라는 조작을 없애고, 통사를 더욱 단순하게 만들었다. 만약 1차원의 선형구조가 2차원의 평면(계층)구조의 투영이라면, 2차원의 평면구조는 3차원의 입체구조의 투영이다.

생성문법의 '최소주의 프로그램(minimalist program, 最简方案)'(MP)은 초기에 a와 b의 병합으로 얻은 성분에 K라는 라벨(label)을 붙이고, K는 a나 b와 같다고 규정하였다. 즉, K의 속성은 그것이 포함하는 성분 a나 b에 의해 결정된다는 것이다. 이러한 규정은 분명 구조의 계층성과 내심성(向心性)을 유지하기 위한 것이다. 최소주의 프로그램은 훗날 자유로운 병합, 대칭적인 병합을 주장하면서 병합의 요소로 라벨을 붙이는 방식은 취소되었다. 구조의 계층성과 내심성은 통사와 음성, 의미의 결합 부분에서 설명되었다. 촘스키(Chomsky 2004) 이후에는 독립적인 이동 조작이 아예 없어지고, 병합 조작의 한 하위부류로 재해석되었다.(吳玲兰 2018에서 재인용) 이는 생성문법의 대단히 중요한 이론적 발전으로, 귀환성이 더 이상 통사의 필수적인 특징이 아닐 수 있음을 의미한다. 하지만 아직까지 학계의 충분한 중시를 받지는 못한 것으로 보인다. 이 새로운 발상에 따르면, 중국어의 통사 방안은 바로 최소주의 프로그램이라고 볼 수 있다. 왜냐하면 중국어의 구조적인 조작이 바로 병치성분의 병합이기 때문이다.

상술한 병행 조작은 고전적인 생성문법의 틀에서는 어려움에 직면

할 수가 있다. 야기될 수 하나의 어려움은 '격 충돌(格冲突)'이다. 예를 들어 '选他当代表(그를 대표로 뽑다)'와 같은 비연동식 겸어문('他'가 목적격과 주격을 겸함)은 처리하기가 어렵다는 것이다. 병행 병합은 또한 서양 언어학의 '당나귀문(Donkey sentence, 驴子句)'의 생성에 관한 문제도 해결하고자 한다. 이 책 제10장 말미에 중국어식 당나귀문의 특징이 대언 형식을 사용한 것이라고 하였다. 예를 들어 영어의 당나귀문 Whoever owns a donkey beats it(누구든 당나귀를 가진 사람은 그것을 때린다)에 상응하는 중국어 표현은 '谁有驴, 谁打驴(당나귀를 가진 사람은 누구든 다 당나귀를 때린다)'이다. 여기서 2개의 동형 의문대사는 대칭적인 '상호결속(reciprocal binding, 互相约束)'을 나타낸다. 이러한 대언식은 일부 인도유럽어에도 있지만, 그것이 그 언어의 주류 표현은 아니다. 이탈리아어(Huang 2018)를 예로 들면 다음과 같다.

quando si è alti, si è belli.
if one is tall, one is handsome.
谁个高, 谁漂亮。
누구든 키 큰 사람이 멋있다.

중국어식 당나귀문은 호문 대언식이 습관적인 표현 방식이며, 상호결속하는 동형 의문대사의 출현 위치는 여러 가지 가능성이 있다. 예를 들면 다음과 같다.

abcb 有什么吃什么。있는 대로 먹는다.
abac 谁有钱谁请客。돈 있는 사람이 대접한다.
abbc 轮到谁谁请客。차례가 된 사람이 대접한다.

abca 哪里苦去哪里。 어디든 힘든 곳으로 간다.

이것은 고전적 틀 내의 병렬병합설에 대해서는 하나의 도전이다.[11]

중요한 문제는, 위에서 그림으로 나타낸 3차원모델 그 자체도 역시 한쪽이 무거운 비대칭 모델이라는 것이다. 즉, 주평면(principal plane, 主平面)은 기본적인 절 구조로 비대칭적인 종속관계 위에 세워진 귀환구조이며, 공유성분은 반쪽 면뿐인 부차적인 차평면(次平面) 위에 있다는 것이다. 대량의 중국어 대언 호문의 경우 대칭 3차원모델이 필요하다. '你来我往(너와 내가 서로 왕래하다)'을 예로 들면, '你来(네가 오다)'의 병합과 '我往(내가 가다)'의 병합은 병렬로 진행되었다. 이때 '你我(너와 나)'와 '来往(왕래하다)'은 서로 중추성분이자 공유성분이 되며, 두 평면은 주요한 것과 부차적인 것의 주차(主次) 구분이 없다.

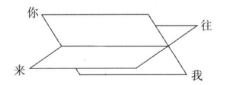

이러한 처리 방식은 호문 '驥伏枥, 志在千里 ; 烈士暮年, 壮心不已(늙은 천리마가 말구유에 엎드려 있지만 뜻은 천리 밖에 있고, 열사가 늙었어도 장대한 포부는 식지 않았다)'로 확대하여도 마찬가지다. 이러한 대칭 3차원모델은 비대칭 3차원모델을 포함할 수 있기 때문에

---

11) 저자주: Luo and Crain(2011)은 이러한 구조를 한 쌍의 지칭어의 동등관계를 나타내는 특별한 화제 – 설명의 구조로 보았다.

겸어문의 생성 문제를 해결할 수 있고, '격 충돌'의 어려움에서도 벗어날 수가 있다.(중국어는 행위자 피행위자 동일어휘이므로 사용하므로 주격과 목적격이 구분되지 않기 때문이다) 이러한 방식은 호문 '众叛亲离(대중과 친한 사람이 배반하고 떠나다. 인심을 얻지 못해 완전히 고립되다)'를 생성할 수도 있고, 그것의 회문(回文) '离亲叛众(친한 사람과 대중을 배반하고 떠나다)'을 생성할 수도 있다.

그러나 더 중요한 것은 '병합'이라는 개념이 호문현상을 처리하기에 충분하지 않다는 점이다. 이는 '你来我往'과 '众叛亲离'가 단순한 1+1이나 2+2의 병합이 아니라 호문견의를 함의하는 일종의 '통합(统合)' 구조이기 때문이다. 병합의 결과는 통일된 전체로 보아야 하며, 두 개의 구성 부분으로 분해할 수가 없다. 자켄도프(R. Jackendoff 2011)는 대뇌의 언어 결합 조작의 특성은 병합(merge)에서 통합(unification)으로 대체되어야 한다고 주장하였다. 영어 *John drank the apple/John drank it(존은 그것을 마셨다)를 예로 들면, 이러한 단어 결합의 선택제약은 통합으로 해석할 수밖에 없다. 구체적으로 drank it에서 두 성분을 병합하기 전에는 it 자체에 주스라는 의미가 없었지만, drank와 호문이 된 후에는 주스라는 의미를 획득하게 된다. 중국어의 '老骥(늙은 천리마)'와 '老笋(질긴 죽순)', '伏枥(구유에 엎드리다)'와 '伏虎(호랑이를 굴복시키다)'에서 '老'와 '伏'의 의미는 모두 결합된 글자와 호문이 된 후에 나타난 것임을 이 책에서도 앞에서 이미 지적하였다. 자켄도프는 또 최소주의 프로그램 병합설의 출발점은 언어가 간결하고 군더더기가 없으며 계산의 효율을 중시하는 등 언어의 설계가 최적임을 가정한 것이지만, 실제 언어에는 three books(책 세 권)에서의 복수표지 -s처럼 많은 군더더기나 중복성분이 있다는 것을 지적하였다. 중국어의 대언은 중복을 피하지 않는다. 감정 표현과 의미 전달이 일체를 이루기 위해서는 일부 어휘를 반복할 수밖에 없다.

병렬 처리의 개념은 상당히 중요하다. 만약 처리가 계산이라면 병렬 처리는 병렬 계산이 필요하다. 전통적인 컴퓨터가 처리하는 것은 2진 체계로 부호화한 정보이다. 비트(bit)는 정보의 최소 단위로 0 또는 1을 의미하는데, 이는 전기회로의 on/off에 대응한다. 그런데 양자컴퓨터에서 하나의 비트는 0 또는 1의 가능성 외에 0과 1의 중첩을 나타낼 수도 있고, 또 **동시에** 0과 1을 기록할 수도 있는데, 이를 '양자 비트(qubit(quantum bit), 量子比特)'라고 한다. 예를 들어 컴퓨터가 10비트의 정보를 판독하여 얻은 것은 10자리의 2진수(예를 들면 1010101010) 하나만이 아니다. 사실상 모든 비트들이 0과 1의 중첩 상태(superposition state, 叠加态)이기 때문에 컴퓨터가 처리하는 것은 210개의 10자리 수 중첩인 것이다. 이는 바꾸어 말하면, 똑같은 10비트 정보를 판독할 경우 기존 컴퓨터는 10자리의 2진수만 처리할 수 있는데 비해서, 양자컴퓨터는 210개의 10자리수를 병렬 처리할 수 있는 것이다.(曹天元 2005:253-254) 양자 계산으로 보면, 중국어의 복합자(复合字) '陰阳(음양)'은 하나의 양자로, '陰'=0, '阳'=1이고, '陰阳'은 동시에 0과 1을 의미하며 0과 1의 중첩 상태이므로 하나의 양자 비트의 정보단위가 된다. 중국어는 호문 대언이 기본이기 때문에 양자 계산이 아니고서는 처리할 수 있는 방법이 없다.

④ 사슬대의 형성 원인

4.1 대화의 사슬성

사슬대의 형성 원인은 결국 대화가 겸어성과 사슬성을 가지기 때문이다. 제8장 '대화분석'에서 대화구조의 흔한 단위는 위아래 각 하나씩 두 개의 말차례로 이루어진 인접대라고 하기 보다는 오히려 '유발-응답-피드백(引发-应答-反馈)'의 세 말차례로 구성된 3연조로 보는 것이 더 낫다는 점을 설명하였다. 3연조에서 중간의 응답은 유발의 결과이면서 또 그 자체가 다음 응답을 유발한다.

A₁: Okay. 好吧。좋아.
B₁: Okay. 好吧。좋아.
A₂: Bye. 再见。안녕.
B₂: Bye. 再见。안녕.   Levinson 1983 : 325에서 재인용

이는 대화의 끝부분에서 가장 흔히 보이는 4개 말차례의 결합(기승전결)으로 중복형인 22식이다. 여기서 A₁의 Okay는 상대방에게 다른 할 말이 있는지 질문을 던지는 것이고, 이를 이어받아 응답한 B₁의 Okay는 대화를 끝내도 좋다는 것을 나타낸다. 이로써 A₂ Bye로의 대화 전환을 유발하였고, B₂는 이 유발에 대해 반드시 피드백을 함으로써 대화를 끝맺어야 한다. 이때 주의할 점은, 두 개의 AB대(중첩해서 하는 말 '好吧好吧', '拜拜'의 출처) 외에 대화 안의 B₁A₂라는 사슬대(위아래 문장인 '好吧, 再见'의 출처)가 상하 연결의 기능도 한다는 점이다. 이렇게 함으로써 대화의 기본단위인 인접대와 3연조의 통합이 가능하다. 이때 3연조는 두 인접대의 일반적인 변체로 볼 수 있다.

A₁:	Okay. 好吧。좋아.		A₁:	Okay. 好吧。좋아.
B₁/B₂:	Okay. 好吧。좋아.	또는	B₁/B₂:	Bye. 再见。안녕.
A₂:	Bye. 再见。안녕.		A₂:	Bye. 再见。안녕.

'老驥伏枥'의 경우는 대화중에서 다음과 같은 '무종지대(流水对)'에 기초한 것이다.

갑₁: 老者, 何也? 늙은 것은 무엇인가?

을₁: 老者, 驥也。늙은 것은 천리마이다.

갑₂: 驥者, 何如也? 천리마는 어떠한가?

을₂: 驥者, 伏也。천리마는 엎드려 있다.

갑₃: 伏者, 何也? 엎드린 곳은 어디인가?

을₃: 伏者, 枥也。엎드린 곳은 말구유이다.

이 같은 겸어식의 동적인 무종지대는 **부분적으로 공유하는** 문법과 의미의 구조를 대화 양측이 일반적으로 모두 가지고 있음을 의미한다.(Cann *et al.* 2005:9.3)

4.2 1보 선행 전략

대화에서부터 독백의 병행서술(분리서술, 平叙12))에 이르기까지 채택한 전략을 '1보 선행(anticipatory strategy, 先行一步) 전략이라고 한다. 이는 다음 한 단락의 서술을 예로 들어 설명할 수 있다.(沈家煊 1989)

修改的范围不大，主要是换掉一些例句。原来的例句大多数取自当时的报刊，现在有不少过时了。要彻底改变这种情况，显

---

12) 역자주: 平叙(병행 서술): 두 가지 또는 그 이상의 일을 나누어서 서술하는 형식.

然是不可能，只能把少数非改不可的例句改掉。

　수정의 범위는 크지 않고 주로 예문 몇 개를 바꾸는 정도이다. 원래의 예문 대다수는 당시의 신문과 간행물에서 발췌한 것인데, 지금은 시대에 뒤떨어진 것이 많다. 이 같은 상황을 획기적으로 바꾸기는 사실상 불가능하므로 반드시 고쳐야 할 일부 소수의 예문만 수정할 수밖에 없었다.

吕叔湘·朱德熙『语法修辞讲话』재판 머리말

　이 단락의 내용은 다음과 같은 작자와 독자 사이의 대화로 분해, 환원될 수 있다.

독자: 修改的范围大不大?

　　　수정의 범위가 큽니까?

작자: 不大。

　　　크지 않습니다.

독자: 主要修改了哪些内容?

　　　주로 어떤 내용을 수정했습니까?

작자: 换掉一些例句。

　　　일부 예문을 교체했습니다.

독자: 原来的例句怎么了?

　　　원래 예문이 어땠습니까?

작자: 大多数取自当时的报刊, 现在有不少过时了。

　　　대다수가 당시의 신문에서 발췌한 것들이어서 지금은 시대에 뒤떨어진 것이 많습니다.

독자: 能不能彻底改变这种情况?

　　　이런 상황을 완전히 바꿀 수 있습니까?

작자: 显然是不可能。

　　　불가능합니다.

독자: 那怎么办?

그러면 어떻게 해야 합니까?

작자: 只能把少数非改不可的例句改掉。

반드시 고쳐야 할 일부 소수의 예문만 수정할 수밖에 없습니다.

또 다시 『용수구(龙须沟)』에 나오는 경찰의 독백 한 단락을 가지고
설명해 보자.

这回事儿还算好, 没有伤了人。大家的东西呢, 来得及的我
们都给搬到炕上去了。现在, 雨住了, 天也亮了, 大家愿意回家
看看去呢, 就去 ; 愿意先歇会儿再去呢, 西边咱们包了两所小店
儿, 大家随便用。

이번 일은 그런대로 괜찮은 편이야, 사람을 다치게 하지 않았으니. 여
러분들의 물건은요, 옮길 수 있는 것은 우리가 모두 온돌방으로 옮겼습
니다. 지금 비가 그치고 날도 밝았으니, 모두들 집에 가보고 싶으면 가
세요. 먼저 좀 쉬었다가 가고 싶으면 서편에 우리가 가게 두 곳을 전세
내어 놓았으니, 모두들 마음대로 사용하세요.

마찬가지로 이 독백은 경찰과 군중 사이의 대화로 분해, 환원할 수
있다.

경찰: 这回事儿还算好。

이번 일은 그런대로 괜찮은 편입니다.

군중: 怎么还算好?

어떻게 그런대로 괜찮아요?

경찰: 没有伤了人。

사람을 다치게 하지는 않았거든요.

군중: 大家的东西呢?

사람들의 물건은요?

경찰: 来得及的我们都给搬到炕上去了。

옮길 수 있는 것은 우리가 모두 온돌방으로 옮겼습니다.

군중: 现在雨住了天也亮了, 大家愿意回家看看去呢?

지금 비가 그치고 날도 밝았으니, 모두들 집에 가 보기를 원하나요?

경찰: 那就去吧!

그렇다면 가세요.

군중: 愿意先歇会儿再去呢?

먼저 좀 쉬었다가 가고 싶다면요?

경찰: 西边咱们包了两所小店儿, 大家随便用。

서쪽에 우리가 가게 두 곳을 전세 내어 놓았으니, 모두들 마음대로 사용하세요.

맨 처음과 끝의 두 말차례를 제외한 나머지 말차례는 모두 앞의 문장을 받아서 뒤의 문장을 잇고 있다. 이것은 독백하는 사람이 병행서술을 할 때 '1보 선행' 전략을 취하고 있음을 나타낸다. 즉, 청자가 어떤 질문을 하거나 어떤 반응을 보일지를 미리 예상하고, 이를 화자 자신이 먼저 화제로 제시하여 설명을 하는 것이다. 독백의 첫 네 마디를 절취하여 분석하면, 그 안에는 다음과 같이 세 개의 주어-술어의 대가 포함되어 있다. 이들은 앞뒤로 사슬식으로 연결되어 문장을 이루고 있다.

这回事儿还算好, 没有伤了人, 大家的东西呢, 来得及的我们都给搬到炕上去了。

주어1-술어1   주어2-술어2   주어3-술어3

그런데 이것이 유일한 분석법은 아니며, 여러 층의 다겹 단계로 분석할 수도 있다. 즉, '这回事儿还算好'은 대주어이고, '没有伤了人'에서 끝까지는 모두 이 주어에 대한 술어가 된다. 이 대주어 안에서 첫머리의 '没有伤了人'은 다시 주어이고, 뒤의 두 문장은 이 주어에 대한 술어가 된다. 그런데 이 술어 안에서 다시 '大家的东西呢'는 주어가 되고, 마지막 한 문장은 술어가 된다. 사슬식 연결과 다겹 단계라는 두 가지 분석법은 서로 통하는데, 그것은 대화 중간의 구절들이 모두 주어와 술어(또는 술어의 일부)를 겸한다는 점이다. 이에 대해서는 제9장 '大型白色自动洗衣机'에 대한 상호 수용 가능한 두 가지 분석법을 참고할 수 있겠다.

정리하면, XYZ로 이루어진 한 단락의 글 가운데 한 부분 XY나 YZ를 절취하여 정적인 분석을 하면 주어는 앞, 술어는 뒤로 주어와 술어의 구분이 명확하다. 그런데 연속이라는 동적 측면에서 보면, 주어와 술어의 경계가 명확하지 않다. 주어는 모두 유발된 반응이나 술어이며, 또 술어는 모두 실제의 또는 잠재적인 주어이다.

중국어 무종지문의 구조는 바로 평접형 사슬대 격식이다. 이러한 형식과 의미상의 순차적인 점층구조는 '한 번에 하나의 신정보(一次一个新信息)'라는 구어 정보전달의 화용원칙을 따른다. 팡메이(方梅 2005)는 구어에서 이러한 단일 신정보 제한은 표현 단위의 번잡함을 제약하는 중요한 요소이며, 만약 화자가 두 개 이상의 신정보를 전달하려면 이들을 분리하여 각각의 독립된 어조 단위로 만들어야 한다고 지적하였다.

중국어의 선형 연결은 사슬대를 통해 이루어지며, 기승-전결의 22식 4자격을 기본적인 사슬대의 형식으로 한다. 사슬대와 확대·축소대는 서로 밀접하게 교차하기 때문에 중국어는 '대가 기본이 되어 대구식 연결을 한다(以对为本, 对而有续)'고 말한다.

CHAPTER 13 다중대

중국어는 대를 기본으로 하며, 확대·축소대(缩放对)와 사슬대(链接对)는 모두 대언격식이 문장(단문과 복문)의 경계를 넘어 단어·구·단락·텍스트를 관통한 것이다. 다중대(多重对)는 대언격식이 음성·문법(문형(语形)이라고도 함)·의미·화용을 관통하는 것으로, '음(音)·형(形)·의(义)·용(用)의 4중대(四重对)'라고 할 수 있다. 중국인들은 시를 쓰거나 글을 쓸 때, 또 연설을 할 때도 모두 이 네 가지 요소를 종합적으로 고려하여 각각의 상황에 가장 적합한 대언 표현 형식을 선택함으로써 정연함과 대칭 가운데서도 변화를 추구하였다. 다중대는 통사(syntax)[1]만 말하거나 통사와 의미만 말하고 음성과 화용은 논외로 하는 인도유럽식의 편협한 문법을 초월한다.

❶ 중국어 대문법

중국어의 문법을 '대문법(大语法)'이라 하는 것은 두 가지를 의미

---

1) 저자주: 협의의 문법은 syntax(통사)를 가리키는데, 이것이 기호학에서는 문형론(语形学)에 속한다.

한다. 하나는 위로 단문과 복문의 범위를 초월하고, 아래로 조어법을 포함하는 것이다. 다른 하나는 중국어 문법이 음·형·의·용의 네 가지 측면을 모두 고려한다는 것이다. 이 네 가지 요소는 분석할 수는 있지만 분리할 수는 없는데, 그 이유는 분리하면 대문법의 완전성이 파괴되기 때문이다.(沈家煊 2016a:411-412, 2017a) 중국어 대문법이 만들어진 근원은 중국어가 글자(字)를 기본단위로 하며, 글자는 자형(字形)과 자의(字义), 자음(字音), 자용(字用)의 복합체라는 데 있다. 중국어의 '글자 중심(字本位)'설에 대해서는 판원궈(潘文国 2002)와 쉬퉁창(徐通锵 2008)을 참조할 수 있다.

1.1 용법과 문법

문법은 규칙의 지배를 받는 자족적인 체계이며, 구체적인 상황에서 어구의 사용은 화용법(약칭 용법(用法))에 속하기 때문에 문법과 화용법은 성질이 다른 두 가지 범주라는 것이 서양 언어학의 주류 관점이다. 예를 들어 명사와 동사는 추상적인 문법의 범주에 속한다. 이들은 구체적인 문구 안에 들어가야 비로소 지칭어와 진술어가 되는데, 이는 구체적인 화용의 범주이다. 영어 명사 tiger는 직접 지칭어가 될 수는 없으며, 일반적으로 정관사 the, 부정관사 a, 수량사, 복수표지 등을 붙여야 지칭의 기능을 한다. 그런데 이와 달리 중국어는 '老虎(호랑이)'는 명사이면서 지칭어여서 직접 각종 지칭의 기능을 한다. 예를 들어, '老虎是危险动物(호랑이는 위험한 동물이다)'라는 문장에서 '老虎'는 한 종류의 동물을 총칭(通指)하지만, '老虎笼子里睡觉呢(호랑이는 우리 안에서 자고 있다)'에서는 어느 한 마리 또는 일부 호랑이를 한정(定指)한다. 그런데 '他终于看见老虎了(그는 마침내 호랑이를 보았다)'에서 '老虎'는 앞뒤 문맥에 따라 한정이나 비한정이 될 수도 있고, 특정한 어느 한 마리를 가리키는 특지(特指)가 될 수도 있다. 동사도 마찬가지다. 중국어 동사 '看见(보다)', '睡觉(자다)'는 직접 진술어가 되지만, 영어의 원형동사 see와 sleep은 반드시 saw, sees, are sleeping 등의 한정형식이 되어야 진술어로 쓰인다. 중국어 문법범주의 명사와 동사는 곧 화용범주의 지칭어와 진술어이다. 이는 자오위안런(赵元任)이 중국어는 주어(문법범주)가 곧 화제(화용범주)라고 말한 것과 일치한다.(Part1 제2장에서 서술) 중국어는 용법이 문법을 포함하는 '용체포함(用体包含)'의 구도를 보이고(沈家煊 2016a:1), 사용(用)을 기본으로 함으로써 문법과 용법이 최대한 하나로 통합된다.

중국어 실자(实字)와 허자(虚字)의 차이는 인도유럽어 function word(기능어)와 content word(내용어)의 차이와는 달리, 허와 실의 구별이 '화용'에 치중된 용법상의 차이를 말한다. 이에 대해서는 제11장에서 이미 상세하게 서술하였다.

제8장에서 설명하였듯이 부정형식의 정반의문(是非问)에 대답을 할 때 영어와 중국어의 단어 사용은 공교롭게도 정반대이다. 영어는 no를 사용하지만 중국어는 '对(맞다)'를 사용하고, 영어는 yes를 사용하지만 중국어는 '不对(그렇지 않다)'를 사용한다. 이러한 중대한 차이가 생기는 이유는 다음과 같다. 영어의 대답은 주술구조가 표현하는 명제 내용에 대해서 긍정 또는 부정을 표시하는 것으로, 순수한 문법적 성격을 띤다. 이와 달리 중국어의 대답은 상대방의 화행이 옳고 그름을 판단하는 것이며, 이와 동시에 언급된 명제 내용의 참과 거짓에 대해 판단을 내리는 것이기 때문에 근본적으로는 화용적인 성격을 띠며, 용법 속에 문법을 포함하고 있다.

중국어는 전통적으로 문체의 차이를 중시해 왔다. 문체는 크게 의론

(论议)과 서술(叙述)의 두 가지로 나뉘는데, "의론은 유창함을 중시하고, 서술은 간결함을 중시한다.(论议贵畅, 叙述尚简)"(郭绍虞 1979: 147) 문체를 논하는 것은 마치 화용의 문제를 논하는 것과 같아서 문법과는 상관이 없는 것처럼 보이는데, 이것은 사실 인도유럽어의 안목이다. 중국어는 문법을 논할 때 문체를 논하지 않을 수가 없으며, 문체를 논하는 것이 바로 문법을 논하는 것이다. 선쟈쉬안(沈家煊 2016a:351-357)은 논증을 통하여 중국어 문법의 영역을 다음과 같이 구분하였다.

확정/시비/비직접진술	서술/유무/직접진술
是 / 的	有 / 了

문법에서 확정(肯定)과 서술(叙述)의 영역, 의미에서 시비(是非)와 유무(有无)의 영역, 화용(어기)에서 비직접진술(非直陈)과 직접진술(直陈)의 영역이라는 세 가지 영역은 모두 형식적으로 '是'와 '有'의 구분과 문미의 '的'와 '了'의 구분으로 나타난다. 고대중국어에서는 이 것이 '也'와 '矣'의 구분으로 나타난다. 따라서 문법과 의미, 화용은 반드시 함께 논의해야 한다.

중국어의 어순은 묵시적인 정보전달의 원리를 따라 쉬운 것은 먼저 말하고, 어려운 것을 뒤에 말한다. 이는 사용하기 편리하고 효율성을 추구하는 어순으로, 본질적으로는 '사용 순서(用序)'이다. 이에 대해서는 제10장을 참조할 수 있다.

중국어 대문법은 감정 표현(传情)과 의미 전달(达意)이 일체화된 것이다. 여기서 '意'는 의의와 의미를 모두 포함하며, 문장을 통한 명제 표현 및 의도와 정서의 전달까지도 포함한다. 이에 대해서는 제8장을 참조할 수 있다.

요컨대, 서양 언어학의 주류는 문법과 용법이 분리되어 있고 일부의 교집합이 있을 뿐이라고 생각하며, 교집합 부분을 문법 - 화용의 경계면이라고 부른다. 반면, 중국어는 문법이 용법의 부분집합으로 용법 안에 포함되어 있기 때문에 이러한 경계면이 아예 존재하지 않는다.

언어 진화의 측면에서 보면, 문법은 용법으로부터 점차 형성된 것으로 본래는 용법 안에 포함되어 있었다. 이후 인도유럽어에서는 문법이 용법으로부터 독립되어 나왔지만, 중국어의 문법은 용법으로부터 아직 독립되지 않았다.

1.2 문법과 운율

서양의 언어학에서 문법과 운율은 당연히 두 개의 독립된 범주이다. 영어의 경우 운율의 기본단위는 foot(음보)이다. 이는 하나의 강세 음절에 하나 또는 두세 개의 약한 음절(비강세 음절)로 이루어진 것으로, 문법단위와는 다르다. 예를 들어 Little Miss Muffet sat on a tuffet(작은 머펫양은 침대에 앉았다)라는 문장의 경우, 음보의 결합은 하나의 편평구조 [**Lit**-tle-Miss][**Muf**-fet][**sat**-on-a][**tuf**-fet]이다. 그런데 문법단위의 결합은 주어와 술어로 이분된 하나의 계층구조 [Little [Miss Muffet]] [sat[on[atuffet]]]이다. 따라서 이 둘은 일치하지 않으며, 둘 사이의 대응관계를 연구하는 것은 이른바 '운율문법(韻律语法)'의 범위에 속한다. 그런데 중국어의 경우는 이와 달리 단음절의 글자가 문법의 기본단위이자 운율의 기본단위가 된다. 예를 들면, '床前明月光, 疑是地上霜(침상 앞에 밝은 달빛, 땅 위의 서리인가 했네)'은 글자마다 완전한 성조를 가지고 있고, 음의 강약과 길이의 차이가 매우 작다.

따라서 중국어의 리듬 특징은 자오위안런이 말한 바와 같이 고도의 '단음조'를 보인다. 앞 장에서 설명한 바에 따르면, 이 두 시구의 문법 구조는 평평하게 나열한 사슬대 구조로, 운율구조와 문법구조가 완전히 일치한다.

　과거에는 인도유럽어 문법 관념의 지배를 받은 두 가지 견해가 있었다. 하나는 운율단위의 경계와 문법단위의 경계가 일치하지 않음으로 인해 '경계를 뛰어넘는(跨界)' 경우가 많다는 견해이다. (王洪君 2002) 이는 인도유럽어 주술문의 계층구조에 따라 문법단위를 나눔으로써 얻은 결론이다. 예를 들어 '她想买把小花雨伞(그녀는 작은 꽃무늬 우산을 하나 사고 싶어 한다)'의 경우, 문법적인 계층구조는 [她[想[买[把[小[花[雨伞]]]]]]]이다. 하지만 운율단위의 구분은 '她想 | 买把 ‖ 小花 | 雨伞'인데, 이는 여러 차례 발음기록에 대한 추민(初敏 2004) 등의 검증을 거친 결과이다. 그런데 확대·축소형 대언 형식에 따라 문법단위를 나누면 운율단위와 같이 '她想 - 买把 - 小花 - 雨伞'으로 나뉜다.(이러한 구분을 막을 이유가 없는데, 이에 대해서는 제11장 참조) 이 대언격식은 운율구조이면서 곧 문법구조이기 때문에 운율단위와 문법단위가 불일치한다거나 경계를 뛰어넘는다고 말을 할 수가 없다. 또 '职业医师资格考试(직업의사 자격시험)'를 예로 들면, 문법적인 계층구조는 [职业[医师[资格[考试]]]]이고, 운율구조는 평평하게 나열되는 [职业 | 医师 ‖ 资格 | 考试]여서 불일치하는 것처럼 보인다. 하지만 문법을 편평구조에 따라 '职业 - 医师 - 资格 - 考试'로 분석한다면 역시 운율과 문법의 불일치나 경계 초월의 문제는 존재하지 않는다.

　또 하나의 견해는 중국어에 운율이 문법구조를 압도(韵律压倒语法)하는 경우가 많다는 것이다. 예를 들어, 당시(唐诗) '花迎喜气皆

知笑2)(꽃들은 기쁜 기운을 맞으니 모두 다 웃을 줄 아네)'라는 구는 문법구조상으로는 '花 | 迎喜气(주술)'이지만, 운율 습관에 따라서 '花 迎 | 喜气'로 읽는 경향이 있다. 이는 운율이 문법을 압도한 것이기 때문에 중국어의 운율도 문법으로부터 독립되어 있다고 본다. 이러한 견해의 문제점은 주술, 수식(定中), 동목 등 몇 가지 문법구조를 미리 설정해 놓은 다음, 운율이 이들을 따르는지 아니면 압도하는지를 살펴본다는 것이다. 하지만 이는 중국어의 실제 모습에 부합하지 않는다. 단음절과 쌍음절이라는 단서를 제외하면, 중국어 글자 조합(字组)이 어떤 구조인지 명확하게 나타낼 수 있는 형식이란 없다. 중국어의 구조 유형은 불확실성의 특징이 있다.(제9장) 대언문법의 관점에서 보면, '花迎 | 喜气'는 하나의 주어성 지칭어 - 술어성 지칭어의 대이고, 또 '花迎'과 '喜气'도 각각이 주어성 지칭어 - 술어성 지칭어의 대가 된다. 안구운동에 관한 한 실험(Chen, Gu &Scheepers 2016) 결과, 적어도 읽을 때는 '花迎喜气'가 '花 | 迎喜气'나 '花迎 | 喜气'로 나누기 때문에 의미 이해에 대한 인지 가공에는 심각한 영향이 없다. 또 '春眠不觉晓, 处处闻啼鸟(봄잠에 날 밝은 줄 몰랐는데, 여기저기서 새 지저귀는 소리 들려오네)'라는 연에서 '不觉晓'의 문법구조도 역시 '不 | 觉晓('闻 | 啼鸟'와 같다)'로 나눌 수 있음은 물론이고, 설령 '不觉 | 晓'로 나눈다고 해도 앞뒤 구가 모두 23식이 되므로 반두율(半逗律)3)을 준수한다.(이에 대한 자세한 내용은 아래에서 서술하고자 한다)

따라서 '운율이 문법을 압도한다'는 견해는 기껏해야 음·형·의·용

---

2) 역자주: 王维「旣蒙宥罪旋复拜官, 伏感圣恩窃」.
3) 역자주: 린경(林庚 1957)이 주장한 것으로, 시에서 구두작용을 통해 시행을 대략 절반으로 나누는 일종의 중간 휴지로 볼 수 있다.

의 여러 가지 요소를 종합적으로 고려할 때 상대적으로 운율 쪽에 치우친다는 의미 정도로만 이해할 수 있을 뿐이다. 하지만 중국어에 대한 우리의 문법 분석이 주술구조와 계층구조에 얽매이지 않고 대언격식과 편평구조에 착안한다면, 오히려 역설적으로 대언격식을 중심으로 하는 중국어 문법과 운율은 전체적으로 고도로 일치한다고 말할 수가 있다.

각 글자가 모두 의미를 가지고 있기 때문에 단음자와 쌍음자의 선택 및 단·쌍음절의 조합은 중국어에서 단순히 운율의 문제만이 아니다. 그것은 문체 풍격 외에 문법, 의미와도 직접적인 관계가 있다. 예를 들어, 단음절 명사인 '车(차)'와 '窖(지하실)'는 '车水(수차로 물을 퍼 올리다)', '车垃圾(쓰레기를 차로 운반하다)', '车零件(부품을 차로 운반하다)', '窖了一批白菜'(배추 한 무더기를 움막에 저장하다), '把白薯窖起来(고구마를 움막에 저장하다)'와 같이 동사용법을 파생시킨다. 그런데 만약 이를 쌍음절 명사인 '汽车(자동차)', '车辆(차량)', '菜窖(야채를 넣어두는 움막)'로 바꾸면 이러한 동사용법은 사라진다. 뤼수샹(呂叔湘 1963)은 일찍이 쌍음+단음의 조합(약칭 2+1식)은 '煤炭店(석탄 가게)', '手表厂(시계 공장)', '汽车库(차고)'와 같은 복합명사를 만드는 경향이 있으며, 이를 1+2식의 '煤商店', '表工厂', '车仓库'라고 말하지는 않음을 발견하였다. 그런데 단음+쌍음의 조합(약칭 1+2식)은 '租房子(집을 임대/임차하다)', '买粮食(식량을 사다)', '做调查(조사를 하다)'와 같은 동목구를 만드는 경향이 있으며, 이를 2+1식의 '租借房', '购买粮', '进行查'라고 말하지는 않음을 발견하였다. 어떤 이는 이러한 현상을 중국어의 '정상적인 리듬 상태(节律常态)'라고 하였다.(王洪君 2001)[4] 이를 통해 단·쌍음절의 구별과 조합 방

---

4) 저자주: 이는 구조유형의 관형어 – 중심어 수식관계와 동목관계를 구분해서

식은 표면적으로는 운율 현상이지만, 사실은 **중국어 자체의 특유한 일종
의 문법적인 형태수단**이라는 것을 알 수 있다. 이것이 바로 중국이 전통
적으로 글의 운율을 중시하는 이유이다. 『문심조룡(文心雕龙)』에서는
글을 무용 음악에 비유하여, '춤추는 모습이 빙빙 돌지만 멈추었다 움
직이는 일정한 위치가 있고, 노랫소리가 화려하면서 길게 끌지만 올렸
다 떨어뜨리는 리듬이 있는 것과 같다(舞容回环, 而有缀兆之位, 歌
声靡曼, 而有抗坠之节)'고 하였다. 장구(章句)의 완급과 밀도도 모두
'변화에 따라 적절'해야 한다.

　요컨대, 중국 언어학에서 연구하는 '운율문법'은 원래부터 문법에
포함되어 있다. 그것은 운율과 문법의 교집합이 아니라 문법의 일부이
다.(沈家煊 2017d) 글자를 풀어서 문장을 만들 때 중국인들은 처음부
터 글자 조합의 구조관계와 의미관계, 풍격 색채, 운율 리듬 등을 종합
적으로 고려하였다. 이 요소들은 분석할 수는 있지만 따로 분리할 수
는 없다. '无肺病 | 牛', '无 | 肺病牛', '无肺 | 病牛'와 같이 중의성을
해소할 필요가 있을 때에는 운율 쪽에 중점을 두고 글자 조합의 소밀
변화를 이용할 수 있다. 운율수단 자체가 중국어 대문법의 한 형태수
단이기 때문에 다중대에서 '성운대(声韵对)'가 차지하는 중요한 지위
에 대해서는 특별히 설명할 필요가 있다.

② 성운대

　중국어의 대언문법은 대화에 뿌리를 둔다. 쿠퍼-쿨렌과 셀팅(Couper-

　말한 것으로, 전반적으로 보면 중국어 리듬의 정상적인 상태는 균일한 1+1식
　과 2+2식이다. 이에 대해서는 제11장 참조.

Kuhlen & Selting 2018)은 대화와 운율은 본래 불가분의 관계로, 운율은 거의 모든 대화 행위와 관련되어 있는 일종의 중요한 상호작용의 전략이자 수단이라고 보았다. '성운대'의 근원은 대화의 운율에서 비롯되었는데, 치궁(启功 1997:5)은 음성의 억양이 문답과 관계가 있음을 지적하였다. 문답은 곧 위아래 문장인데, 베이징 속담에 '상승조로 물으면 하강조로 대답하고, 하강조로 물으면 상승조로 대답하라(高问低答、低问高答)'는 말이 있다. 예를 보자.

A: 您上哪儿? 어디에 가세요? (상승조)
B: 我到学校。 학교에 가. (하강조)
A: 你真用功! 정말 열심히 하시는군요! (하강조)
B: 哪里? 明天要考啊! 아니야. 내일이 시험이야! (상승조)

대의 구성과 평측의 대응은 원리가 같다. 이 장에서는 둘과 넷 채우기(凑双四), 반두율(半逗律), 쌍성첩운(双声叠韵), 평평측측의 네 가지 방면에서 성운대와 그것의 중요성을 설명하고자 한다.

2.1 둘과 넷 채우기

'둘과 넷 채우기(凑双四)'는 성운대의 가장 중요한 표현이다. 『문심조룡· 여사편(文心雕龙·丽辞篇)』에서는 '짝수의 글은 편안하기 쉽지만, 홀수의 글자는 편안하기 어렵다(偶语易安, 奇字难适)'[5]라고 하였

---

5) 역자주: 저자는 이 문구를 다른 학자의 글에서 재인용하였으나, 확인 결과 『문심조룡·여사편』에는 이 문구가 없으므로 출처에 대해서 새로이 고찰을 할 필요가 있음을 전해왔기에 밝히는 바이다.

다. 단음절과 쌍음절의 조합 2+1식과 1+2식은 문법구조의 유형이 복합명사인지 동목구인지 대부분 구별이 가능하다. 따라서 운율문법을 연구하는 사람들은 여기에 초점을 맞춰서 '2+1'식은 단어를 만들고, '1+2식'은 구를 만든다는 규칙(冯胜利 1997, 2000)을 제시하기도 하였다. 이 문제는 지금도 여전히 연구의 주요 쟁점이다. 이러한 연구는 단어와 구, 그리고 명사와 동사는 반드시 이분 대립한다는 관념을 근거로 한다. 그런데 이 두 관념은 모두 인도유럽어의 문법에서 왔기 때문에, 위의 규칙에 반하는 많은 반례에 직면했을 때 지금까지는 설명이 상당히 복잡하고 어색하였다. 그런데 만약 중국어의 대문법은 대언문법이라는 것에서 출발하여 전체를 종합적으로 본다면, 중국어에서 더 중요한 현상은 둘과 넷을 채우는 것이 될 것이다. 문법구조의 유형이 단어이든 구이든 상관없이, 또 수식구조이든 동보, 주술, 연합구조이든 상관없이 전체적인 경향은 다음과 같다. 대칭적인 1+1식과 2+2식('대칭대(正对)'라 할 수 있음)은 제약을 받지 않지만, 비대칭적인 1+2식과 2+1식('비대칭대(偏对)'라 할 수 있음)은 제약을 받는다는 것이 중국어 '리듬의 정상적인 상태(节律常态)'이다. 이에 대해서는 제7장 '대언완형'에서 상세히 설명하였다. 음절의 대칭적인 결합이 우선권을 가진다는 것은 중국어는 대칭을 기본으로 하며, 음절의 대칭이 중국어 자체의 문법격식이라는 것을 의미한다. 따라서 먼저 왜 둘과 넷을 채우는가와 대칭이 우선인가라는 근본적인 문제에 **연구의 중점**을 두고 이 문제를 해결해야 할 것이다. 이에 대해서는 4언격의 형성 원인을 논술한 제11장을 참조할 수 있다.

뤼수상(吕叔湘 1963)의 독창적인 논문 「현대중국어 단·쌍음절 문제 초탐(现代汉语单双音节问题初探)」에서 논술하는 중점 내용은 둘과 넷 채우기이며, 2+1과 1+2라는 구조유형의 차이는 단지 부수적인 설명일 뿐이다. 이 논문은 수많은 둘과 넷 채우기의 예를 제공하고 있다. 넷을 채우는 것도 역시 둘을 채우는 것인데, 4자격도 22식이기 때문이다.

a. 日月星辰 해와 달과 별
   牛羊马匹 소와 양과 말
   桌椅板凳 책상과 의자와 걸상
   坐卧行走 앉고 눕고 걷다
   门窗墙壁 문과 창문과 벽
   瓜菜豆角 박과 채소와 콩깍지
   耳鼻咽喉 귀와 입과 목구멍
   吃喝玩乐 먹고 마시고 놀다

b. *新旧书
   新书旧书 새 책과 헌 책
   新旧图书 신구도서
   *大小事
   大事小事 큰 일 작은 일
   大小事务 대소사

c. *真刀枪
   真刀真枪 진짜 칼과 진짜 총
   *屋前后 屋前屋后 집 앞과 집 뒤

d. 旧衣旧裳 낡은 옷
   闲是闲非 쓸데없는 시비
   怪模怪样 기묘한 모양
   一模一样 똑같은 모양이다
   无拘无束 아무런 구속이 없다

老夫老妻 노부부

一干二净 하나도 남김없이 모조리

七荤八素 7가지 고기요리와 8가지 채소요리. 얼떨떨하다

千辛万苦 천 번의 고생과 만 번의 고통

三朋四友 어중이떠중이

e. 荒乎其唐 황당무계하다

冤哉枉也 억울하기 짝이 없다

微乎其微 매우 작고 보잘 것 없다

难而又难 매우 어렵다

久而久之 오랜 시일이 지나다

自然而然 자연스럽게

a는 3개의 개념을 4글자로 표현한 경우이고, b-d는 중복(또는 준중복)을 피하지 않고 넷을 채운 경우이며, e는 보조자(衬字)를 추가하여 넷을 채운 경우이다. 비대칭적인 2+1이나 1+2는 제약을 받으며, 또 말을 할 때 흔히 단음자를 길게 늘여 앞뒤의 길이를 같게 대칭을 만들기도 한다. 예는 다음과 같다.

相信ㅣ党— 당을 ㅣ믿다   喜欢ㅣ钱— 돈을 ㅣ좋아하다

批发ㅣ酒— 술을 ㅣ도매하다   纸—ㅣ老虎 종이 ㅣ호랑이

铁—ㅣ娘子 철의 ㅣ여인   花—ㅣ蝴蝶 꽃 ㅣ나비

중국어의 시와 사에도 3언1구의 리듬이 없지는 않다. 사에는 「서강월(西江月)」이 있고, 곡(曲)에는 「천정사(天净沙)」가 있다. 또 신시의 유명한 구절 중에는 원이둬(闻一多)의 '老头儿, 和担子, 摔一跤, 满地是, 白杏儿, 红樱桃(노인은, 짐과, 같이 넘어졌는데, 땅바닥이 온통

흰 살구, 붉은 앵두다)'도 있다. 하지만 이러한 리듬은 결국은 소수에 불과하다. 표준중국어인 보통화에서 3자 조합의 리듬은 '大栅栏(큰 울타리)'을 [dàshilàn]으로 읽는 것과 같이 일반적으로 가운데 글자를 가볍게 읽는다. 또 원이둬 시의 3자 조합은 대부분 마지막 글자가 경성이어서 둘을 채우려는 경향이 있다. '抓革命促生产(혁명을 독려하여 생산을 촉진하다)', '深挖洞广积粮(구멍을 깊게 파서 식량을 넓게 쌓다)'처럼 3언식 역시 주로 대우(对偶) 형식을 사용한다. 저우런(周韧 2017, 2019a)은 쌍음 조합과 4음 조합 모두 중국어의 일급 운율단위이지만, '*吃喝/吃喝玩乐样样精通(먹고 마시고 놀고 즐기는 모든 것에 정통하다)', '*鸡鸭/烧鸡烤鸭地吃(닭구이니 오리구이니 모두 먹다)'에서 보듯이 2음은 성립하지 않고 4음은 성립하는 대립되는 면이 있음을 논증하였다. 4음 조합은 성운대의 근간으로, 아래로는 22식으로 나누고, 위로는 44식과 88식으로 조합된다.

둘과 넷을 채우려는 경향과 대칭적인 '정대칭'이 우선되는 이유에 대해서는 제11장 '확대·축소대의 형성 원인' 절에 상세히 논한 바 있다. 중국어는 단음절 언어이므로 둘과 넷 채우기의 기초는 둘 채우기이고, 둘 채우기의 기초는 단음절의 글자가 기본단위가 된다. 각각의 글자는 음·형·의·용에서 등가이다. 과거에는 중국어 문법을 논할 때 하나의 단음절 글자가 단독으로 사용될 수 있는지 여부를 지나치게 강조하여, 이를 단어와 구를 구분하는 중요한 기준으로 삼았다. 하지만 결과적으로 단어와 구는 여전히 명확히 구분할 수가 없는데, 이는 단어와 구가 반드시 이분되어야 한다는 인도유럽어의 입장에서 초래된 것이다. 글자를 중심으로 하는 중국어에서 **글자를 단독으로 말할 수 있느냐 없느냐의 문제는 부차적인 것이다. 정작 중요한 것은 둘과 넷을 채우는 것이다.** 예를 들면, 단독으로 말할 수 없는 '桌', '椅', '房'의 세 글자는 '桌椅板凳(책걸상. 일반 가구의 총칭)', '有房有车(집도 있고 차도 있다)'와 같이 4자대언 속에서는 자주 등장한다. '4'는 단기기억 용량 및 주의력 지속 범위와 관련되는 민감한 숫자이다. 이러한 관련성은 아마도 강세와 길이가 같은 두 음절이 '阴阳(음양)', '天地(천지)' 등과 같이 대칭적인 2자 조합을 만드는 데 있을 것이다. 자오위안런(赵元任, Chao 1975)에 따르면, 이는 개념적으로 긴밀하면서 사용하기 편리한 블록(영어 male-female 및 earth-heaven의 비대칭과 비교 가능)을 형성하기가 쉬우므로 인지적으로도 처리하기가 쉽고, 방해 저항성도 강하다. 자오위안런은 중국 학생들이 영국 학생들보다 구구단(4언식)을 훨씬 빨리 암기한다는 것을 발견하였다. 이는 영어의 기수가 중국어만큼 질서정연하지 못하기 때문이다. 특히 eleven, twelve, thirty one과 같은 10 이상의 수는 더욱 중국어보다 정연하지 못하고 불규칙적이다. 만약 언어로 단기기억 용량과 주의력 지속 범위를 측정한다면 4에 대한 중국어의 민감도는 분명히 다른 언어보다 월등히 높을 것이다.

예전에 문장부호를 사용하지 않는 한문 문장도 사람들은 자연스럽게 구절을 나누고 의미를 명확하게 이해할 수 있었다. 그것이 가능한 주요 원인은 글자 수의 대응이 가이드라인이 되었기 때문이다. 궈사오위(郭绍虞 1979:249)가 제시한 유종원(柳宗元)의 『나무심기 달인 곽탁타 전기(种树郭橐驼传)』를 예로 들어보자.

凡植物之性, 其本欲舒, 其培欲平, 其土欲故, 其筑欲密 ; 既然已, 勿动勿虑, 去不复顾。
모든 식물의 본성은, 그 뿌리는 뻗어나가기를 바라고, 그 북돋움은 평평하기를 바라며, 그 흙은 본래의 것이기를 바라고, 그 흙의 다짐은 빈

틈이 없기를 바랍니다. 이미 그렇게 하였으면, 건드리지도 말고, 걱정하지도 말며, 방치하고는 다시 돌아보지 않아야 합니다.

글자 수의 대응(특히 4자격)은 중국어를 읽는 사람들의 일종의 심리적인 기대치이다. 짝을 맞추기 때문에 문장부호로 구를 나눌 필요가 없고, 또 문장부호로 구를 나누지 않았기 때문에 짝을 맞추는 것이다. 이 둘은 상호 의존한다. 반대로 고문에서 구를 잘 못 나눈 것도 역시 중요한 이 부분에 주의를 기울이지 않았기 때문인 경우가 많다. 『논어(论语)』와 『맹자(孟子)』의 각 구에 대한 단구 해석을 예로 들어보자.

民, 可使由之不可使知之。
백성은, 옳은 이치를 따르게 할 수는 있어도 그것을 알게 할 수는 없다.

民可, 使由之 ; 不可, 使知之。
백성이 된다고 하면, 옳은 이치를 따르게 할 수 있고, 안 된다고 하면, 그것을 알게 해야 한다. 　　　　　　　　　　　　　　　　　　　　　『论语 · 泰伯』

空乏其身, 行拂乱其所为。
(어떤 이에게 사명을 내리려 할 때)하늘은 그 사람의 육체를 고달프게 하고, 그의 행동이 그가 하려는 바를 어긋나게 하고 어지럽도록 한다.

空乏其身行, 拂乱其所为。
그 사람의 육체가 행하는 일을 고달프게 하고, 그가 하려는 바를 어긋나게 하고 어지럽힌다. 　　　　　　　　　　　　　　　　　　　　『孟子 · 告子』

각 쌍의 예에서 첫 번째 단구법은 말이 잘 통하지 않는다. 공자는 누구나 차별 없이 교육을 해야 한다고 주장했는데, 어떻게 '民不可使知

之(백성이 그것을 알게 할 수는 없다)'고 말할 수 있는가? 또 하는 바(所为)는 곧 행하는 바(所行)이고, 행하는 것(行)과 하는 것(为)이 모두 자기가 하는 것인데, 어떻게 '行拂乱其所为'라고 할 수 있는가? 각 쌍에서 아래 예문의 단구법은 앞뒤 글자 수가 대체로 같은 반두율(아래 참조)에 부합되어 대체로 말이 통한다.(金友博 2015:387, 427, 442)

글자 수 대응을 만드는 하나의 조건은 한 구의 자수가 너무 많지 않아야 한다는 것이다. 문장이 너무 길면 글자 수의 대, 즉 자수대(字数对)를 신경 쓸 겨를이 없다. 따라서 중국어의 무종지문(流水句)은 문장이 모두 짧고, 연설을 할 때는 5-6자마다 한 차례 멈추며, 심지어는 2자 또는 3-4자를 말하고 멈추는 경우도 있다. 행문의 수준을 중시하고 행운유수(行云流水)를 숭상하던 문인들 역시 이 점을 인식하였다. 그들은 문장의 리듬을 위해서는 4자구를 근간으로 3자와 5자를 겸용하며, 간혹 1구에 6-7자를 사용하는 경우도 있지만 이보다 더 길면 글이 아름답지 않다고 주장하였다.(邸永君 2016 참조)

2.2 반두율

린겅(林庚 1957)은 문장의 중간에 휴지를 두는 규칙인 '반두율(半逗律)'을 주장하면서, 중국의 시가는 항상 이 규칙을 준수해 왔다고 하였다. 반두율은 구체적으로 모든 시행의 중간에 긴 휴지를 넣음으로써 4언은 22, 5언은 23, 7언은 34와 같이 자연스럽게 시행을 대략 균등한 절반(최대 한 글자 차이)으로 나눈다는 것이다. 또한 린겅 스스로도 54, 44 리듬의 백화문으로 된 신시를 창작하기도 하였다. 그의 「초가을의 노래(新秋之歌)」를 예로 들어보자.

我多么爱那 | 澄兰的天，　나는 저 맑은 하늘을 얼마나 사랑하는지,
那是浸透着 | 阳光的海。　그것은 햇빛에 흠뻑 젖은 바다.
年轻的一代 | 需要飞翔，　젊은 세대는 비상하여,
把一切时光 | 变成现在。　모든 시간을 현재로 바꾸어야 한다.
我仿佛听见 | 原野的风，　나는 마치 들판의 바람을 들은 듯이,
吹起了一支 | 新的乐章。　새로운 악장을 불기 시작하였다.
红色的果实 | 已经发亮，　붉은 과실은 벌써 반들반들하니,
是的，风将要 | 变成翅膀。　그래, 바람은 곧 날개로 변할 것이다.
让一根芦苇 | 也有力量，　갈대 한 줄기도 힘을 가지게 하였으니,
啊，世界变了 | 多少模样。　아, 세상이 얼마나 변하였는가.

시와 노래는 원래 하나였다. 다음 「후룬베이얼 대초원(呼伦贝尔大草原)」은 흔히 볼 수 있는 4분의 2박자의 노래인데, 그 가운데 한 구절은 다음과 같다.

6 6 i 6 5 6 | 1 2 1 6 | 5 5 6 5 2 3 | 2 —
白云　朵朵　飘　在 飘在我心　间
흰 구름이 뭉게뭉게 내 마음속에 떠있네, 떠있네.

가사에서 '飘在(…에 떠 있다)'를 반복하면 앞부분과 뒷부분이 모두 4박자가 되는데, 반복을 하지 않을 경우에는 노래의 반두율이 깨진다.6) 반두율은 원이둬(闻一多), 볜즈린(卞之琳), 쑨다위(孙大雨) 등 수많은 신시(新诗) 시인들이 창작 과정에서 터득한 규칙이다. 그들은

---

6) 저자주: 이 예는 또한 '白云飘在心间'와 같은 문장이 겸어구조라는 것을 보여주는데, 반복 가능한 '飘在'가 중간에 있는 겸어항이 된다. (제11장 참조)

모두 '말의 리듬'과 '언어에 내재한 음악성'에 관심을 가졌다. 원이둬의 백화시 「썩은 물(死水)」을 보자.

这是 | 一沟 ‖ 绝望的 | 死水, 이것은 한 고랑 절망의 썩은 물,
清风 | 吹不起 ‖ 半点 | 漪沦。 맑은 바람은 물결 한 점을 일으키지 못
하네.
不如 | 多扔些 ‖ 破铜 | 烂铁, 고철을 더 던져 넣는 게 낫겠건만,
爽性 | 泼你的 ‖ 剩菜 | 残羹。 차라리 네가 먹다 남은 반찬, 남은 국
찌꺼기를 뿌려라.

각 항은 글자 수가 같고 세 번의 휴지로 이루어진 22식의 네 묶음(顿)으로 되어 있으며, 각 묶음은 2-3개의 글자로 이루어져 있다. 이 시를 쓴 시인은 "결과적으로 이 시는 내가 처음으로 음절에서 가장 만족했던 실험이라고 생각한다"라고 하였다. 이 시에 대해서, 벤즈린은 '말을 하는 듯한 리듬'의 사용은 타의 추종을 불허한다며 칭찬을 아끼지 않았다.(汉乐逸 2010:20, 118) 이는 중국인의 '말을 하는 듯한 리듬' 속에는 '내재적인 음악성'이 있으며, 그것은 중간에 휴지가 있는 반두의 네 묶음이라는 것을 의미한다. 어떤 사람은 이 시를 다음과 같이 문미의 한 음을 생략하는 '문미휴음(句末休音)'의 백화 9언시로 바꾸어보려 하였다.(王希杰 1996:364)

这就是 | 一沟 ‖ 绝望的 | 水 ×,
清风也 | 吹不起 ‖ 半点 | 沦 ×。
倒不如 | 多扔些 ‖ 破铜 | 铁 ×,
爽性 | 泼你的 ‖ 剩下的 | 羹 ×。

바뀐 시는 3음조가 증가하였고, 홀짝의 변화가 있으며 연극 대사에 더 가깝지만 여전히 반두의 네 묶음이다. 쑨다위의 「자신의 모습(自己的写照)」에 나오는 한 소절은 다음과 같다.

有色的 | 朋友们！‖ 让我问： | 你们
유색의 친구들이여! 물어봅시다. 여러분

祖先 | 当年‖ 的啸傲 | 自由，
선조들의 그 당시 유유자적한 생활과 자유는,

到哪里 | 去了？‖ 你们 | 的尊严
어디로 갔나요? 여러분들의 존엄은

是否 | 被大英‖ 西班牙 | 的奸商
대영 스페인의 악덕상인에 의해

卖给了 | 上帝？‖ 你们 | 的宴安
하나님에게 팔렸나요? 여러분들의 향락은

是否被 | 盎格鲁‖ 撒克逊 | 大嘴
앵글로색슨의 큰 입

炎炎的 | 妄人们‖ 吞噬 | 尽了？
이글거리는 무지몽매한 사람들에게 모조리 삼켜져 버렸나요?

我不信， | 我不信。‖ 在你们 | 凄凉
나는 믿지 않습니다, 나는 믿지 않아요. 여러분들의 처량하고

沉默的 | 眉宇间，‖ 深得 | 好比
침묵하는 두 미간에 있는, 깊이가

森林里 | 一对‖ 星光的 | 眸子中，

숲 속에 있는 한 쌍의 별빛 같은 깊은 눈동자에서,

雄健 | 的肩头, ‖ 魁梧 | 的身上,
우람한 어깨, 건장한 몸에서,

我隐约 | 能窥见 ‖ 你们 | 将来
나는 어렴풋이 볼 수 있습니다. 여러분들의 미래

最后 | 那一天 ‖ 胜利 | 的荣光。
최후의 그 날 승리의 영광을.

　각 행은 글자 수는 달라도 대체로 9-11자 사이로 비슷해서 여전히
반두의 네 묶음에 부합한다. 이때 허자 ‘的’의 위치에 주목할 필요가
있는데, 어떤 것은 뒤에 붙었고(5자는 ‘你们 | 的尊严’, ‘胜利 | 的荣
光’과 같이 2+3구조), 어떤 것은 앞에 붙었다.(6자는 ‘有色的 | 朋友
们’, ‘沉默的 | 眉宇间’과 같이 3+3구조)7) ‘的’자의 분포가 반두율의
제약을 받는다는 최근 저우런(周韧 2019b)의 논증에서는, 이것이 자
연적인 언어의 구조를 더욱 잘 인식하는 데 도움이 된다고 주장한다.
주광첸(朱光潜)8)은 쑨다위의 이 시는 신시가 형식적으로 **문장을 행으
로 바꾼**(끊을 수도 이을 수도 있는 중국어 무종지문의 특성에 완전히
부합한다) 성공적인 시도라고 칭송하였다. 쉬즈모(徐志摩)9) 역시 이
시는 신시가 등장한 이래 ‘가장 심혈을 기울인 구조의 시 작품’이라고
칭찬한 바 있다.(孙大雨 1956, 西渡 2008)

---

7) 저자주: 이는 ‘的’에 대한 문법 분석이 ‘的’는 반드시 뒤에 붙는다는 기존의
　　관념을 완전히 타파할 수 있음을 의미한다. ‘지칭어대’(제9장)에서 보면 ‘的’
　　는 식별도를 높이는 표지이며, 앞과 뒤를 모두 가리킬 수 있다.
8) 역자주: 주광첸(朱光潜, 1897-1986) 중국의 미학자, 예술 이론가.
9) 역자주: 쉬즈모(徐志摩, 1897-1931) 중국의 현대시인. 현대시의 개척자로 불림.

후스(胡适 1919)[10]는 시체(诗体)가 해방되어 격률과 평측, 길이에 구애받지 않는 것이 "처음에는 아주 격렬해 보였지만, 사실 이는 「삼백편(三百篇)」[11] 이후의 자연스러운 추세"이며, "신체시(新体诗)는 중국시의 자연스러운 추세의 필연적 결과"라고 하였다. 그는 이와 관련하여 현존의 신체시에서 많은 증거를 찾을 수 있으며, '신시인(新诗人)'은 대부분 구식(旧式)의 시와 사, 곡에서 변화되어 온 사람들이라고 하였다. 후스는 자신의 신시에 대해서도 사의 곡조가 많음을 숨길 필요가 없다고 인정하였다. 예를 들어 그의 「나비(蝴蝶)」는 중국 유사 이래 최초의 백화시임에도 여전히 '균일한 리듬'을 가진 일종의 5언시이다.

两个黄蝴蝶, 双双飞上天。
노랑나비 두 마리가 쌍쌍이 하늘로 날아오른다.

不知为什么, 一个忽飞还。
웬일인지 한 마리가 갑자기 돌아왔다.

剩下那一个, 孤单怪可怜。
남은 그 한 마리, 외로운 모습이 불쌍하기 그지없다.

也无心上天, 天上太孤单。
그래도 하늘로 날아갈 마음은 없구나, 하늘이 너무 외롭기에.

중국어는 감정의 표현과 의미의 전달이 일체화되어 있고, 언어의 음악성을 중시하며 말을 하거나 글을 쓸 때도 반두율을 지키려는 경향

---

10) 역자주: 후스(胡适, 1891-1962) 중국의 사상가, 철학가, 문학가
11) 역자주: 『시경(诗经)』을 가리킴.

이 있다. 과거에는 주술구조를 근간으로 하며 동사가 중심이라는 인도유럽어 관념의 영향을 받아서 우리 역시 아래 각 그룹의 첫 번째 문장과 같은 방식으로 문장을 분석하였다. 그리하여 주어와 술어를 앞부분은 작게, 뒷부분은 크게 나누었다. 하지만 중국어의 실상은 각 그룹의 두 번째 예문과 같은 대언 형식이다. 이는 쉼표 앞뒤의 글자 수가 비슷해서 반두율에 부합한다.(예문은 소설 『繁花』에서 인용)

我 ｜ 恐怕撑不牢了。
我恐怕, 撑不牢了。
나는 단단히 버틸 수 없을 것 같다.

人 ｜ 到外面就要讲假话。
人到外面, 就要讲假话。
사람은 밖에 나가면 거짓말을 한다.

沪生 ｜ 原来还算正派。
沪生原来呢, 还算正派。
후성은 원래 그나마 성실한 편이다.

我 ｜ 总算又要做娘了。
我总算呢, 又要做娘了。
나는 결국에는 또 엄마가 될 것이다.

反正我 ｜ 相信小珍娘好看。
反正我相信, 小珍娘好看。
아무튼 나는 샤오전 엄마가 예쁘다고 믿는다.

姐姐 ｜ 如果想变也是一条金鱼。
姐姐如果想变, 也是一条金鱼。
언니가 변하고 싶어 한다면, 역시 한 마리의 금붕어일거예요.

阿宝 | 虽然大了还是不懂男女事体。

阿宝虽然大了, 还是不懂男女事体。

아바오는 다 컸어도 남녀의 일은 모른다.

위 각 그룹의 두 번째 예문처럼 중간에 끊는 '반두'를 하면 문법이
나 의미가 통하지 않을 것으로 생각해서는 안 된다. 그러한 생각은 논
리명제에 얽매인 편견이다. 이에 대해서는 제6장 '블룸필드의 이론'과
제9장을 참조하기 바란다.

지적할 것은, 중국어는 위 각 그룹의 두 번째 예문인 반두의 표현이
위주가 되지만, 첫 번째 예문들도 상대적으로 성운의 대응을 중시하지
않을 뿐 표현과 분석 방식은 수용할 수 있기 때문에, 이들을 대언 중
에서 한쪽으로 치우친 일종의 '비대칭대(偏对)'로 보아야 한다는 것이
다. 예를 들면, '晋灵公不君, 厚敛以雕墙(진 영공이 임금답지 못한
것은 세금을 많이 거두어 담장을 조각하였기 때문이다.'(『左传·宣公
二年』)은 반두율에 부합하며, '晋灵公不君'이 주어가 된다. 그런데
'晋灵公'을 주어로 분석하는 것도 가능하다.[12] 주술구조는 중국어의
대언격식을 포괄할 수 없지만, 대언격식은 주술식 구분을 수용할 수가
있기 때문이다.

2.3 쌍성첩운

신시는 운율감이 있어야 한다. 이를 위해서는 압운과 평측보다 쌍성
첩운이 더 중요하다.(胡适 1919) 청대 이여진(李汝珍)은 『음감(音鉴)』

---

12) 역자주: '晋灵公'을 주어로 보면, '晋灵公不君, 厚敛以雕墙'의 의미는 '진 영
   공은 임금답지 못하여서 세금을 많이 거두어 담장을 조각하였다'가 된다.

에서 쌍성첩운에 대해 "쌍성은 두 글자가 모두 같은 성모(声母)에 속하는 것이고, 첩운은 두 글자가 같은 운모(韵母)에 속하는 것이다"라고 정의하고 있다. 고대중국어와 현대중국어에서 쌍성첩운의 예는 다음과 같다.

쌍성
阴阳[yīnyáng] 음양
慷慨[kāngkǎi] 강개하다
仿佛[fǎngfú] 마치 … 인 듯하다
荏苒[rěnrǎn] 세월이 덧없이 흐르다
犹豫[yóuyù] 주저하다
流连[liúlián] 놀음에 빠져 돌아가는 것을 잊다

첩운
窈窕[yǎotiǎo] 여인이 얌전하고 곱다
彷徨[pánghuáng] 방황하다
烂漫[lànmàn] 선명하고 아름답다
叮咛[dīngníng] 신신당부하다
徘徊[páihuái] 배회하다
寒暖[hánnuǎn] 추위와 더위. 생활 형편

　　물론 다른 언어도 역시 자음과 모음이 같은 경우가 있지만, 중국어의 쌍성과 첩운만큼 보편적이지 못하며 쌍과 첩을 중시하지 않는다. 『문심조룡·성률(文心雕龙·声律)』편에서는 '두 쌍성자 사이에 다른 글자가 들어가면 읽을 때마다 어긋나고, 첩운자가 다른 구에 섞이면 틀림없이 성률에 맞지 않는다(双声隔字而每舛, 叠韵杂句而必暌)'라고 하였다.13) 하지만 만약 한 구절 안에 동일한 성모의 글자를 두 개

섞어 쓰면 목소리와 감정이 중복되어 변화가 없고, 동일한 운모의 글자를 두 개 섞어 쓰면 목소리와 감정이 깨지고 순화되지 않기 때문에 이 두 가지는 모두 피해야 한다. 그런데 이러한 쌍성이나 첩운을 대언에 사용하면 읽을 때마다 어긋나고(每舛) 성률에 위배되는(必暌) 문제가 없을 뿐만 아니라 오히려 성운미(声韵美)를 더할 수 있다. 궈사오위(郭绍虞 1979:122)는 '王(勃)杨(炯)卢(照邻)骆(宾王)(왕(발)양(형)노(조린)낙(빈왕))'을 예로 들어 네 성씨(왕, 양, 노, 낙)를 나열하였는데, 이때 '王'과 '杨'은 첩운이고, '卢'와 '骆'은 쌍성이다. 이들 네 성씨는 반드시 이러한 순서로 배열해야 발음하기가 쉽다. 쌍성과 첩운의 실제 사용은 일찍이 『시경(诗经)』, 『초사(楚辞)』 시대에 이미 시작되었다. 중언(重言)과 첩어(叠词)는 쌍성이자 첩운으로, 처음에는 무의식적으로 사용되다가 이후에 점차 문인들이 이를 인식하고 의식적으로 사용하기 시작하였다.

더욱 중요한 것은, 쌍성과 첩운이 호문견의와 밀접한 관련이 있다는 것이다. '阴阳', '寒暖' 등은 호문의 복합 개념(복합어는 모두 호문견의이다. 제7장 참조)이 되며, 쌍성과 첩운을 **상징**으로 한다.(이에 대해서는 아래 '음의상징대' 참조) 쌍성첩운도 역시 노동요의 선창, 산가(山歌) 듀엣에 호응하여 공명하는 대화의 상호작용에 뿌리를 두고 있다.

---

13) 역자주: 저자는 서신을 통해 이 부분은 쌍성첩운으로 이루어진 연면자(连绵字)의 경우를 말한다고 밝혔다. 연면자는 두 개의 글자가 하나로 이어져 하나의 의미를 나타내므로 쌍성 첩운자가 사용된다. 또 저자는 고대중국어는 운모가 같은 글자가 현대중국어만큼 많지 않다고 지적하였다. 이는 현대중국어로 오면서 음절이 간략화 되었기 때문이다.

2.4 평평측측

왕리(王力 1962)는 '평평측측, 측측평평'이 4자격의 기본적인 성운 대응 격식이고, 5언과 7언의 평측 격식은 모두 이로부터 변화된 것이라고 지적하였다. 이는 4자격이 중국어 대언격식의 근간임을 말하는 것이다. 영어의 리듬은 질서정연한 강약의 교체가 기본이지만, 여기에도 변화가 있다. 『시경』의 '参差荇菜, 左右流之(들쑥날쑥한 마름풀을 이리저리 헤쳐가면서 뜯고 있네)', 조조(曹操) 「단가행(短歌行)」의 '譬如朝露, 去日苦多(마치 눈 깜짝할 사이에 사라지는 아침 이슬과 같이, 잃어버린 날들이 안타깝게도 너무 많구나)', '周公吐哺, 天下归心(주공은 먹던 밥을 뱉어내고서 사람을 대하니, 천하의 인심이 그에게로 돌아갔네)', 「거북이 비록 오래 산다 한들(龟虽寿)」의 '神龟虽寿(신성한 거북은 비록 장수하지만)', '犹有竟时(그래도 죽는 때가 있다)', '养怡之福(심신을 잘 보살필 수 있는 복이 있으면)', '可得永年(장수를 누릴 수 있다)'는 모두 이러한 평측 격식에 부합한다. 근체시(近体诗)의 성운대응 규칙은 다음과 같다. 하나의 구 안에서는 평평과 측측이 각각 대를 이루고, 또 평측이 교체하면서 대를 이룬다. 상하 두 구는 평측이 서로 대를 이루고, 상하 두 연은 평측이 서로 동일한 것으로 대를 이룬다. 과거에 서당 훈장이 대구 형식의 계몽서(예를 들면, 『声律启蒙』, 『笠翁韵对』)를 편찬할 때, '云对雨(구름은 비와 대를 이룬다)', '雪对风(눈은 바람과 대를 이룬다)', '晚照对晴空(저녁 햇살은 맑은 하늘과 대를 이룬다)', '来鸿对去燕(오는 기러기는 가는 제비와 대를 이룬다)', '宿鸟对鸣虫(둥지에서 자는 새는 우는 벌레와 짝을 이룬다)'과 같이 노래 형식의 가결(歌诀)을 사용하였음은 더 이상 설명할 필요가 없다. 이러한 격식은 시뿐 아니라 훗날 변려문에도 응용되었으며, 심지어 산문 작가들까지도 활발히 응용하였다.

【평평측측】

天翻地覆 천지가 뒤집히는 듯하다. 천지개벽

天公地道 하늘의 공평함과 땅의 이치. 지극히 공평무사하다

【측측평평】

万水千山 천만 개의 산과 강. 수없이 많은 강과 산

万语千言 천만 마디의 말. 매우 많은 말

평측의 차이는 주로 음절의 길이 차이를 말하지만, 글자마다 길이와 강세가 대체로 같기 때문에 두 글자의 경우 평측의 길이 차이는 크지가 않다. 그런데 평성의 중첩과 측성의 중첩으로 이루어진 '평평측측'과 '측측평평'은 길이 차이가 두 배로 커진다. 이 점에서 보면 '중국어가 영어와 같은 음보(foot)를 가지는가'라는 문제에 대해서 새로이 인식하게 된다. 서양 언어에 기초하여 건립한 운율음음론(metrical phonology, 节律音系学)에서 foot의 정의는 하나의 강세음절과 하나(또는 여러 개)의 비강세음절로 이루어진 균일한 리듬의 운율단위이다. 중국어의 2자 조합(双字组)은 두 글자의 길이와 강세가 대체로 같기 때문에 이 정의에 부합하지 않는다. 만약 균일한 리듬의 단위를 말한다면 중국어는 단음절이 바로 그러한 리듬 단위가 된다. 그런데 왜 굳이 음보의 정의를 foot에 억지 비교함으로써 남들의 '절뚝걸음'에 맞추어야 할까? '발을 두 번 떼는 것을 보(步)라고 한다(两举足曰步)'(『类篇』)와 같이 중국어의 음보는 대칭적인 2음절만을 요구한다. 정상적인 동일강세 음보에 대해서 굳이 강약과 장단을 구분한다면, 평평측측이나 측측평평과 같은 4자 조합, 2+1과 1+2와 같은 3자 조합이 오히려 서양의 foot에 더 가깝다.

성운대를 통해 의미 생성이 이루어지고, 이는 호문견의(互文见义)를 상

징한다. 평측과 관련하여 자오위안런(1973)은 잠삼(岑参)의 이별시 「백설가를 불러 무 판관의 귀경을 전송하다(白雪歌送武判官归京)」 의 첫 네 구절을 예로 들고 있다.

> 北风卷地白草折, 북풍이 대지를 휘감으니 온갖 풀들이 다 꺾이고,
> 胡天八月即飞雪; 오랑캐 땅의 하늘엔 팔월에 벌써 눈이 날리네.
> 忽如一夜春风来, 홀연 하룻밤 사이 봄바람 분 듯하더니,
> 千树万树梨花开。 온갖 나무들엔 배꽃이 피었네.

이 시의 첫 두 구는 긴박한 입성으로 끝맺고 있으며, 뒤의 두 구는 유창한 평성으로 끝맺고 있다. 운율은 내용을 상징하는데, 이 시는 얼음의 차가움과 눈밭에서 봄의 따뜻함과 만발한 꽃이라는 두 세상의 정취를 전달하고 있다.

현대중국어 표준어에서 입성이 사라짐으로써 평측의 대응이 어떻게 변하고, 이것이 성운의 대응에 어떻게 적응하는지는 연구할 가치가 있는 문제이다. 산문을 쓰는 작가도 성조 대응의 법칙을 무의식적으로 따를 것으로 보이며, 이와 함께 산문은 자유로운 변화를 더 많이 허용할 것이다.

2.5 대칭적 운율격자

운율음운론(Liberman & Prince 1977)은 영어의 리듬에서 출발하여 운율격자(metrical grid, 节律栅)라고 하는 하나의 리듬 위계를 건립하였다. 이는 대체로 다음과 같은 격자구조로 나타낼 수 있다.(X는 음절을 나타냄)

```
3층                        X        구 강세
2층      (X    )          X    )    단어 강세
1층      (X    ) (X       X    )    음보 강세
0층   0  (X  X) (X  X) (X  X)       강세 탑재 단위

        a   leng thy in tro duc tion   'a lengthy introduction'
```

가장 아래 0층은 강세 탑재 단위인 음절이고, 1강 1약 두 음절이 음보 foot(1층)을 구성한다. 음보는 가장 작은 운율단위로, 그 위의 어휘 층위와 구 층위로 투사되어도 여전히 한쪽으로 치우친 강세음절이 있다. 영어의 실제 리듬은 변하더라도 이 운율격자가 근간이 되며, 이를 바탕으로 변화가 발생한다. 영어의 리듬이 이러한 양식이 되는 이유는 단어가 일정한 강약 음절을 가지기 때문이다. 예를 들면, lengthy는 1+1이고, introduction은 1+1+1+1이다.

중국어의 운율은 이와 달리 하나하나의 음절 자체가 강세와 길이가 대체로 같은 운율단위이다. 왕홍쥔(王洪君 2008:279)의 말을 빌리면, 서양 언어에서는 쌍음절 음보가 '운율단어(韵律词)'를 구성하지만, 중국어에서는 단음절이 '운율자(韵律字)'를 구성한다. '글자(字)'는 통사와 운율의 중추이다. 글자와 글자로 이루어진 운율자 조합은 대칭적인 확대·축소형이다. 2자 조합은 1자의 확대판이고, 4자 조합은 2자 조합의 확대판이며, 이는 다시 8자 조합과 16자 조합으로 확대할 수 있다.

```
0층 1자                 X                老
1층 2자 조합         X  X              老  骥
2층 4자 조합       X X  X X          老骥   伏枥
3층 8자 조합    X X X X  X X X X    老骥伏枥   志在千里
```

물론 이것은 가장 균형적이고 리듬감이 강한 중국어의 '단음조' 리듬을 말하며, 실제 리듬에는 많은 변화가 있을 것이다. 3자 조합과 5자 조합은 각각 2자 조합과 4자 조합에서, 7자 조합과 9자 조합은 8자 조합에서 변화되었다. 글자 조합 내부의 소밀성은 조절이 가능한데, 예를 들어 '志在｜千里'는 '志｜在千里'로 조정할 수 있다.

　　말을 할 때 음절을 빨리 읽어도 약간의 강약 변화가 발생한다. 3자·4자·5자 조합에서 중간의 음절은 일반적으로 다소 약한데, 이는 글자 조합을 하나의 묶음으로 전달하는 '포장전달(打包传递)'로 인해 발생하는 자연스러운 현상이다.(沈家煊·柯航 2014) 이러한 변화에도 불구하고 이 확대·축소형의 대칭적 운율격자를 근간으로 하여 변화가 발생한다. 예를 들어 아래의 말은 각각 2자, 3자, 4자, 5자 조합으로 이루어져 있는데, 이 가운데 2자 조합과 4자 조합이 기본 글자 조합이자 강세 조합(굵은 Z로 표시)이다. 기본적인 강약 배치는 마지막 음절이 가장 강하고, 그 다음이 첫 번째 음절이며, 가운데 음절은 가장 약하다.(赵元任 1975)

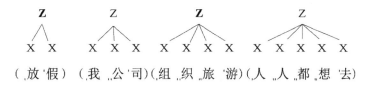

　　이러한 강약 배치는 구와 복합어에 똑같이 적용된다. '放假(휴가(로 쉬다))'가 단어인지 구인지는 명확하지 않은데, 사실 이는 중요하지 않다. '放假'를 '国庆(건국 기념일)'으로, '我公司(우리 회사)'를 '富士康(폭스콘(회사명))'으로 바꾸어도 강약의 배치는 변함이 없다. 중국어에도 영어와 같은 강세(stress)가 있다고 생각해서는 안 된다. 중국어는

경성만 있을 뿐 강세는 없다. 위에서 말한 '강'은 강하게 읽는다는 악센트(accent)이므로 의미를 변별하지 않기 때문에 음운론적인 강세음위는 아니다. 전체적으로 각 음절마다 길이와 강약의 차이가 작기 때문에 이런 높이의 단음조는 "오히려 어떤 식으로든 더 큰 신축성의 여지를 제공한다".(赵元任 1975) 글자 조합의 소밀과 말의 속도는 조절하기가 쉽다. 글자 수가 많은 것은 좀 더 긴밀하고 빨리 말을 하지만, 글자 수가 적은 것은 음을 길게 늘여 천천히 말하므로 여전히 대체로 같은 길이의 음단(音段)을 형성함으로써 시간의 길이가 대략적으로 균형을 이룬다.(이는 주로 심리적인 느낌으로 흔히 물리적인 정확성은 없으며, 또 필요하지도 않다) '浮甘瓜于淸泉, 沈朱李于寒水(참외는 맑은 샘물에 띄우고, 붉은 오얏은 찬물에 담가 놓는다)'(曹丕「与朝歌令吴质书」) 이 두 구는 2+2+2가 아닌 3+3으로 읽을 수밖에 없는데, 그렇다고 이에 대해 의미가 운율을 파괴했다거나 문법이 운율을 압도했다고 말할 수는 없다. 그 이유는 이것이 중국어 리듬의 신축적인 조절에 따라서 허용된 것이기 때문이다. 신시의 리듬도 이러한 '촉박함(匆促)'과 '느긋함(淹滯)'의 조절 방법을 사용하는 것이 좋다.(孙大雨 1956, 西渡 2008)

영어와 중국어 두 유형의 운율격자 차이는 다음과 같이 요약할 수 있다.

1. 영어는 편향적인 중심투사이므로 반드시 한쪽 끝에 위치한 강음절이 통제의 중심이 되어야 한다. 그런데 중국어는 균형적인 확대투사이고, 음절들은 지위가 대등하므로 통제의 중심이 없다.
2. 영어는 둘로 나누어서 투사하는데, 0층에서 1층까지는 음운규칙의 작용만 있고, 위로 올라가면 문법과 의미 요소를 다룬다. 하지

만 중국어는 한 번 투사하면 끝까지 적용되는데, 0층에서부터 음운과 문법, 의미 요소를 모두 다룬다. 왜냐하면 음절 X는 음과 의미가 일체화된 음의일체(音义一体)의 '글자'이기 때문이다.

3. 영어의 상향식 강세투사는 단지 논리 조작의 순서일 뿐이다. 하지만 중국어는 단음에서 쌍음, 4음, 8음으로의 하향식 투사는 논리 조작의 순서이면서 또 단음절에서 쌍음절로, 간략함에서 복잡함으로 변해 온 역사 변천의 순서이다.

여기서 주의할 점은 중국어의 이러한 운율격자가 확대·축소형 대칭문법의 격식과 일치한다는 것이다.

③ 음의상징대

둘과 넷 채우기와 반두율, 쌍성첩운과 평측대응은 모두 상징성이 있다. 이들은 모두 호문견의와 대언명의를 상징한다. 그리고 근본적으로는 대언 형식이 사람과 사람, 사람과 자연의 대화를 상징하고, 또 상호작용과 정서적인 공명을 상징한다. 윗글에서 '阴阳', '寒暖' 등이 호문의 복합 개념이 되는 것은 쌍성과 첩운을 통해 상징되며, 잠삼(岑参)의 이별시에서 얼음과 눈에서 따뜻한 봄에 피는 꽃으로의 변화는 평측의 변화를 통해 상징된다. 심지어 시체(诗体)가 4언과 6언에서 5언으로 진화하는 것 또한 상징과 관계가 있다. 일반적으로 서한(西汉) 이릉(李陵)의 시는 5언시의 기원으로 여겨진다. 이릉이 흉노에게 투항한 후에 처자식은 한나라에 의해 주살되었지만, 그의 마음은 여전히 중원에 있어서 그가 쓴 5언시는 한나라 때 유행하던 6언시와 구별된다. "짝수의 글은 편안하기 쉽지만, 홀수의 글자는 편안하기 어렵다 (偶语易安, 奇字难适)". 홀수 글자의 시는 그의 슬픔과 원망, 불안의 심리를 상징한다.(石厉 2019)

3.1 음성상징

음성과 의미 사이의 도상적인 대응(약칭 음성상징(sound symbo-lism, 语音象征)이나 공감각(synaesthesia, 形义联觉))은 오래된 화두로 모든 언어에 존재하며, 주로 의성어를 가리킨다. 예를 들어 영어 cuckoo(뻐꾸기 소리), murmur(소곤거리는 소리), crash(떨어지거나 부서지는 소리)가 있다. 또 slimy(끈적끈적한), slither (미끄러지듯 나아가다), slinky(몸에 착 붙는) 등의 단어들은 모두 sl-로 시작하는 단어로 '매끄럽다'라는 공감각을 불러일으킨다. 영국의 시인 키츠(Keats)[14]의 영어 시 「나이팅게일에게 바치는 송가」 속에는 And mid-May's eldest child / The coming musk-rose, full of dewy wine / The murmurous haunt of flies on summer eves(그리고 5월 중순의 맏아들 / 술 이슬 가득 머금고 피어나는 들장미들 / 여름날 저녁이면 날벌레들 응응 모여드는 그 꽃송이의 소굴)라는 부분이 있다. 이는 m음을 반복적으로 겹쳐 사용함으로써 5월의 밤에 술에 취한 듯 나른한 느낌을 과장되게 표현하고 있다.

음의일체인 중국어의 '글자'는 언어 조직의 기본단위이다. 글자는 소리와 의미가 닮았다는 '성상호의(声象乎意)'의 개념을 더욱 쉽고 직접적이며 풍부하고 광범위하게 만들어준다.[15] 궈사오위(郭绍虞

---

14) 역자주: 존 키츠(John Keats, 1795-1821) 영국의 시인.
15) 저자주: '성상호의(声象乎意)'라는 말은 진례(陈澧)의 『동숙 독서기(东塾读

1979:619)는, 사마상여(司馬相如)가 『상림부(上林賦)』에서 바(灞), 찬(滻), 경(涇), 위(渭), 방(邦), 호(鎬), 요(潦), 휼(潏)이라는 8개의 물줄기가 뒤섞여 흐르는 모습을 묘사하면서 여러 개의 양순파열음을 연용한 것을 예로 들었다. 예를 들면, '澎湃(큰 물결이 서로 맞부딪쳐 솟구치는 모양)', '渾沸(물이 솟구치는 모양. 毕拨[bì bō] 발음과 같다)'와 '宓(조용하다)', '佖(죄다)', '泌(샘물이 솟아나는 모양)', '滭(물이 가볍고 빨리 흐르다)'(撇[piē] 발음과 같다) 등의 글자로 물줄기를 형용하고 있다. 이처럼 입의 장애가 갑자기 풀리는 소리의 이미지는 "좁은 양쪽 언덕 사이를 뚫고 나오면서 큰 돌에 부딪히고 툭 튀어나온 모래톱에 부딪혀 성난 듯 용솟음친다(赴隘陜之口, 触穹石, 激堆埼, 沸乎暴怒)" 8개 물줄기의 형상을 상징한다. 이처럼 하나의 운을 유지하고 평측의 대구를 사용하는 것은 중국어 시가의 특징인데, 이는 시의 의미를 더욱더 농후하게 만든다. 농후한 시의 의미는 또 단음절이 직접적으로 의미를 나타내고 음절구조가 간단하며, 동음자가 많고 유의자로 교체하기가 쉬운데다가 구조의 '회문 가능성'까지 있기 때문이기도 하다.(제9장)

한족의 민요, 설창음악, 희곡음악 중에서 가장 흔하고 보편적인 선율은 음계 형식으로 이루어진 급진적인 선율이다. 이는 비교적 원시적이고 기초적인 선율 형태로 다양한 선율의 기초가 된다. 먀오징(苗晶 2002:4-12)의 연구에 따르면, 민가의 급진적인 선율 방식은 위로 올리

书记)』의 '天下事物之象, 人目见之则心有意, 意欲达之则口有声. 意者, 象乎事物而构之者也 ; 声者, 象乎意而宣之者也(세상 사물의 모습을 사람이 눈으로 보게 되면 마음에 의미가 생기고, 의미를 표현하고자 하면 입에 소리가 생긴다. 의미는 사물을 본떠서 만든 것이고, 소리는 의미를 본떠서 말로 하는 것이다)'에 나온다.

는 상행형(上行型)과 아래로 기울이는 하경형(下傾型)이 있다. 마음이 즐겁고 기쁠 때는 노랫소리가 주로 아래에서 위로 올라가면서 높고 우렁차지만, 슬프고 우울한 비가를 부를 때는 노랫소리가 주로 위에서 아래로 내려오면서 낮게 깔린다. 상행형의 예로는 안후이(安徽) 민요 「여동생이 산으로 둘러싸인 평지를 지나 점심을 가져오다(妹送中饭过山冲)」가 있다. 이 민요는 첫 번째 구절 '太阳也嗨嗨呦当顶嘛(해도 어여차 머리 위에 있구나)'부터 줄곧 솔-라-도-레-와 같이 아래에서 위로 향하는 선율이 곡을 주도하고 있다. 하경형의 예로는 산시(山西) 민요 「오빠가 시커우(산서성 만리장성의 관문)로 갔다는 얘기를 꺼내다(提起哥哥走西口)」가 있다. 이 민요 첫 부분의 '提起了那哥哥呀走西呀(그 오빠 서쪽으로 갔다는 얘기를 꺼내었네)'라는 구는 모두 8도만큼 위에서 아래로 급격하게 떨어진다. 급진적인 선율은 악구와 악구가 연결되는 중요한 기본 방식이다. 첫 번째 악구의 끝 음과 두 번째 악구의 첫 음이 주로 급진적으로 연결되어 있는데, 이는 노동요의 선창에서 가장 뚜렷하게 나타난다. 예를 들어, 산둥(山东) 칭허(清河) 지역에서 달구질할 때 부르는 노동요는 '(선창)狠打(세게 쳐라) (합창)哎哟(에헤야) (선창)狠敲(세게 때려라) (합창)哎哟(에헤야) (선창)这夯那打的(이 달구질이야 쳐라) (합창)哎哟(에헤야) (선창)还是短嗬(아직도 짧구나) (합창)哎哟(에헤야)'로 구성된다. 악구의 연결은 솔-라에서 라-도로 이어지는데, '狠打', '狠敲'와 '哎哟'은 솔-라로 연결되고, '这夯那打的'와 '哎哟'는 라-도로 연결된다. 낮은 음에서 높은 음으로의 이러한 연결은 음성에서의 전사반복식(顶真式) 연결이다. 한 민족의 음악적인 특색은 그 민족의 언어적인 특색을 반영한다. 다른 언어에 비해 중국어는 원시언어의 음성상징을 더 많이 간직하고 있다고 하겠다.

3.2 대언 상징단위

오래된 주제도 다시금 새롭게 인식할 수 있다. 인지언어학자 랭애커 (Langacker 2008:15)는 음성상징을 언어의 보편적인 특징으로 일반화하였다. 그는 언어는 음성단위(P), 의미단위(S), 상징단위(Σ)의 세 가지 단위뿐이며, 이들 외에 다른 단위는 없다고 보았다.

음성단위와 의미단위가 상징단위의 양극을 이루고, 음성 극은 의미 극을 상징한다. 하나의 상징단위는 곧 하나의 'S-P대', 즉 음과 의미가 대를 이루면서 결합한 음의결합대(音义结合对)가 된다. 상징단위는 형태소에서 문장에 이르기까지 크기와 상관없이 모두 가능하다. '天(하늘)'과 '地(땅)'는 각각 다른 상징단위이며, 마찬가지로 '王冕的父亲死了(왕면의 아버지가 죽었다)'과 '王冕死了父亲(왕면은 아버지를 여의었다)'도 각각 다른 상징단위이다. 이는 또 '구문문법(Construction Grammar, 构式语法)'(Goldberg 1995)의 이론적인 근간이기도 한데, 크기를 불문하고 하나의 구문은 하나의 상징단위가 된다.

그런데 '天'과 '地'와 같이 단순한 상징단위는 '王冕的父亲死了'와 '王冕死了父亲'과 같은 결합적(组合性)인 상징단위와 중요한 차이가 있다. 단순한 상징단위는 소리를 닮은 글자인 상성자(象声字)가 존재하기는 해도 음과 뜻의 연결이 주로 자의적이다.(immotivé(논증 불가)로 이해해야 한다, 许国璋 1991:24) '물'은 중국어로는 shuǐ라 하고, 영어로는 water, 일본어로는 みず(mizu)라고 하는 것처럼 완전히 약속

된 것이다. 하지만 상징단위끼리의 결합은 음과 의미의 연결이 완전히 자의적인 것은 아니다. 중국어에서 상징단위 조합의 논증 가능성, 즉 '소리가 의미를 닮았다'는 '성상호의'는 주목할 만하다. 처음에는 음성 순서 상징의 개념이나 의미의 시간 순서에 관한 다이하오이(戴浩一, Tai 1985, 1989)의 연구가 있었고, 도상적인 '지시의미의 문제'를 해결하는 데 착안하여 중국어에서 시간순서의 도상성 원칙의 유효성과 중요성을 재확인한 장민(张敏 2019)의 연구도 있다.

'음의상징대(音义象对)'는 음성의 결합대와 의미의 결합대 사이의 상징관계를 가리킨다. 중국인들의 마음속에 '짝(对)'과 '모습(象)'은 본질적으로 연결되어 있다. 행동과 생각의 목표와 연애의 상대방을 모두 '대상(对象)'이라고 하는데, 여기서 '상징대(象对)'는 '대언적 상징(对言式象征)'을 뜻한다. 중국어 상징단위의 구성은 대언을 기본으로 하므로 시적 언어의 특징을 가진다. 이는 계열(类聚)관계를 결합축에 최대한 드러내면서, 또 결합의 비자의성을 최대한 나타내는 것이다. 반복 출현, 쌍성, 압운, 리듬은 모두 논증 가능한 상징적인 의미(Jakobson 1960)를 가지고 있으므로 음과 의미 사이의 도상적인 대응을 만든다. 중국어의 사실은 상징단위의 결합이 근본적으로 대언식이라는 것이다. 위에서 예로 든 잠삼의 이별시에서 단순히 하나의 입성자나 평성만으로는 무엇을 설명할 수가 없다. 입성이나 평성의 반복 출현을 통해 평측이 서로 대응하면서 계열관계를 형성할 수 있으며, 이로써 운율에 상징적인 의미가 생성된다. 중국의 시와 사에는 서로 작품을 지어 주고받으면서 화답하는 전통이 있는데, 답으로 증여하는 시와 사는 대부분 원래의 운을 따름으로써 마음의 호응을 상징한다.

'대언 상징단위'는 '음성대(音对)'와 '의미대(义对)'의 양극으로 나뉜다.

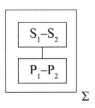

Σ

'S₁—S₂대'는 'P₁—P₂대'를 상징하는데, 이는 '음의상징대'이다. 예를 들어, 음성대 yīn-yáng은 의미대 '阴—阳'을 상징하고, 음성대 hán-nuǎn 은 의미대 '寒暖'을 상징한다. 호문관계와 상징관계는 모두 '대'의 관계에 속한다.

음형의용(音形义用)의 4중대는 음의(音义)의 2중대로 개괄할 수 있다. 중국어는 감정의 표현과 의미의 전달이 하나이기 때문에 의미와 화용도 하나로 합쳐질 수 있다. 문형(서양에서는 syntax(통사법)라 부른다)에서 주술, 수식, 동보 등 여러 가지 구조관계가 나타내는 문법적 의미는 일종의 추상적인 의미이다. 중국어와 같은 언어(인도유럽어식의 형태가 없는 언어)에서 문형은 주로 언어 부호의 수량, 순서, 밀도의 세 가지 방면으로 나타난다.

수량법칙(양의 상징):
음성대 gān-jìng은 의미대 '干—净(깨끗하다)'을 상징하고, 음성대 gāngān-jìngjìng은 의미대 '干干—净净(아주 깨끗하다)'을 상징한다. 음절의 양은 의미의 양을 상징한다.

순서법칙(선후상징):
음의 대 lǚzhàn-lǚbài는 의미대 '屡战—屡败(연전 - 연패)'를 상징하고, 음의 대 lǚbài-lǚzhàn은 의미대 '屡败—屡战(연패 - 연전)'을 상징한다. 음절의 순서는 의미의 순서를 상징한다.

밀도법칙(소밀상징):

음의 대 chī-fàn(느슨함)은 의미대 '吃一饭(밥을-먹다)'(느슨함)을 상징하고, 음의 대 chīfàn(긴밀함)은 의미대 '吃饭(밥먹다)'(긴밀함)을 상징한다.

이 세 가지 통사율은 모두 자연율로, 배고프면 밥을 먹고 졸리면 잠을 자는 것처럼 자연스럽다. 중국어의 '통사법'은 확실한 '자연통사법(natural syntax)'이다. 그래서 중국의 어문학 전통에서는 이를 관심과 연구의 중요한 대상으로 삼지 않은 반면, 서양의 문법학자들은 하이만(Haiman 1985)과 같이 이를 아주 진지하게 받아들였다. 순서법칙에 대해서는 별도로 제10장 '순서대'를 참조하기 바란다.

3.3 허실상징

수량법칙과 순서법칙은 이미 많이 언급된 바 있다. 그런데 단음절적인 중국어의 특징으로 인해 밀도법칙도 앞의 두 법칙에 못지않게 중요하다. 밀도관계는 긴밀관계라고도 하는데, 성분들이 드문드문하게 떨어져 있으면 성분 간의 관계가 느슨하고 빽빽하게 붙어 있으면 관계가 긴밀하다. 밀도관계는 또한 허실관계여서 느슨하면 공허(虛)하고 긴밀하면 실질적(实)이다. 밀도관계가 중국어에서 중요한 작용을 하는 이유는 글자 간의 강약과 길이의 변화가 작고, 글자 간 결합의 긴밀 신축성이 크기 때문이다. 단음자와 쌍음자는 모두 '탄성'을 가지고 있어서, 단음자는 그에 상응하는 쌍음자로 대체가 가능하며, 쌍음자 역시 마찬가지다. 이 때문에 대칭대 1+1식과 2+2식은 모두 비대칭대 2+1식과 1+2식으로 바꿀 수가 있다. 예를 들어 '租车(차를 렌트하다.

렌터카)'와 '出租汽车(차를 렌트하다. 렌터카(택시))'는 '出租车'나 '租汽车'로 교체가 가능하다. 각각의 글자는 모두 의미를 가지는 음의 결합체이기 때문에 글자 조합에서 음성의 소멸과 허실은 필연적으로 의미의 소멸과 허실을 반영한다.(沈家煊 2012b, 2017d, 柯航 2018) 이에 대한 그림과 설명은 다음과 같다.

음성	$P_1 - P_2$ 공허하고 느슨함	$P_1 - P_2$ 실질적이고 긴밀함
의미	$S_1 - S_2$ 공허하고 느슨함	$S_1 - S_2$ 실질적이고 긴밀함

음성 조합의 허실은 단·쌍음절의 조합에 그대로 반영된다. 1+2식은 공허하면서 느슨하고, 2+1식은 실질적이면서 긴밀하다. 이는 여러 개의 음을 연달아 읽을 때 성조가 변하는 연독변조(连读变调) 현상으로 증명할 수 있다. 3성 글자 두 개가 이어져 있을 때 앞의 글자가 2성으로 바뀌는 것은 보통화의 변조규칙이다. 커항(柯航 2012)은 순수 숫자 조합(의미를 배제)인 995와 955(9와 5는 모두 3성자이다)의 변조를 통해 995에서 5앞의 9는 직접 상승조 [24]로 바뀌는 큰 변화를 거치지만, 955에서 9는 반하강조 [211]로 바뀌는 작은 변화를 거친다는 것을 발견하였다. 이는 2+1식이 1+2식보다 더욱 긴밀하다는 것을 보여준다.

문법적 의미의 허실과 관련하여, 1+2식은 '租汽车(차를 렌트하다)'처럼 동목구를 구성하는 경향이 있지만, 2+1식은 '出租车(렌터카(택시))'처럼 복합명사를 구성하는 경향이 있다. 또 구는 느슨하고 단어는 긴밀하다는 것은 두말할 필요가 없다. 그런데 동사는 공허하고 명사는 실질적이라는 것에 대해서는 약간의 설명이 필요하다. 제11장 3절 '허와 실의 통일'에서 동사가 명사에 비해서 상대적으로 허사라는 것을 설명하였다. 동사가 주어와 목적어가 될 때, 추상적이고 공허한 동작을 구체적이고 실질적인 사물로 보는 것이 오늘날 인지언어학의 관점이다. 랭애커(Langacker 1991:21)는 명사 개념을 요약주사(summary scanning, 整体扫描)이고, 동사 개념은 연속주사(sequeantial scanning, 次第扫描)라고 설명하였다. 긴밀도로 보면 요약주사는 긴밀하지만 연속주사는 느슨하다. 복잡한 개념은 하나의 전체로 응집되는 '압축화(緊湊化)'가 되어야 사람들은 이 개념에 명칭을 부여한다. 예를 들어, '速滑(速度滑冰. 스피드 스케이팅)'와 '跳马(도마)'는 스포츠 종목으로 '명사'처럼 보이는데, '快滑(스케이트를 빨리 타다)'와 '骑马(말을 타다)'는 명사처럼 보이지 않는다. 돤무싼(端木三 2007)은 정보론의 각도에서 동사는 대조항이 적기 때문에 정보량이 적고, 명사는 대조항이 많기 때문에 정보량이 많다고 설명한다. 같은 크기의 단위라도 정보량이 많으면 당연히 긴밀하고 실질적이며, 정보량이 적으면 당연히 공허하고 느슨하다. 루빙푸(陆丙甫 2012)는 사건이 복합하고 내포된 내용이 풍부할수록 사건을 나타내는 단어는 명사 쪽으로 치우치는 경향이 있음을 설명하였다. 그는 영어 act(행동(하다))와 action(행동), move(움직이다. 움직임)와 movement(움직임)를 예로 들면서, 앞의 명사는 명사와 동사를 겸하지만 뒤의 명사는 단지 명사일 뿐인 이유는 후자가 나타내는 사건이 전자보다 복잡하기 때문이라고 하였다. 중국어의 예로는 '打仗(전쟁하다)'–'战斗(전투)'–'战争(전쟁)'이 있다. 이들 세 단어가 나타내는 사건은 뒤로 갈수록 더 복잡해지기 때문에 뒤로 갈수록 명사성이 더 강해진다.

음성의 허실이 의미의 허실을 상징하는 것은 또 단·쌍음절 조합의 예외에서도 확인할 수 있다. 3자 조합 복합명사의 경우, 조합규칙에 따른 정상적인 형식은 2+1식이지만 1+2식도 적지 않다. 예를 보자.

2+1	纸板房	午夜场	陶瓷馆	钢铁侠
	골판지 집	심야공연	도자기관	아이언 맨

1+2	纸房子	夜生活	瓷娃娃	铁娘子
	종이 집	야간 사교 활동	도자기인형	철의 여인

아래 줄 1+2식의 예외를 어떻게 설명할 것인가가 중점적으로 연구해야 하는 문제이다. 사실 정상적인 조합 형식의 이면에는 소밀과 허실의 상징원리가 작동하고 있다. 그런데 이른바 '예외'라는 것도 사실은 예외가 아니어서 여전히 이 원리가 작동하고 있다. 중국어의 대언은 호문견의이다. '纸板(골판지)'과 '房(집)'이 대언일 때 '纸板'은 집을 한정하는 재료이지만, '纸(종이)'와 '房子(집)'가 대언일 때 '纸'는 집을 묘사하는 것으로 '종이로 붙인 듯한(像纸糊的)'이라는 의미를 가진다. 이를 통해서 '纸板房'이 '纸房子'보다 개념적으로 더욱 더 긴밀함을 알 수 있다. 또 '午夜场'과 '夜生活'의 경우, 전자의 '午夜(심야)'는 단지 회차를 한정하는 시간이지만, 후자의 '夜(밤)'는 '방종, 화류계의 화려한 모습' 등 많은 연상을 불러일으킬 수 있고 묘사성이 있다. 마찬가지로 '陶瓷馆'의 '陶瓷(도자기)'는 전시관의 성격을 한정하지만, '瓷娃娃'는 흔히 뼈가 몹시 약해 쉽게 골절되는 환자를 대신 지칭하는데, 이때 '瓷'는 '연약하다'의 의미를 나타낸다. '钢铁侠'는 철모를 쓰고 철갑을 입은 사람이나 강철로 만든 로봇을 가리키는데, 여기서 '钢铁(강철)'는 특정한 금속 소재를 말한다. 그런데 '铁娘子'에서 '铁(철)'은 '강하다'와 같은 금속의 어떤 속성으로 이해된다. 한 노인이 길가에 쓰러졌는데도 아무도 나서서 도와주지 않는 일이 빈발하

는 중국 사회의 세태에 대해서, 한 신문은 "与其治这个社会病, 不如 治这个病社会(이 사회병을 고치기보다 차라리 이 병적인 사회를 고 치는 것이 낫다)"라고 비판하는 글을 게재한 적이 있다. 여기서 '社会 病(사회병)'은 '病(병)'에 대해서 '社会(사회)'라는 성격을 가진다고 규정한 것이다. 반면, '病社会(병적인 사회)'는 '社会'에 대해서 '病'이 라는 성격을 가진다고 규정한 것이 아니라 병적인 상태라고 묘사하는 것이다.

요컨대, 성격을 규정하는 관형어와 중심 명사는 의미결합이 긴밀하 지만, 묘사를 하는 관형어와 중심 명사는 의미결합이 느슨하다. 따라 서 이른바 예외라는 것도 결국 근본적으로 작용하는 것은 대언명의와 허실상징임을 오히려 역으로 증명해준다. 대언명의와 허실상징의 작 용은 다른 결합 유형에도 그대로 적용된다.

어기(语气)는 일종의 화용적인 의미인데, 공식과 비공식의 차이도 일종의 허실 차이이다. 공식적일수록 사람들이 느끼는 무게는 무겁고 실질적이다. 격률시의 시행은 끝머리에 홀수 음보를 사용하여 활발하 고 경쾌한 느낌을 주고, 짝수 음보를 사용하여 안정되고 완전한 느낌 을 준다.(文炼·陆丙甫 1979) 평소에 하는 말도 마찬가지다. 예를 들 면, 소설 『이자성(李自成)』에서 이자성을 칭찬하는 말, '咱们谁有他 看得高, 看得远, 看得清楚?(우리 가운데 누가 그 사람만큼 높이 보 고, 멀리 보고, 똑똑히 볼 수 있는가?)'가 그러하다. 이는 또한 오늘날 '很黄很暴力(외설적이고 폭력적이다)', '很傻很幸福(멍청하고 행복 하다)', '且行且珍惜(살아가면서 소중하게 여기다)'와 같은 비대칭대 형식의 표현이 널리 유행할 수 있는 하나의 이유이기도 하다. 또 예를 들면, 그릇을 씻을 때는 '洗干净(깨끗이 씻다)', '刷干净(깨끗이 씻 다)', '洗刷干净(깨끗이 씻다)'이 모두 가능하지만, 일반적으로 죄명과

치욕을 씻을 때는 오직 '洗刷干净'만 가능하다.

　2+1식과 1+2식의 허실상징은 중국어에서 감정 표현 및 의미 전달과 무관한 '순수' 운율이란 거의 존재하지 않음을 보여준다. 운율은 분리할 수 없는 문법의 일부인 것이다.

3.4 비대칭 대응

　음성 형식과 의미는 변천의 속도가 다르기 때문에 형식의 변천이 항상 의미의 변천에 뒤처진다. 또 형식이 변화된 후에도 본래의 의미는 아직 그대로 남아있기 때문에 음성과 의미의 '상징대(象对)'는 흔히 질서정연한 일대일 대응이 아니라 일종의 편측대응, 즉 비대칭 대응을 이룬다. 자오위안런(赵元任 1968a:12, 1980:53)은 음성과 의미의 대응이 비대칭적이라는 것을 거듭 강조하면서 이를 왜곡된 관계(skewed relation)라고 하였다. 예를 들면, 뒤 글자가 경성인 '烙饼(라우빙(중국식 밀전병))'과 '炒饭(볶음밥)'은 분명히 복합명사이지만, 뒤 글자를 강하게 읽는 '烙′饼(전병을 굽다/라우빙)', '炒′饭(밥을 볶다/볶음밥)'은 동사구일수도 있고 복합명사일 수도 있다. 또 '租汽车'와 '出租车'의 비대칭 방향은 다음과 같다.

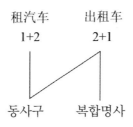

1+2식의 '租汽车'는 분명히 동사구이지만, 2+1식의 '出租车'는 복합명사와 동사구가 모두 가능하다. 일대일 대응에 비해서 이러한 비대칭 대응은 언어사실에 대한 설명력이 더 강하여, 공시적인 언어 현상뿐만 아니라 통시적인 변화과정에 대해서도 설명이 가능하다. 예측성과 관련하여 비대칭 대응은 '약한 예측(A이면 반드시 B이지만, 그 역은 그렇지 않다)'만 할 수 있을 뿐이다. 예를 들어 우리는 허실상징을 근거로, 만약 '病社会'가 복합명사라면 '社会病'도 반드시 복합명사가 되지만, 그 역은 그렇지 않다는 예측을 할 수가 있다. 약한 예측은 '약하지만' 과학적이어서 거짓을 증명해낼 수 있다. 사실 언어의 개방성과 복잡성으로 인해 우리는 약한 예측을 할 수밖에 없는데, 이에 대한 자세한 설명은 선쟈쉬안(1999b)을 참조하기 바란다. 음성과 의미의 비대칭 대응은 대칭 속에 비대칭이 있는 것이 언어의 정상적인 상태라는 것을 말해준다. 이에 대해서는 제15장 '대칭과 비대칭' 절을 참조하기 바란다.

대언문법

　중국은 전통적으로 글을 말할 때 주술구조를 따지지 않고, 대구와 대칭(对仗对称), 호문과 회문(互文回文), 전사반복 끝말잇기(顶真续麻), 중언과 첩사(重言叠词), 비유와 전고(比喻典故), 짝수자와 홀수자(偶字奇字), 실자와 허자(实字虚字), 성상호의(声象乎意), 기승전결(起承转合) 등을 중시한다. 이들은 서학동점(西学东渐)의 큰 물결 속에서 한때는 수사적인 현상, 부차적인 현상으로 여겨져 소외되거나 땅에 묻혔던 것들이다. 하지만 이제 다시 발굴하여 조명해 보니 중국어의 조직을 구성하고 감정을 표현하며, 의미를 전달하는 기본방식이었다. 중국어의 조직은 근본적으로 대언성(对言性), 호문성(互文性), 회문 가능성(可回文性), 전사반복의 겸어성(顶真递系性), 성상호의성(声象乎意性)을 가진다. 또 동일어휘 및 둘과 넷 채우기(凑双四), 단음절과 쌍음절의 조합(单双组配) 등이 사실은 중국어 문법 자체의 형태변화이고, 대언의 격식화(쌍음절화 포함)가 사실은 중국어 자체의 문법화이다. 그런데 이러한 새로운 인식을 얻게 된 것은 서학동점의 공로가 아닐 수 없다. 서학의 도입은 우리의 시야를 확대시켰고, 세계와 자신을 관찰하고 이해하는 새로운 시각, 나아가 새로운 사고방식을 제공하였다.

　다음 절에서는 키워드를 제시하는 방식으로 Part2의 각 장에서 서술한 내용과 중국어의 대언문법, 대언격식에 대해 정리하기로 한다.

① 주술구조를 넘어서

1.1 키워드 총정리

대언문법

대언격식을 근간으로 하는 문법을 가리키며, 중국어의 조직을 구성하는 방법으로 '대문법(大语法)'이라고도 한다. 대언문법은 세 가지 방면에서 주술구조를 넘어선다. 첫째, 글자(字), 문장(句), 단락(章), 텍스트(篇)를 관통하고 텍스트를 귀결점으로 하는데, 이는 문장(단문, 복문)에서 그치는 인도유럽어 문법과는 다르다. 둘째, 음성, 문형(통사), 의미, 화용을 종합하고 화용을 목적으로 하는데, 이는 문형 위주인 인도유럽어의 형태론과 통사론이 아니다. 셋째, 감정의 표현(传情)과 의미의 전달(达意)은 일체이며, 의미는 문장을 사용하여 명제를 전달하는 것이자 의도와 정서를 전달하는 것이다. 요컨대, 대언문법은 글자·문장·단락·텍스트가 관통하고, 음성·형태·의미·화용이 하나로 통합되어 있으며, 감정의 표현과 의미 전달이 일체화된 것이다.

대언명의 완형

인도유럽어는 주어와 술어가 합쳐져서 하나의 완전한 의미를 나타내야 비로소 형식이 완전한 완형(完形)이라고 본다. 그런데 중국어는 '대를 이루어 말하는(对着说)' 대언이 하나의 완전한 의미를 나타내고 새로운 의미를 생성하는 대언명의가 되어야 완형이라고 본다. 다시 말해, 대가 없으면 의미를 알 수가 없고, 말이 성립하지 않는다. 전통적으로 말하는 '호문'에 대해서는 넓은 의미로 이해해야 한다. 대언은 모두 호문이며, 호문은 중국어의 일종의 구조적 특징이다. 호문은 언어학에서의 '양자 얽힘'이다. 이에 대해서는 제7장을 참조하기 바란다.

대의 개념

대언문법의 핵심개념인 '대(对)'는 대화, 응대, 상대하다, 대우하다, 대비하다, 옳고 그름, 대응하다, 대칭, 대구 등을 모두 포함하는 여러 의미항목의 종합이다. 이들 의미항목은 서로 연결되고 뒤엉켜 있는 개념 네트워크를 구성한다. 이 개념 네트워크는 사람·자연·사회·언어의 네 가지 원소가 하나로 합쳐진 것으로, 분석은 가능하지만 분리하는 것은 불가능하다. 요컨대, '대언'은 쌍방의 대화 및 쌍을 이루는 표현형식을 모두 가리키는데, 후자는 전자에 뿌리를 두고 있다. "대(对)는 응답에 정해진 방식이 없는 것이다.(对, 應无方也。)". 응답은 가능성만 말할 수 있을 뿐, 필연성을 말할 수는 없다. 이에 대해서는 제8장을 참조하기 바란다.

대화가 기본

대언문법은 언어의 대화성에 뿌리를 두고, 쌍방의 상호협력을 전제로 한다. 의미는 대화자의 의도를 전달하는 것이며, 감정의 표현과 의미의 전달은 일체이다. 대를 이루는 표현형식은 사람과 사람, 사람과 자연의 대화를 상징하고, 또 감응으로 생기는 정서적인 공명을 상징한다. 응답이 나타나면 바로 유발이 시작되는 등 대화의 여러 가지 특징이 독백 텍스트의 각종 특징을 결정한다. 이에 대해서는 제8장을 참조하기 바란다.

대언격식

대언의 격식화는 대언격식을 만든다. 인도유럽어 문법은 주술구조를 근간으로 하며, 연결이 중심이 되고 연결 속에 대가 있다. 반면 중국어 대문법 또는 대언문법은 대언격식을 근간으로 하고, 대를 기본으로 한다. 대구식 연결을 이루고, 대의 순서가 정연하다. 대언격식은 중국어 문법의 구조성이 구체적으로 드러난 것으로, 대언의 격식화는 곧 중국어의 문법화이다. 대언격식은 계열관계를 결합축 상에 나타냄과 동시에 감정을 표현하고 의미를 전달한다. 대언격식은 대를 이루는 지칭어 병치(지칭어대)가 근원이 된다. 이는 쉬운 것에서 어려운 것으로의 '순서대(有序对)'와 글자·문장·단락·텍스트의 '확대·축소대(缩放对)', 전사반복 겸어식인 '사슬대(链接对)', 음·형·의·용이 합쳐진 '다중대(多重对)' 등으로 나타난다. 대언격식은 주술구조를 넘어서기 때문에 주술구조는 중국어의 대언격식을 포괄하지 못하지만, 대언격식은 주술구조(논리를 수용하는 주술식을 가리킴)의 분석을 수용할 수 있다. 인류의 언어는 대언에 뿌리를 두고 있는데, 이는 진화과정에서 두 갈래로 나뉜다. 인도유럽어는 주술구조를 형성하는 방향으로 발전하였고, 중국어는 대언격식을 형성하는 방향으로 발전하였다. 대칭 속에 변화가 나타나고, 균형 속에 불균형이 있는 것은 언어의 일반적인 규칙이다. 모든 불균형과 변화는 대언격식으로부터 생겨난다.

지칭어대

두 지칭어 '주어성 지칭어(起指)'와 '술어성 지칭어(续指)'는 병치하여 대를 이루는데, 이를 '주어성 지칭어 - 술어성 지칭어의 대(起指—续指对)', 약칭 지칭어대(指语对)라 한다. 주술, 수식, 동보, 병렬 등 여러 가지 구조관계는 모두 이 지칭어대에서 파생된 것이다. 대언문법에서 주술구는 주술대, 수식구는 수식대, 동보구는 동보대라 한다. 주술구조보다는 중국어의 지칭어대가 언어의 근원에 더 가깝다. 주어-술어가 지칭어대이고 술어도 지칭어이므로, 주어와 술어는 하나로 통합될 수 있다.(주술 동일어휘(主谓同辞)) 또 주어와 목적어도 하나로 통합될 수 있는데, 전통적으로 말하는 '행위자 피행위자 동일어휘(施受同辞)' 현상은 중국어의 구조적인 특징으로 보아야 한다. 이에 대해서는 제9장을 참조하기 바란다. 지칭어대는 확대와 연결을 통해 텍스트를 형성함으로써 표현되고 이해되는데, 이는 병렬 처리와 동적 처리라는 실시간 인지처리 방식에도 부합한다. 이에 대해서도 역시 제9장을 참조하기 바란다.

순서대

대를 이루면서 연결될 뿐만 아니라 대를 이루면서도 질서가 정연하다. 중국어 대언문법의 세 가지 순서법칙은, 주어는 모두 술어 앞에, 보어는 모두 동사 뒤에, 수식어는 모두 피수식어 앞에 위치한다는 것이다. 이는 언어가 자체조직을 통해 형성된 가장 간단하고 효과적인 어순 구도로, 정보전달의 원리를 따른다. 이 세 가지 자연적인 순서법칙은 인지가공의 '선이후난(先易后难: 처음에는 쉽고 나중에는 어렵다)'율이라는 하나의 자연율로 통합될 수 있다. 지칭어대의 배열순서는 '가별도 우선원리(指别度领先原理)'를 따른다. 가별도 우선과 선이후난은 모두 주관과 객관이 합쳐진 것이며, 중국어의 어순은 본질적으로 '사용 순서(用序)'이다. 이에 대해서는 제10장을 참조하기 바란다.

확대·축소대

확대·축소대는 '확대·축소형 대칭격식'의 약칭이다. 확대·축소대는 단어와 구, 단락, 텍스트를 관통하는데 4자격을 기본으로 확대나 축소를 하고, 또 이를 바탕으로 여러 가지 변체를 형성한다. 중국어 문법과 달리 인도유럽어 문법은 글자에서 문장구성(문장에서 그침)까지의 기제가 계층구조의 기초 위에 세워졌다. 계층구조는 비대칭구조로 각 계층이 모두 '주(主)'와 '종(从)'으로 구분되어 있어서 항상 하나의 통제 핵(head)이 있으며, 긴 문장의 생성은 삽입과 귀환에 의존한다. 문장의 계층구조는 예를 들어 그림으로 나타내면 다음과 같다.

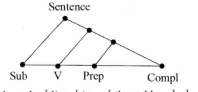

[The old steed$_{NP}$ [lies$_V$ [in$_{Prep}$ [the stable$_{NP}$]$_{PP}$] $_{VP}$]]

중국어는 글자에서 문장, 단락, 텍스트에 이르기까지의 기제가 대언격식의 기초 위에 세워졌다. 대언격식의 기초는 두 성분이 대등하게 대칭을 이루고, 중심과 주종(종속)의 구분 없이 성질이 하나(모두 지칭어)로 귀속되는 것이다. 작은 단위에서 큰 단위까지 삽입과 귀환이 아닌 대칭격식의 투사와 확대로 이루어진다. 개별 글자는 확대를 통해 짝수 글자의 대를 이루고, 짝수 글자는 다시 확대되어 문장의 범위를 넘어서 텍스트까지 관통한다. 확대·축소형 대칭격식은 그림으로 나타내면 다음과 같다.

老驥伏枥　　志在千里

　이것은 가장 균형적인 상황이며, 실제 상황은 당연히 여러 가지 불균형과 변화가 있을 것인데, 그러한 변화는 모두 위 대칭격식의 변체형식이 된다. 이 대칭격식은 중국어의 운율구조이자 문법구조이다. 중국어는 운율 자체가 문법의 구성요소이기 때문에 운율구조와 문법구조가 전반적으로 고도로 일치한다.

　확대·축소형 대칭격식의 형성 원인은, 중국어는 음의일체(音义一体)인 글자가 기본단위이고, 각 글자는 동일한 강세와 가치를 가지는 등중등가(等重等价)이기 때문이다. 대언명의로써 완형이 되는 격식은 인지적인 가공을 할 때 비선형적인 '병렬 처리'를 필요로 하는데, 마침 공교롭게도 숫자 4가 2+2=2×2의 특성을 가지므로 4자격이 확대·축소형 대칭격식의 근간이 되었다. 이에 대해서는 제11장 '확대·축소대'를 참조하기 바란다.

사슬대

　사슬대는 '평접형 사슬대 격식(平接型链对格式)'의 약칭이다. 중국어는 대가 기본이 되고 대를 이루면서 연결된다. 확대·축소대는 '대'에 착안하지만 사슬대는 '연결'에 착안한다. '老驥伏枥'는 확대·축소형 대칭격식이면서 평접형 사슬대의 격식으로, 두 가지 격식이 씨줄과 날줄처럼 얽혀있다. 사슬대의 격식을 그림으로 나타내면 다음과 같다.

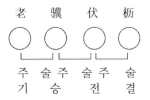

老　驥　伏　枥

주 술 주 술 주　술
기　승　　전　　결

　　이는 가장 작은 기승전결식의 4언구조로, '앞이 뒤를 덮고, 뒤가 앞을 잇는(上覆下下承上)' 유기적인 전후 연결을 규칙으로 하여 겸어식의 상호 연결 문장을 이룬다. 실제 상황은 변화무쌍하지만 모두 이 4언 연결을 근간으로 하여 생겨난다. 사슬대의 격식 또한 텍스트를 관통하는데, 이러한 기승전결의 4구식은 중국어 특유의 복문양식이다. 전통에서 말하는 '전사반복 끝말잇기'와 '기승전결'은 단지 수사격이나 행문의 기교로만 볼 것이 아니라 중국어의 구조적 특징으로 보아야 한다. 중국어의 구조는 광의의 겸어성을 가진다. 사슬식은 인지적으로 수시로 활성화되고 접근하는 '동적 처리'를 필요로 한다. 사슬대 격식의 형성은 무종지문이라는 특성에서 비롯되는데, 이는 대화의 사슬성에 뿌리를 두며, 응답은 나타나면서 곧바로 유발이 된다. 독백을 할 때 화자는 '1보 선행'의 전략을 씀으로써 청자의 반응을 미리 예상하고 자신이 먼저 나서서 설명을 한다. 이에 대해서는 제12장 '사슬대'를 참조하기 바란다.

다중대

　　다중대는 음, 형, 의, 용의 다중적인 대칭과 대응을 가리킨다. 음성에서의 대칭과 대응(성운대(声韵对))은 중국어에서 상당히 중요하다. 이는 둘과 넷 채우기, 반두율, 쌍성과 첩운, 평평측측, 대칭적 운율격자 등의 방면에 모두 나타난다. 다중대를 그림으로 나타내면 다음과 같다.

  음·형·의·용 각 계층은 내부적으로 대칭을 이루며, 종적으로 투사 대응한다. 대언문법은 '용', 즉 사용이 기본이 된다. 사용은 목적이면서 귀결점이다. 왕부지(王夫之)[1]의 『강재시화(姜斋诗话)』를 차용한 '의도는 말의 앞에 있기도 하고, 말의 뒤에 있기도 하다(意在言先, 亦在言后)'라는 표현에서 '意'는 의도를 가리킨다. 말의 출발점은 의도를 전달하는 것이고, 귀결점은 의도를 이해하는 것이다. 의도의 전달과 이해가 바로 말의 용의(用意)이다.

음의상징대

  음·형·의·용의 4중대는 음과 의미의 2중대로 요약할 수 있다. 음의상징대(音义象对)는 음성 결합대와 의미 결합대 사이의 상징관계를 말한다. 쌍성첩운과 평측의 대응은 모두 상징성을 가지는데, 구체적으로는 호문견의(互文见义)와 대언명의(对言明义)를 상징한다. 단음과 쌍음의 구별 및 단·쌍음절의 결합방식은 표면적으로는 운율현상이지만, 사실은 중국어 자체의 문법적 형태수단이다. 운율은 문법의 구성 요소이며, 그 근원은 대화와 운율이 불가분의 관계라는 것이다. 운율은 일종의 중요한 상호작용의 전략과 수단이다. 음성과 의미의 상

---

  1) 역자주: 왕부지(王夫之, 1619-1692) 중국 명말 청초의 사상가, 학자.

징대는 주로 수량상징, 순서상징, 밀도상징의 세 가지로 나타난다. 밀도상징과 밀접한 관련이 있는 허실상징의 원리는 음성의 소멸과 허실이 의미의 소멸과 허실을 상징한다는 것으로, 중국어에서 아주 중요한 역할을 한다.

인도유럽어와 중국어의 문법 체계의 차이는 다음 그림과 같이 나타낼 수 있다.

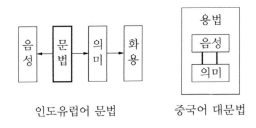

인도유럽어 문법   중국어 대문법

왼쪽 그림은 인도유럽어의 언어 조직을 의미하며 화살표 방향은 현재 서구의 주류 문법이론인 '생성문법'의 견해를 나타낸다. 문법은 사실상 통사론(syntax)을 뜻하며, 중심적인 위치를 차지한다. 문법의 왼쪽으로 음성 자모 읽기, 오른쪽으로는 의미 해독을 획득하고, 다시 문맥으로 가서 화용적인 해독을 획득한다. 따라서 인도유럽어의 문법은 주술구조를 근간으로 하고, 이들의 연결을 기본으로 한다. 오른쪽 그림은 중국어의 언어 조직을 의미하는데, 대문법은 대언문법으로 상호작용과 협력적인 대화에 뿌리를 둔다. 따라서 중국어의 문법은 용법을 기본으로 하고, 대언격식을 근간으로 한다. 전체 문법은 하나의 상징 체계로 음성대와 의미대의 양극으로 나뉜다. 음성대는 의미대를 상징(두 개의 세로선으로 표시)하며, 용법과 독립된 인도유럽어식의 문법은 존재하지 않는다. 과거에는 인도유럽어 문법을 비교대상으로 삼아

중국어 문법의 내용을 주로 어순의 문제라고 하였다. 그런데 대언문법의 틀 안에서 어순은 근본적으로 '사용 순서(用序)'(제10장)로 용법에 속한다. 다중대 및 음성과 의미의 상징대에 대해서는 제13장을 참조하기 바란다.

　두 목소리의 대화는 생명과 생존을 위한 최소한의 조건이고, 상징단위의 대는 언어의 생명과 활력의 원천이다. 인류의 언어는 대화에 뿌리를 두고 있으며, 문법은 용법에서 나오고 낱개의 말은 대언에서 나온다. 따라서 중국어의 대언문법은 중국어에만 적용되는 조직의 모델이 아니라 보편적인 의미를 가진다.

❷ 대언문법에서 본 주술구조

　대언문법은 보편적인 의미를 가지므로 이로부터 주술구조를 관찰하고 인식할 수가 있다. 인도유럽어의 주술구조는 중국어의 대언격식을 포괄할 수 없지만, 중국어의 대언격식은 논리적인 주술식을 수용할 수 있다. 역시 다음 한 쌍의 예로 설명하기로 한다.

　　玛丽, 买了一顶帽子。메리는, 모자 하나를 샀다.
　　玛丽买了, 一顶帽子。메리가 샀다(산 것은), 모자 하나(이다).

　중국어에서 이 두 가지 표현은 모두 대언격식으로 한 쌍의 지칭어를 병치한 것이다. 다시 말해, 주어성 지칭어 - 술어성 지칭어의 대라는 것인데, 이는 블룸필드(Bloomfield)의 말로 하면 '주어와 술어를 대등항으로 간주'하는 것이다. 첫 번째 예문은 '비대칭대'로, 인도유럽어의 주술구조에 가장 가까운 표현이다. 이는 논리명제를 주술로 양분하

는 것을 중시하며, 형식의 대칭은 중시하지 않는다. 하지만 술어 '买了
一顶帽子(모자 하나를 샀다)'도 주어 '玛丽(메리)'와 마찬가지로 지칭
어가 된다. 두 번째 예문은 중국어의 습관적인 표현 방식이며, 형식의
대칭을 중시하는 '대칭대'이다. '玛丽买了(메리가 샀다)'와 술어 '一顶
帽子(모자 하나)'는 대등한 지칭어가 된다. 그런데 중요한 것은 두 번
째 표현이 첫 번째 표현의 명제 내용을 배척하지 않는다는 점이다. 이
문장은 오히려 균형적으로 대응하는 어기를 나타냄으로써 사람들에게
생동감과 활발한 이미지를 준다. 이 두 표현은 두 가지 '의미 화면(意
义画面)'을 나타낸다.

중국어 대언문법의 관점에서 보면, 주술식을 수용하는 대언격식 또
는 중국식의 '주술구조'는 다음 세 가지 각도에서 이해할 수 있다.

2.1 '기의 - 기표'의 대

기호학의 각도에서 주어성 지칭어와 술어성 지칭어는 각각 '기의記
意'(signifié, 所指)와 '기표記表'(signifiant, 所以指)가 된다. 선진시기
공손룡(公孙龙)²⁾의 『지물론(指物论)』은 명실관계(名实关系)를 논술
하는 것으로부터 지물관계(指物关系)로 나아간다. 이때 사용한 '지
(指)'라는 단어는 '손가락'(수화 언어, 즉 '기표'를 가리킨다)을 가리키
기도 하고, '사물의 지칭가능성' 또는 '기의'를 나타내기도 한다. 이 가
운데 후자는 사물을 명명하는 기초가 된다.(李巍 2016) '这是白马(이
것은 백마이다)'라는 문장에서 '这(이것)'는 사물, 즉 기의이고, '白马
(백마)'는 가리키는 것, 즉 기표이다. 기의인 '所指'와 기표인 '所以指'

---

2) 역자주: 공손룡(公孙龙, BC325-BC250) 중국 전국시대 조(赵)나라의 사상가.

는 모두 지칭을 뜻하는 '指'가 되고, 둘은 대응 결합관계(对应耦合关系)에 있다. 메리가 모자를 구매하는 위의 예에서 위아래 두 예문은 모두 기의-기표의 대가 되는데, 하나는 비대칭대이고, 하나는 대칭대이다.

2.2 '서술대상-서술내용'의 대

언어학의 각도에서 주어성 지칭어와 술어성 지칭어는 각각 '서술대상(所谓)'과 '서술내용(所以谓)'이 된다. '주어-술어'라는 용어보다는 '화제-평언'을 사용하는 것이 중국어의 실제에 더 가깝다. 하지만 '화제-평언'은 '대'가 아닌 '연결'에 좀 더 치중된 용어이다. 따라서 선쟈쉬안(沈家煊 2017b)에서는 '所谓—所以谓对(that predicated-that predicates coupling, 서술대상-서술내용의 대)'라는 명칭으로 바꾸자고 제안하였다. '所(…하는 바)'자는 중국어에서 지칭을 나타내는 표지로(朱德熙 1983), '서술대상'과 '서술내용'이 모두 지칭어로서 대를 이룸을 나타낸다. 대진(戴震)3)은 『맹자자의소증(孟子字义疏证)』에서 '도(道)'를 해석할 때 '之谓'와 '谓之'라는 한 쌍의 단어 용법에 착안하였는데, 그의 뜻에 따라 그가 든 예를 설명하면 다음과 같다.

形而上者谓之道。 형이상적인 것은 그것을 도라고 한다.
서술대상　　서술내용

道也者, 一阴一阳之谓也。 도라는 것은, 한 번은 음이고 한 번은
서술대상　一阴一阳　　　　양이 되는 것을 말한다.

---

3) 역자주: 대진(戴震, 1724-1777) 중국 청나라의 고증학자.

<u>一阴一阳**之谓**道。</u> <u>한 번은 음이고 한 번은 양은 도라고 한다.</u>
서술내용   서술대상

일반적인 순서는 서술대상이 앞에 오고 서술내용이 뒤에 오는데, '谓之'라고 할 수도 '之谓'라고 할 수도 있다. '之谓'라고 할 때는 마지막 구절과 같이 순서를 도치(회문)할 수도 있는데, 이는 서술대상(所谓)과 서술내용(所以谓)이 '한 쌍'의(대를 이루는) 지칭어라는 것을 증명한다.

2.3 '실‒명'의 대

명변학(名辩学)의 각도에서 주어성 지칭어와 술어성 지칭어는 각각 '실(实)'과 '명(名)'이다. 서술대상은 실이고 서술내용은 명인데, 명과 실은 서로 대응되고 부합해야 한다. 중국어와 중국철학의 정신은 서로 통하고, 중국철학은 역대로 명과 실의 관계를 중시해 왔으며, 명이 실에 대해 규정한 의미에 실이 부합되어야 한다고 강조해왔다. 공자(孔子)가 '정명(正名)'을 강조한 것은 주로 사회를 다스리기 위해서였지만, 명가(名家)의 사상적 특징은 바로 '명'을 중시하고, '오로지 명분에 따라 결정하는 것(专决于名)'이었다. 사변의 초점이 '명'인 것이다. 펑여우란(冯友兰)은 『중국철학간사(中国哲学简史)』의 여러 곳에서 명과 실에 대해 말하고 있는데, '명가'는 글자 그대로 the School of Names로 번역하는 것이 가장 좋다고 주장하였다. 이로써 서양인들에게 중국의 철학적 논의에서 중요한 문제 중 하나는 명과 실의 관계 문제라는 것을 일깨워줄 수 있다. 명가에는 두 가지 경향성이 있는데, 각각 혜시(惠施)와 앞에서 말한 공손룡으로 대표된다. 전자는 실의 상대성을 강조한 반면, 후자는 명의 절대성을 강조하였다. 예를 들어, '这是桌子(이것은 책상이다)'라는 말에서 '这(이)'는 구체적인 사물을 가리키는 것으로, 상대적이고 가변적이며 생성과 소멸이 있는 유생유멸(有生有灭)의 특성을 가진다. 그런데 '桌子(책상)'는 명칭이라는 하나의 추상적인 범주를 가리키는 것으로, 변함이 없고 절대적이다. 또 '임금은 임금다워야 하고, 신하는 신하다워야 한다(君君、臣臣)'에서 앞의 '君'과 '臣'은 실제 임금과 신하를 나타내고, 뒤의 '君'과 '臣'은 임금과 신하의 명 또는 명분을 가리킨다. 정명은 바로 명실상부(名实相符:명과 실이 서로 부합함)한 것을 말한다. 치궁(启功 1997:66)은 『논어(论语)』에 나오는 '임금이 임금답지 않고, 신하가 신하답지 않다(君不君、臣不臣)'라는 표현으로 이 분석을 뒷받침하였다. 중요한 것은 정명이 아리스토텔레스와 같은 방식으로 정의를 내린 것이 아니라, 중국인들은 관상을 중시하기 때문에 현상에 따라 이름을 지었는데, 정명은 단지 명과 실의 대응만을 요구하는 이른바 명명(naming)에 불과하다는 것이다.(张东荪 1936) 요컨대, 선진(先秦) 유가들은 명실상부를 강론할 때 문장의 술어를 '명'으로 보았는데, 이는 동사를 중심으로 하는 인도유럽어 문법과는 현저하게 다른 것이다.

상술한 바를 종합하면, 중국어에 논리적인 주술식을 수용한 것이 사실은 대구식 결합구조이다.

  기호학 '기의(所指) - 기표(所以指)' 대구식 결합구조
  언어학 '서술대상(所谓) - 서술내용(所以谓)' 대구식 결합구조
  논리학 '실(实) - 명(名)' 대구식 결합구조

이 세 쌍의 명칭들은 서로 연결되어 있어서 통약(commensuration, 通约)이 가능하다. 기호로서 '글자(字)'는 원래는 '명(名)'이라고 불렀

다. 『설문해자(说文解字)』의 정현(郑玄) 주(注)에는 "명(名)은 글을 쓴다는 의미로, 오늘날은 자(字)라고 한다(名, 书文也, 今谓之字)", "옛날에는 명(名)이라 하였고, 오늘날에는 자(字)라고 한다(古曰名, 今曰字。)"라고 풀이하고 있다.(徐通锵 2008:99) 그런데 '서술하는 것 (谓)'은 '명'을 사용하여 그 실체를 얻는 것이다. "위(谓)는, 사람과 일을 논하여서 실체를 알게 되는 것이라는 의미이다(谓者, 论人论事得其实也)"(『说文解字』段注), "서술내용은 명(名)이고, 서술대상은 실(实)이다(所以谓, 名也 ; 所谓, 实也)".(『墨经·经说上』) 이들 3자의 차이는 논술의 영역만 다를 뿐, 모두가 대구식 결합구조이다.

③ 기호학에서 본 대언문법

언어 부호는 '기호(指号)'이다. 기호는 지시(指)가 기본이 되는데, 사람들은 기호를 사용할 때 일반적인 부호와는 달리 항상 의도를 가진다. 언어학은 기호학의 일부분이므로, 기호학에서 중국어의 대언문법에 대해 시사하는 바가 있다.

3.1 지시가 기본

언어기호는 상징부호(symbol)이면서 지시부호(index)이다. 이른바 index는 '집게손가락으로 가리키는 것'을 말한다. 먹구름은 비가 내리는 것을 상징하는데, 이때 먹구름은 상징부호가 되고 상징부호의 의미는 '자연적 의미'이다. 그런데 언어기호의 의미는 대부분이 '비자연적의미'이다.(제8장) 언어 진화에 관한 최근 연구 결과, '지시(指)'는 언어 기원의 초기 단계 또는 준비 단계일 가능성이 매우 높다는 것을 발견하였다.(Kita 2003, Bejarano 2011, 托马塞洛(Michael Tomasello, 마이클 토마셀로) 2012, Diessel 2013) 청각장애인의 수화는 '지시₁+지시₂'와 같이 대를 연결하는 방식으로 하나의 판단을 나타내고, 하나의 사건을 진술한다. 우리는 손을 사용하여 눈앞에 보고 있는 일이나 사물을 가리킬 뿐만 아니라 상상 속의 일이나 사물도 가리키고, 과거나 미래도 가리킨다. 하지만 동물들은 그러한 능력이 없다. 어떤 사람이 최신 유행하는 옷을 멋지게 차려입은 채 담배를 피우고 있는 젊은 여성을 손으로 가리켰을 때, 그 행위의 목적은 상대방의 주의를 끌기 위한 것이다. 또한 손가락으로 가리키는 것에 의미를 부여함으로써 상대방이 수화언어의 의도를 이해하도록 한다. 따라서 언어학의 '지시, 지칭'은 언어의 사용, 대화, 화자의 의도 등과 밀접하게 연결되어 있으며, 본질적으로는 화용적인 개념이다.

『논어』에 사용된 4개의 1인칭 대명사 '朕', '予', '我', '吾'의 차이는 주어, 목적어, 관형어라는 문법 범주에서 분석될 것이 아니라 여러 가지 대화 상황에서 고찰되어야 한다. '朕'은 존칭으로만 사용되며 황제가 신하에게 자신을 가리킬 때 사용하고, '予'는 겸칭으로 신성하거나 높은 사람 앞에서 자신을 가리킬 때 사용한다. '我'는 평범한 호칭으로 대중이나 다른 사람 앞에서 자신을 가리킬 때 사용하고, '吾'도 겸칭으로 개인 앞에서 자신을 가리킬 때 사용한다.(李子玲 2014) 고대중국어에서 '之', '者', '而' 세 가지 상용 허자의 기본적인 기능은 모두 지시이다.(沈家煊·完权 2009, 沈家煊·许立群 2016, 吴怀成·沈家煊 2017)

之	지시와 대용	鸟之将死 새는 곧 죽을 것이다
		('之'는 '鸟'를 대용)
者	지시와 휴지	仁者人也 인(仁)은 인간이다
		('者'는 '仁'을 대용하며, 짧은 휴지)
而	지시와 연결	人而无信 사람으로서 신실함이 없다
		('而'은 '人'을 대용하며, '无信'을 연결)

3.2 기표도 기의

인류의 언어가 동물의 '언어'와 구별되는 하나의 중요한 설계적인 특징은 성찰성(reflexisiveness)이다. '기표'로서의 언어기호는 언어 이외의 것을 가리키지만, 언어 그 자체를 가리키기도 한다.(Hockett 1960)

名不正, 則言不順 ; 言不順, 則事不成。
명분이 바르지 않으면 말이 순리에 맞지 않다. 말이 순리에 맞지 않으면
일이 이루어지지 않는다.   『论语·子路』

이는 제3장에서 무종지문의 사슬성을 말할 때 든 예로, 두 개의 기표-기의의 대로 이루어져 있다. 앞의 '言不順'은 기의 '名不正'에 대한 기표이다. 그런데 뒤의 '言不順'은 언어 그 자체를 가리킴(앞의 '言不順'을 대용한다)으로써 언어 외의 것을 가리키며, 또 동시에 '事不成'의 기의가 된다. 이는 기표 자체도 역시 하나의 기의라는 것을 말한다. 무이(Mooij 1976:39-53)의 구분에 따르면, 앞의 '言不順'은 식별지칭(identifying reference), 약칭 I-지칭이고, 뒤의 '言不順'은 언급지칭(mentioning reference), 약칭 M-지칭이다. 무이는 **언급지칭이 식별지칭을 포함**하며, 이는 호켓(Hockett)의 주장과 일맥상통한다고 지

적하였다.4)

크리스테바(克里斯蒂娃 2016:14)는 모든 텍스트는 다른 텍스트에 대한 흡수와 전환이라고 하였다. 그는, 대화의 특징은 인용어이고, 모든 텍스트의 구성은 인용어들의 집합이며, 어떤 말이든 모두 언어 그 자체, 즉 이미 한 말을 가리킨다는 바흐친의 관점을 인용하였다. 그들이 나타내려는 의미는 바로 모든 말은 다 기의이며, 기표도 역시 기의라는 것이다. 놀라운 것은 언어의 이러한 특징을 중국 선진시기의 명가 공손룡(公孙龙)이 이미 인지하고 있었다는 점이다. 『지물론(指物论)』에서 그는 주인으로서 "사물은 가리킴이 아닌 것이 없다(物莫非指)"라고 주장하였다. 그러자 초대된 손님이 "세상에 가리킴이 없다면, 사물을 가리킨다고 말할 수가 없지요(天下无指, 而物不可谓指也)"라고 질타하였다. 이에 주인은 손님의 말을 인용하여, "'가리킨다고 말할 수 없다'는 것이 곧 '가리키는 것'이 아닌가요?(不可谓指者, 非指也?)"라고 반문하였다. 여기서 주인이 말한 반어문의 의미는 "자네가 방금 말한 '가리킨다고 말할 수 없다'라는 그 말 자체가 바로 '가리키는 것'이 아니오? 설마 이를 '가리키지 않는 것(非指)'이라고 말할 수는 없겠지요?"이다. 요컨대, **기표도 일단 말해지면 바로 기의가 되므로, 기표도 역시 기의이다.**

기표도 역시 기의이고 서술내용도 역시 서술대상이라는 것을 옛사람들은 이미 인식하고 있었기 때문에, 고서에서는 문장부호를 사용할

---

4) 저자주: 무이(Mooij)는 또 명사와 동사는 모두 지칭에 사용될 수 있다고 보았다. 예를 들어, The mayor of Hull bade welcome to the guests who arrived by a special train from London 이라는 문장은 명사 the mayor of Hull, London, a special train도 지칭으로 사용되며, 동사 bade welcome과 arrived도 역시 지칭으로 사용된다. 동사가 지칭하는 것은 동작 또는 사건이다.

때 지금까지 인용부호는 사용한 적이 없었다. 현대 장편소설 『갖가지
꽃(繁花)』은 화본소설의 양식을 계승하였는데, 전편에 걸쳐서 인용부
호를 사용하지 않았다. 다음 예를 보자.

> (沪生为迎接朋友阿宝来家住, 把床铺整理得干干净净, 阿
> 宝看到后)沪生笑笑说, 备战备荒为人民, 领袖语录。
> (후성은 친구 아바오가 기거하러 집에 오는 것을 맞이하기 위해 침대를
> 깨끗하게 정리하였는데, 아바오가 이를 보자) 후성이 웃으며 말했다. "국
> 민들을 위해 전쟁을 준비하고 기근에 대비하자. 지도자 어록(에 나오지)."

'备战备荒为人民(국민들을 위해 전쟁을 준비하고 기근에 대비하
자)'은 인용어로 언어 그 자체를 가리키지만, 또한 동시에 언어 이외의
것인 후성이 특별히 침대를 정리하는 일도 가리킨다. 실제 언어에서
단지 언어 그 자체만을 가리키는 경우("'备战备荒为人民'은 일곱 글
자이다")는 극히 드물다. '被自杀(자살(이라고 여겨짐을) 당하다)'와
같은 표현에서 '自杀(자살)'가 가리키는 것은 분명히 언어 그 자체이
다. 하지만 이 역시 언어 외의 자살 행위를 가리키기도 한다.

전고(典故)는 비유이자 압축된 인용어로, 전고를 사용하는 사람이
옛사람과 대화를 나누는 것이다. 즉, 옛사람의 해석에 대한 해석과 재
해석이다. 중국어는 인용과 전고 사용의 역사가 유구할 뿐만 아니라
인용에 관한 이론도 역사가 매우 깊다. 가장 먼저 인용을 논한 것은
아마도 『장자·우언편(庄子·寓言篇)』 '중언(옛사람의 말을 인용한
것) 가운데 열에 일곱은 (인용한 화자)자신이 말하고 싶은 것을 나타
내기 위한 것이다.(重言十七, 所以己言也)'5)일 것이다. 여기서 '중언

---

5) 역자주: 이 구절의 '己'를 이미 '已'자로 써서 '已言(이언)'으로 본 판본도 있

(重言)'은 인용어를 말하는데, 옛사람의 말을 반복할 뿐만 아니라 이를 빌려 화자가 자신의 말을 하고 있는 것이다. 『장자·천하편(庄子·天下篇)』에서는 또 '중언을 참된 진리로 삼는다(以重言为真)'라고 하였다. 형식논리에서 인용어를 참이라고 보는 것은 사람을 근거로 하거나 권위에 호소하는 오류를 범하는 것이다. 그러므로 여기서 '진리'는 형식논리에서 말하는 '참'의 개념은 아니다.

주어와 술어는 각각 기의와 기표가 되는데, 이때 기표도 역시 기의이다. 이는 주술관계가 중국어에서 이분대립이 아니라 하나로 통합될 수 있음을 의미한다.(제9장 참조)

3.3 기호학의 해체사

구조주의에서 해체주의로 전환된 기호학의 역사를 돌아보면, 그 속에서 영감을 얻을 수 있다. 아래의 회고는 인전천(殷禎岑 2016)에서 재인용하였음을 밝힌다. 기호학은 19세기 말에서 20세기 초에 소쉬르(Saussure)[6]와 퍼스(Peirce)[7]가 각각 창시하였다. 소쉬르가 창시한 구조주의 기호학은 20세기 이 분야의 주류가 되었다. 소쉬르는 기호를 '기의'와 '기표'로 나누고, 둘의 결합은 자의적이어서 증명이 불가능하다고 보았다. 구조주의는 의미의 문제는 보류한 채, 체계 속에서 기호

다. 이때 의미는 '선인들이 깨달아서 밝힌 진리의 말'이라는 것과 '논쟁을 그치게 하는 말'이라는 것의 두 가지 견해가 있다. 하지만 이 책의 저자가 채택한 해석은 '자기(自己)'의 '기(己)'자를 사용한 것임을 밝힌다.

[6] 역자주: 페르디낭 드 소쉬르(Ferdinand de Saussure, 1857-1913)

[7] 역자주: 찰스 샌더즈 퍼스(Charles Sanders Peirce, 1839-1914) 미국의 철학자, 논리학자.

들 사이의 연결과 차이에만 주목하여 복잡한 언어현상으로부터 추상적인 구조 체계를 추출하였다. 하지만 체계의 구체적인 사용 및 외부 세계와의 연결은 고려하지 않았다.

말년에 소쉬르는 서사시의 회문어, 즉 철자 순서를 바꾼 애너그램(anagram, 回文词)에 대한 연구에서 자신이 개척한 연구 패러다임에 대한 반성을 드러내고 있다. 애너그램은 north(북쪽) → thorn((식물의) 가시), lived(살았다) → devil(악마)과 같이 알파벳(음소)의 순서를 바꾸어 만든 단어이다. 성경 속 성모의 이름 Marie(마리아)와 프랑스어 동사 aime(사랑하다) 역시 이러한 관계이다. 소쉬르는 라틴어와 베다 산스크리트(Veda Sanskrit)어의 서사시에서 애너그램을 다량으로 발견하였다. 이들은 모음과 자음의 출현 수량과 위치가 엄밀한 대칭성을 가지며, 이러한 대칭적인 음성 분포는 시가 낭독의 운율과 리듬 속에서 주제어를 무의식적으로 반복 출현시킴으로써 의미를 강화시키는 기능을 한다. 이를 통해 언어는 선형적인 의미표현의 차원을 넘어서 **대칭성에 기초한** 의미표현이라는 새로운 단계를 열게 되었다.

롤랑 바르트(Roland Barthes)[8]는 프랑스 기호학의 기둥이다. 그의 사상은 구조주의에서 해체주의로 전환하는 전 과정을 경험하였다. 그는 『기호학의 원리((The Element of Semiology)』(1964)에서 기호의 의미작용(signification) 체계는 항상 기표가 기의에 대응하는 단일 층의 구조가 아니라 **여러 층으로 된 다겹구조의 특징**을 나타낸다고 보았다. 첫 번째 단계의 기표 - 기의는 이어서 다시 기표나 기의가 되어, 다음 단계의 기표 - 기의 관계로 들어갈 수 있다. 예를 들어, '一种虚构生物—

---

8) 역자주: 롤랑 바르트(Roland Barthes, 1915-1980) 프랑스의 사상가, 문학자, 평론가.

龙(일종의 허구의 생물 - 용)'은 1단계의 기표 - 기의 관계인데, 이는 2단계의 기표 - 기의 관계인 '皇帝 ― 龙(황제 - 용)'으로 들어가는 기표가 된다.

의미작용 체계의 다단계화에 관한 연구는 기표와 기의가 안정적인 대응을 이룬다는 구조주의의 이념을 깨고, 포스트구조주의와 해체주의 사조의 도래를 예고하고 있다.

데리다(Derrida)⁹⁾는 더 나아가 기표는 기의를 나타내는 것이 아니라 언어의 유희에서 끊임없이 다른 기표를 대체하고, 의미는 이러한 대체 속에서 무한히 확산됨으로써 줄곧 미완성의 상태에 있다고 주장하였다.

러시아의 바흐친(Bakhtin)의 언어철학 역시 형식주의적 고립과 정적인 연구 방법에 의문을 제기하며, 동적이고 개방적인 '대화관계'의 핵심적인 지위를 강조하였다. 그는 "언어는 사용자들 사이의 대화 교류에서만 존재한다"면서, 순수한 독백은 존재하지 않는다고 하였다. 그는 대화성은 언어의 본질적인 특징으로 사회생활의 핵심이며, 모든 현상과 의미는 주체들 사이의 대화에서 생성된다고 주장하였다.

크리스테바(Kristeva)는 기호학의 연구대상을 텍스트로 설정하여 호문성, 즉 '상호텍스트성(intertexuality, 互文性)'을 특징으로 하는 기호학 이론을 창시함으로써 포스트구조주의와 해체주의 사조를 구성하는 중요한 일부분이 되었다. 상호텍스트성은 '각종 텍스트 사이의 상호 전환관계'를 의미하며, 텍스트는 뒤에 생기는 다른 텍스트와 수시로 관계를 맺을 수 있다. 텍스트의 상호 전환은 매번마다 의미의 변화를 가져오며, 부호의 의미는 이러한 텍스트의 상호관계와 작용 속에서 끊

---

9) 역자주: 자크 데리다(Jacques Derrida, 1930-2004) 프랑스의 철학자.

임없이 변환, 생성된다. 텍스트는 의미의 생성을 위한 공간을 제공하는데, 의미생성의 구체적인 기제가 바로 호문이다.

3.4 어떤 '구조'를 해체하는가

기호학의 해체의 역사는 '대칭적인 의미표현'에 대한 발견을 시작으로, 기표 - 기의라는 여러 층의 다겹 상태로 들어가 결국에는 대화와 호문으로 귀결된다. 중국어라는 기호체계는 텍스트에 착안하여 대화와 호문을 기본으로 한다. 그리고 선형적인 의미표현을 넘어서, 대칭(특히 성운대칭)의 의미표현으로 들어감으로써 다겹의 동적인 특징을 나타낸다. 주어와 술어가 모두 갖추어진 문장은 일문일답의 대화로 구성되어 있으며, 먼저 대화가 있고 나중에 독백이 있는 것은 언어가 대화관계와 상호작용성을 전제로 하고 있음을 충분히 증명하고 있다.(沈家煊 2016c) 서양 언어의 회문은 알파벳(자음과 모음)을 단위로 하며, 주로 조어법에 나타난다. 하지만 중국어의 회문은 주로 글자(음절)를 단위로 음의일체(音义一体)를 이루고 형태에 얽매이지 않기 때문에 어구와 텍스트에 많이 나타난다. 바르트가 말한 여러 층의 다겹 상황은 중국어에서는 일종의 정상적인 상태이다. 예를 들어, '名不正—言不順'은 첫 번째 단계의 기표 - 기의 관계인데, 이것이 또 기의가 되어 두 번째 단계의 기표 - 기의 관계인 '言不順—事不成'으로 들어간다. '名不正, 言不順'은 이후의 텍스트 '言不順, 事不成'과 관계를 맺고 상호작용을 하는데, '言不順'의 의미는 바로 이러한 호문에서 동적으로 생성된다. 또 '老驥伏枥' 구절의 표현과 이해에 관해서는 제12장에서 이미 상세히 설명하였다. 크리스테바(克里斯蒂娅 2016:12)는 자신의 상호텍스트 이론이 중국식 사유 방식에서 영감을 얻었다고 밝힌

바 있다. 그가 말한 중국식 사유 방식은 일음일양(一阴一阳)은 도(道)이며, 음양의 '대화'가 하나님을 대체하였다는 것이다.

따라서 중국어는 원래부터 포스트구조주의가 주장하는 상태에 있기 때문에, 중국어의 기호학은 '구조 해체'를 할 필요가 없다. 논의를 되돌려서 현재 이러한 인식에 도달하기 위해서는 구조주의의 세례라는 단계를 필수적으로 거쳐야 한다. 모든 인식은 결국 직접 경험과 대비를 통해 얻어진 것이기 때문이다.

하지만 우리는 또 '구조 해체'에서 해체하는 것이 어떤 '구조'를 뜻하는지 반문할 수 있다. 주술구조만이 구조이고, 대언격식은 구조가 아닌가? 해체주의는 모든 구조를 해체하는 허무주의의 경향이 있어서 또 다른 극단으로 치달을 수밖에 없다. 따라서 중국어 대언격식을 제시하는 것은, 이를 통해서 우리가 보다 차원 높고 언어 본질에 가까운 구조의 존재를 깨닫는 데 그 의미가 있다.

④ 대언문법에서 본 언어 진화

반세기 가까이 인류의 언어능력(language faculty)은 언어학 연구의 핵심 문제였다. 이에 관한 논의는 세 방면에 걸쳐 있다. 첫째는 언어능력이 무엇인가이고, 둘째는 언어능력은 어떻게 획득하는가(language acquisition)이며, 셋째는 언어능력을 획득하는 능력은 또 어떻게 획득하는가로, 언어 진화(language evolution)의 문제이다. 이 가운데 특히 세 번째 방면의 연구가 과거 20년 동안 더욱 두드러졌다.

하우저(Hauser et al., 2002)는 언어능력을 광의와 협의의 두 가지로 나누었다. 광의의 언어능력은 기억과 주의력, 특히 공동 주의집중

(joint attention)의 능력을 포함한다. 중국어 대언격식의 근간으로서 4자격이 4인 이유는 앞에서 이미 단기기억 용량과 주의력 지속 범위와 관련이 있다고 설명한 바 있다. 중국어 문법은 대언격식을 근간으로 하는데, 이것은 우리로 하여금 광의와 협의의 언어능력에 대해 깊이 생각할 수 있게 한다.

4.1 비선형적 귀환

구조 귀환성은 한때 협의의 언어능력의 속성으로 여겨졌는데, 이는 무제한 연결(unlimited concatenation)과 본질적인 차이가 있다.

구조의 귀환	무제한 연결
[A B]	[A B]
[[A B] C]	[A B C]
[[[A B] C] D]	[A B C D]

중간에 삽입된 귀환 구조 역시 계산식의 무제한 연결과는 다르다.

구조의 귀환	무제한 연결
[A B]	[A B](1A, 1B)
[A [A B] A]	[A A B B](2A, 2B)
[A [A [A B] B] B]	[A A A B B B](3A, 3B)

나중에는 다른 동물들도 구조 귀환의 능력이 있으며, 인간의 다른 고급 인지활동에도 구조 귀환성이 있다는 것을 발견하게 되었다. 자켄도프(Jackendoff 2011)는 아래 시각적인 도형(물론 일반적으로 말하는

언어는 아니다)에도 구조 귀환성이 존재한다고 지적하였다.

```
XXXXX XXXXX ┊ XXXXX XXXXX ┊ XXXXX XXXXX ┊
OOOOO OOOOO ┊ OOOOO OOOOO ┊ OOOOO OOOOO ┊
XXXXX XXXXX ┊ XXXXX XXXXX ┊ XXXXX XXXXX ┊
XXXXX XXXXX   XXXXX XXXXX ┊ XXXXX XXXXX ┊
OOOOO OOOOO   OOOOO OOOOO ┊ OOOOO OOOOO ┊
XXXXX XXXXX   XXXXX XXXXX ┊ XXXXX XXXXX ┊
XXXXX XXXXX   XXXXX XXXXX   XXXXX XXXXX ┊
OOOOO OOOOO   OOOOO OOOOO   OOOOO OOOOO ┊
XXXXX XXXXX   XXXXX XXXXX   XXXXX XXXXX ┊
```

이 도형은 다음과 같이 볼 수 있다. 한 줄에 5개의 X 또는 5개의 O를 포함하며, 먼저 15개의 항목을 포함하는 세 줄이 하나의 단위를 구성한다. 다시 이러한 단위 두 개로 비교적 큰 단위(30개 항목 포함)를 구성하고, 또 다시 이 비교적 큰 단위들로 3×3의 행렬을 구성한다. 그리고 이는 무한대로 확장이 가능하다.(점선은 필자가 추가함) 각각의 줄들은 모두 구조 핵(head)이 없고, 항목도 주종으로 나뉘지 않아서 이분구조는 아니지만 구조 귀환성은 분명이 존재한다. 그런데 선형적인 구조 귀환은 이러한 2차원적인 구조 귀환을 포괄할 수 없기 때문에 구조 귀환은 단지 협의의 언어능력일 수가 없고, 광의의 언어능력의 속성이다.

중국어의 대언문법과 대언격식은 하나의 유한 연결식 [A B C D], 즉 [老驥伏枥]는 그 자체가 하나의 겸어식 구조이며, '유한 겸어식'(숫자는 기억과 주의력 지속 범위의 제약을 받는다)이라고 할 수 있음을 나타낸다. 이때 네 개의 항목 '老', '驥', '伏', '枥'는 메뉴판 형식의 나열이 아니라, '老—驥', '驥—伏', '伏—枥'라는 세 쌍의 대가 차례로 연결되어 만들어진 것이다. 중요한 것은 이러한 4자어가 '老驥伏枥 志在千里 烈士暮年 壮心不已'와 같은 2×2의 행렬로 끊임없이 확대, 확장될 수 있다는 점인데, 이는 2차원적인 구조 귀환성을 가진다. 계 수의 연결식처럼 보이는 [A A B B] 또는 [A A A B B B]도 사실은 확대·축소형 대칭구조이다. 예를 들어, '指指点点(험담하다)'은 글자 조합 '指+点'의 2배수이고, '错错错莫莫莫(정말 잘못했다, 다시는 그 러지 말아야지)'(陆游『钗头凤』)는 글자 조합 '错+莫'의 3배수이다.

指指点点 [A A B B] (A+B)×2 = 2A+2B
错错错莫莫莫 [A A A B B B] (A+B)×3 = 3A+3B

중국어의 조직은 제한된 구조 체계와 2차원적인 구조 귀환을 통해 무한한 생성을 거듭하며 감정을 표현하고 의미를 전달한다. 이로써 중 국어 문법은 비선형적 귀환문법에 속한다고 하겠다.

사실 아직까지 우리는 협의의 언어능력(실제로 존재한다면)에 대해 잘 알지 못한다. 자켄도프(Jackendoff 2011)는 2차원 구조의 귀환 능력 이 선형구조의 귀환 능력보다 먼저 존재한다고 과감하게 예측하였다. 이에 대해서는 뇌 과학의 발전이 도움이 될 수 있을 것이다. 프로고박 (Progovac 2015)은 대뇌에서 귀환구조를 처리할 때는 대뇌기능의 좌 반구 편재화(lateralization) 경향이 뚜렷하지만, 겸어구조를 처리할 때 는 대뇌의 좌반구와 우반구에 동시에 의존할 것으로 예측하였다.

4.2 원시문법

비커튼(Bickerton 1990)은 원시언어(Proto-language)의 문법은 어구

의 무제한 겸어식 연결이라고 보았으며, 이를 'W*문법'(W는 word를 뜻함)이라 칭하였다. 이러한 원시문법은 계층구조와 귀환성이 없고, 성분은 주종, 품사를 구분하지 않으며, 어구들 간의 연결은 어순에만 의존한다. 묵시적인 기본(default) 어순원칙은 행위자가 앞에 위치하고 초점이 뒤에 위치하며, 수식성분이 피수식성분에 붙어 있다는 것 등이 다. 자켄도프(Jackendoff 2011)는 원시문법을 일종의 병렬구조(parallel architecture)로 보았다. 그는 음성구조와 의미(개념)구조는 문형구조 (통사법)의 파생물이 아니라 3자는 각각 독립적이고 병렬적인 영역이며, 서로 대응한다고 본 것이다. 또 그는 언어 조직은 통사범주가 없을 수도 있으며, 개념구조에 대응하는 유일한 성분구조는 운율구조라고 주장하였다. 이 관점은 언어의 상징단위가 음성과 의미의 양극으로 구성된다는 인지문법의 관점(위의 장 참조)과 기본적으로 일치한다. 그런데 '무제한 겸어식 연결'이라는 개념은 재고되어야 한다. 기억과 주의력 지속 범위의 제약으로 인해 겸어식 연결은 무한할 수가 없기 때문이다. 하지만 유한 겸어식은 확대, 즉 2차원적인 구조 귀환을 통해서 텍스트를 생성할 수가 있다.

비커튼과 자켄도프는 초기 아동 언어와 피진어, 실어증 환자의 언어, 제2언어 습득의 후기 단계, 긴박한 상황에서 하는 말 등 원시언어의 특징이 현대 언어에도 여전히 잠복해 있다고 보았다. 프로고박 (Progovac 2006, 2007, 2015)은 여기서 한 발 더 나아가 원시문법이 현대 언어 속에 아직도 살아있으며, 현대 언어의 근간이자 일종의 '살아 있는 언어 화석'이라고 주장하였다. 언어의 원시적인 단계를 병치구조 단계(paratactic proto-stage)라고 한다. 병치구조는 하나의 자동사와 하나의 명사가 합쳐져서 이루어진 이중슬롯(slot) 구조로, 주종의 구분과 연결성분 없이 운율적인 특징이 중요한 연결 작용을 한다. 또 동사는 시태가 없으며, 명사 논항은 행위자와 피행위자의 구분이 명확하지 않다. 요컨대 이 이중슬롯 구조는 내심구조(endocentric construction, 向心结构)가 아닌 외심구조(exocentric construction, 离心结构)이며, 이를 원시 술어구조(proto predication)라고 한다. 이러한 언어설계의 흔적은 현대의 언어에서도 찾아볼 수 있다. 예를 들어, 영어와 다른 언어에서 동사-명사 복합어 turn-coat(변절자), pick pocket(소매치기)이 그러하다. 그런데 중국어의 예는 복합어에만 국한되지 않는다. 제9장에서 '행위자 피행위자 동일어휘'를 논할 때 언급한 '食粮(식량)'과 '粮食(양식)'의 경우와 같이, 행위자와 피행위자가 동일어휘를 사용하는 것은 중국어의 구조적인 특징이다. 대언은 이중슬롯 구조이기 때문에 '자동사+명사'라고 한정할 필요가 없는 것이다.

중국어의 대언문법과 대언격식은 이러한 원시문법이 결코 언어 진화의 초기 단계나 낮은 단계로 여겨져서는 안 된다는 것과 언어의 진화에 원대한 목표는 없으며, 진화 단계 또한 높고 낮음의 구분이 없다는 것을 보여준다. 중국어는 대대로 대언격식이 오랫동안 끊임없이 흥성하였고, 언어의 무한생성의 바탕이 되었다. 따라서 중국어는 사용범위가 제한된 언어의 '살아있는 화석(living fossil)'이 아니라, 유구한 역사와 강한 생명력을 유지하는 살아있는 언어이다. 이는 언어 진화에 대한 우리의 인식에 매우 중요한 가치를 가진다. 점진적인 변화론이든 돌연적인 변화론이든 진화의 방향은 모두 단일 방향이 아닌 두 방향으로 나뉜다. 운율구조와 개념구조의 대응 문제에 대한 우리의 인식은 중국어 연구를 통해서도 심화될 수 있다. 따라서 중국어의 대언문법과 대언격식에 대한 연구는 중국어에 관한 연구의 영역이면서 또한 보편적인 언어유형론과 언어진화론 연구로서도 의의를 가진다.

대언과 대구식 사유

사유는 언어를 결정하고, 거꾸로 언어는 사유에 영향을 미치는데, 이는 사피어(Sapir)[1]와 워프(Wolff)[2]의 언어와 사유에 관한 상대론이다. 중국어 대언문법과 대언격식은 중국인의 습관적인 대구식 사유와 밀접한 관련이 있다.

① 대구식 사유

중국 고대에 우주의 구조와 기원에 대한 해석을 시도한 사상은 태극이 음과 양을 만들었고(太极生两仪), 음과 양이 사상(四象:金·木·水·火)을 만들었으며(两仪生四象), 사상이 팔괘[3]를 만들었다(四象生八卦)는 것이었다. 상수역학(象数易学)은 한대(汉代) 말기에 이미 논리성과 체계성을 갖추었다.(丁四新 2019) 펑여우란(冯友兰 2013:128)은

---

1) 역자주: 에드워드 사피어(Sapir, Edward, 1884-1939) 워프와 함께 언어상대성을 주장한 독일 태생의 미국 언어학자, 인류학자.

2) 역자주: 벤자민 리 워프(Benjamin Lee Whorf, 1897-1941) 언어상대성 가설(사피어-워프 가설)로 유명한 미국의 언어학자.

3) 역자주: 건(乾)·태(兑)·이(离)·진(震)·손(巽)·감(坎)·간(艮)·곤(坤)

"술수(術數: 음양·복서(卜筮) 등에 관한 이치) 그 자체는 미신에 기반을 둔 것이지만, 때로는 과학의 기원이 된다"고 하였다. 이는 중국사상에 대한 음양가(陰陽家)의 공헌이다. 그는 또 "초자연적인 힘에 대한 신앙을 버리고, 우주를 자연의 힘만으로 해석하려 할 때 술수는 곧 과학으로 변한다. 이러한 자연의 힘이란 무엇인가, 그 개념이 맨 처음에는 아마 대단히 단순하고 투박하였을 것이다. 하지만 오히려 이들 개념 속에 과학의 발단이 있다"고 주장하였다. 사피어-워프 가설(Sapir-Whorf hypothesis)에 따르면, 이러한 사상은 중국어의 구조적 특징에 대해 결정적인 영향을 미치고, 반대로 중국어의 구조적 특징 또한 중국인의 사유 방식에 영향을 미친다.

중국인들은 대를 이루어서 생각하고, 대를 이루어서 말하며, 대를 이루어서 글을 쓰는 것에 익숙하다. 이는 일종의 인지적 현상으로서 고상한 문화와 민속 문화 속에 모두 스며들었고, 서로 답습하면서 하나의 방법론적인 의의를 나타낸다.(祝克懿 2017) 앞의 '확대·축소대'(제11장), '사슬대'(제12장), '다중대'(제13장) 세 개의 장에서 설명한 바와 같이, 대를 이루는 것은 중국어가 단음절의 성조언어이고, 한자가 음과 뜻의 결합체라는 것과 관계가 있다. 단음절은 본질적으로 대구를 형성하기에 적합하고, 음절이 균형을 이루고 서로 대조되는 형식을 만들기가 쉽다.(郭绍虞 1979:158) 중국철학에서 '천지(天地)', '건곤(乾坤)', '음양(陰陽)' 등과 같이 두 글자의 조합으로 된 중요한 개념의 형성도 아마 이와 관련이 있을 것이다.(赵元任 1975)

주샤오눙(朱晓农 2015)은 언어가 추리의 방식을 결정하기 때문에 사유의 방식도 결정한다고 강조하였는데, 이는 강력한 사피어-워프 가설이다. 언어가 주술구조를 가진다는 것은 연역적 논리를 생성하기 위한 필요조건이다. 주술구조가 없이는 명제도 없고, 명제가 없으면 삼단논법의 연역추론도 없다. 중국어는 주술구조가 없으므로 연역적 추론의 생성 조건을 갖추지 못했다. 이는 장둥쑨(张东荪 1936, 1938)의 초기 견해와 일치한다.

서양이 연역적 추론을 중시하는 데 비해 중국인의 습관적인 사유방식은 대비적 추리이다. 이와 관련하여 주샤오눙은 다음과 같이 상당히 설득력 있는 예를 제시하였다.

	갑: 사마천(司马迁)	을: 문천상(文天祥)4)	병: 주샤오눙
대전제	人固有一死 사람은 죽는다	人生自古谁无死 사람이 태어나서 자고로 누가 죽지 않았는가?	凡人皆有死 사람은 모두 죽는다
소전제	(你我, 人也) (너와 나는, 사람이다)	(文天祥, 人也) (문천상은, 사람이다)	(圣人, 人也) (성인은, 사람이다)
아리스토텔레스 논리적 결론	(你我皆有一死) (너와 나는 모두 죽는다)	(文天祥能无死?) (문천상은 죽지 않을 수 있나?)	(圣人亦有死) (성인도 역시 죽는다)
명변 대비 추리	或重于泰山 或轻于鸿毛 어쩌면 태산보다 무겁다 어쩌면 깃털보다 가볍다	留取丹心照汗青 일편단심 남겨서 청사를 비추고자 하노라	然则圣人不朽 그러면 성인은 불멸한다

위 표의 갑·을·병 세 사람의 예는, 중국인들은 확실히 대비 추리에 익숙하며, 이는 중국어가 '대언명의'에 익숙한 것과 밀접한 관련이 있다는 것을 보여준다. '或重于泰山, 或轻于鸿毛(태산보다 무겁거나 깃털보다 가볍다)', '人生自古谁无死, 留取丹心照汗青(사람이 태어나서 자고로 누가 죽지 않았는가? 일편단심 남겨서 청사를 비추고자 하

---

4) 역자주: 문천상(1236-1283) 중국 남송의 정치가, 시인.

노라)', '人皆有死, 圣人不朽(사람은 모두 죽는데, 성인은 불멸한다)' 는 모두 대언이다. 중국인에게 있어서 삼단논법으로부터 도출한 논리적 결론은 너무도 자명하여 새로운 의미 생성(make sense)을 하지 못한다. 중국어는 대비와 대언을 이루어야만 새로운 의미 생성이 가능하다.

주샤오눙은 양전닝(杨振宁)과 역학자의 논쟁을 예로 들어 그의 견해를 피력하였다. 양전닝은 다음 삼단논법의 연역추론을 사용하여, 고대 중국에 과학이 생성되지 못한 원인을 설명하고 있다.

대전제　연역법이 없으면 과학이 없다.
소전제　고대 중국에는 연역법이 없었다.
결　론　고대 중국에는 과학이 생성되지 못했다.

이에 대한 역학자의 반박은 다음과 같다. 고대 그리스에는 수많은 연역법이 있었지만 왜 여전히 과학이 생성되지 못했는가? 양전닝은 연역법이 과학을 생성하는 필요조건이라고 주장한 반면, 역학자들은 연역법이 과학을 생성하는 충분조건이라고 주장하였다. 하지만 주샤오눙은 역학자들이 필요조건과 충분조건을 혼동한 것이 아니라, 중국인들은 '연역법이 없으면 과학이 없다'와 '연역법이 있으면 과학이 있다'와 같은 '정반의 대'를 사용하여 대조적으로 문제를 사유하는 습관이 있기 때문이라고 지적하였다. 역학자들이 보기에는 삼단논법에 따르면 다음 추론도 역시 성립한다.

대전제　연역법이 있으면 과학이 생성된다.
소전제　고대 그리스에는 연엽법이 있었다.
결　론　고대 그리스에는 과학이 생성되었다.(하지만 사실은 그렇지 않다)

역학자들은 '연역법이 있다'를 '연역법이 없다'와 대조해서 사고하고 추론하는 것이 단지 '연역법이 없다' 하나만을 가지고 연역적 추론을 하는 것보다 더 중요하다고 생각한다. 중요한 것은 다른 것보다 우선하므로 이는 또 다른 사유의 패러다임이다.

위안위린(袁毓林 2015)은 '반사실 표현(反事实表达)'이라는 각도에서 중국과 서양의 언어와 사유의 특징을 설명하였다. 중국어는 '공산당이 있으면 신중국이 있다'라는 충분조건을 설명할 때, 항상 '공산당이 없으면 신중국이 없다'와 대조하여 말을 한다. 이는 역시 '공산당이 있어야 비로소 신중국이 있다'라는 필요조건을 나타내는 효과를 얻기 위한 것이다. 하지만 영어 if … then 또는 only if … then과는 달리, 중국어는 조건이 실제로 사실에 부합하는지 여부는 중시하지 않는다. 중국어에서 중시하는 것은 사건의 인과적인 추리가 아니라, '신중국이 있는가 없는가'라는 결과 사태의 대조이다.

대구식 사유(对举思维)는 '대비적 사유(比对思维)'와 '대조적 사유(对比思维)'의 두 가지 방면으로 나뉜다. 증명과 공통점을 구하는 데 치중하면 대비적 사유5)를 사용하고, 반박과 차이점을 드러내는 데 치중하면 대조적 사유를 사용한다. 예를 들면, '上有天堂－下有苏杭((하늘에는 천당이 있고, 땅에는 쑤저우(苏州)와 항저우(杭州)가 있다)', '天要下雨－娘要出嫁(하늘이 비를 내리려 하고, 홀어머니는 시집을 가려 한다)', '老骥伏枥志在千里－烈士暮年壮心不已(늙은 천리마가 말구유에 엎드려 있지만 뜻은 천리 밖에 있고, 열사가 늙었어도 장대한 포부는 식지 않았다)' 등은 대비적 사유를 나타낸다. 반면에 '人皆有死－圣人不朽(사람은 모두 죽지만, 성인은 불멸한다)', '落花

---

5) 저자주: 주샤오눙(2018a)이 말한 동일구조 연역추론에 해당된다.

有意—流水无情(떨어지는 꽃은 마음이 있건만, 흐르는 물은 정이 없다)', '明枪易躲—暗箭难防(드러난 창은 쉽게 피할 수 있지만, 숨어서 쏘는 화살은 막기가 어렵다)' 등은 대조적 사유를 나타낸다. 그런데 대비와 대조도 모두 '대'이다. 사유 방식은 언어의 영향을 받는다. 이러한 관점에서 이 책의 주제는, **연역추론은 주술구조가 근간이 되는 언어의 영향을 받고, 대구추론은 대언격식을 근간으로 하는 언어의 영향을 받는다는 것이다.**

서양의 논리학과 중국의 명학을 비교하면, 논리학의 연역적 삼단논법은 추론의 형식에서 명제를 연구하고, 명제에서 주어와 술어의 외연 관계를 연구하기 때문에 토론하는 논리의 참과 거짓은 단지 형식일 뿐이다. 명제의 주어와 술어에 대한 연구는 이 책 제1장에서 서술한 바와 같이 언어 문장의 주어와 술어에서 출발한다. 선진(先秦)시기 명학은 논증 격식 안에서 주술문제를 토론하는 것이 아니라, 논증 격식 밖에서 용명(用名)과 정명(正名)의 문제를 논의하였다. 이러한 논의는 선진 명학의 핵심 내용을 구성하고, 형식상의 참과 거짓보다는 가치 판단의 옳고 그름에 주목했다는 점이 특징이다. 논증은 모두 다 구체적이다. 용명과 정명에 대한 논의는 앞 장에서 밝힌 바와 같이 언어의 '실(实)－명(名)' 대구식 결합구조에서 출발한다. 주어와 술어는 하나로 통합할 수 없지만, 실과 명은 하나로 통합이 가능하다. 이때 명은 '실이 있는 명(有实之名)'이다.

물론 대비적 사유 또는 대조적 사유에 집착하여 스스로 벗어나지 못하고 극단으로 가게 되면 역효과가 나타나기도 한다. 하나의 우스갯소리가 있다. 주인이 자신의 생일잔치에 4명의 손님을 초대했는데 3명밖에 오지 않았다. 이를 본 주인은 "아이고, 오셔야 할 분이 안 오셨네."라고 말하였다. 이를 들은 한 손님이 속으로 주인의 말은 '오지 말아야 할 사람들이 왔네요'라는 뜻이라고 생각하고는, 인사도 없이 돌아가 버렸다. 그러자 주인은 황급히 "아이고, 가지 말아야 할 분이 가버렸네."라고 말했다. 다른 한 손님이 이를 듣고는, 속으로 '주인의 말은 가야 될 사람이 아직도 가지 않고 있다는 뜻이구나'라고 생각하였다. 그리하여 그 역시도 자리를 박차고 돌아가 버렸다. 그러자 주인이 또다시 당황하면서 남아 있는 마지막 손님에게 급히 말했다. "제가 말한 것은 저 두 분이 아닙니다." 이를 들은 그 손님은 속으로 생각했다. '당신이 말한 건 그들이 아니라 바로 나였구나.' 그리고는 결국 역시 돌아가 버리고 말았다. 과거에 중시를 받지 못했던 연역적 추론은 뜻밖에 많은 자연과학적인 성과를 내면서, 중국인들의 예상을 뒤엎고 현재 급물살을 타면서 발전하고 있다. 그러나 연역적 추론과 대구적 사유의 좋고 나쁨의 문제는 또 다른 문제이다.

❷ 대응범주관

위에서 살펴본 양전닝과 역학자의 논쟁 사례는 또한 중국과 서양이 서로 다른 범주관을 가지는 경향이 있음을 보여준다. 범주관은 범주의 경계와 분합, 형성을 어떻게 보는가를 말하는 것으로, 인지과학의 중심 의제이다. 범주가 있어야 개념이 형성되고, 경험도 의미를 가질 수 있다. 범주와 그 형성을 이해해야 우리의 사유와 행위를 이해할 수 있으며, 나아가 인간이 인간인 이유를 이해할 수가 있다. 서양인들은 '대립(对立)'의 범주관을 가지는 경향이 있는 반면, 중국인들은 '대응(对待)'의 범주관을 가지는 경향이 있다. 양전닝의 연역적 추론에서 제시한 '연역법이 없으면 과학이 없다'라는 대전제는 연역법과 과학을 대립과 의존의 관계로 본다. 연역법은 과학이 아니고 과학은 연역법이 아니라는 것은 대립이다. 하지만 연역법은 과학 생성의 필요조건이며, 과학은 연역법이 초래한 필연적인 결과라는 것은 의존이다. 이와 달리, 역학자들이 대조추론에서 제시한 '연역법이 있으면 과학이 있다'라는 대전제는 연역법과 과학을 대응과 의존의 관계로 본다. 대응관계는 일종의 포함관계이다. 이는 과학이 연역법을 포함하는 것이다. 연역법은 그 자체가 과학의 일부이므로, 연역법이 있다는 것은 과학이 있다는 충분조건이 된다. 서양은 필요조건을 중시하고 세상을 필연적인 세계로 보며, 주류 철학은 '필연성'을 추구하는 철학이다. 반면, 중국은 충분조건을 중시하고 세상을 가능세계로 보며, 생활의 근본적인 문제를 가능성의 문제로 본다.[6] 이 절에서는 중국인의 대응범주관 역시 대언 및 대구식 사유와 관계가 있다는 것을 설명하고자 한다.

2.1 대립과 대응

범주관에서 중국과 서양의 '대립'과 '대응'의 차이는 장둥쑨(张东荪 1938)에서 가장 먼저 제시되었다. 그는 서양의 논리학적인 분류는 동일률에 기초하기 때문에 갑과 갑이 아닌 것, 선(善)과 선이 아닌 것으로 반드시 이분(dichotomous division)되어야 한다고 주장하였다. 분류규칙은 반드시 '배타성(exclusiveness)'을 가져야 하며, '정의의 대상(定者)'과 '내린 정의(定之者)' 사이에는 반드시 등호가 성립되어야 한다는 것이다. 하지만 중국인의 사상은 동일률에 의존하지 않고, '대응'의 관계만을 출발점으로 한다. "갑과 을은 대응하고 서로 의존하여 이루

---

6) 저자주: '필연성'의 철학과 '가능성'의 철학에 대해서는 赵汀阳(1994)을 참조할 수 있다.

어진다. 또한 정의를 내리는 것도 불가능하므로 단지 반대의 의미로써 그것을 밝힐 수밖에 없다. 이는 또 다른 명학이자 또 다른 하나의 사상 체계이다."[7] 장둥쑨의 이러한 견해는 상당히 심오하지만, 서양의 학자들이 보기에 대응관계가 무엇을 가리키는지에 대해서는 좀 더 많은 연구가 필요한 대목이다. 선쟈쉬안(沈家煊 2017c)은 '갑을대응'을 논리에서의 '갑을 포함'으로 설명할 수 있다고 보았다.

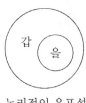

논리적인 유포섭

이는 논리에서의 '유포섭(class inclusion, 类包含)'이다. 이에 대해서는 라이언스(Lyons 1977:291)를 참조할 수 있다. 서양인들에게 설명할 필요가 있는 것은 중국어에서 '对'라는 글자가 나타내는 대립은 배타적인 대립(exclusive opposition)이 아닌 포용적인 대립(inclusive opposition)이라는 것이다. 갑의 범주가 을의 범주를 포함하면, 을은 모두 갑이 되지만 갑이 모두 을이 되는 것은 아니다. 이때 갑과 을은 다르지만 같은 '이이동(昪而同)'의 관계이다. 그런데 또 다른 각도에서 볼 때, 갑이 을을 포함(include)하면, 역으로 을은 갑을 함의(entail)하는 것이 된다. 이때 갑과 을은 서로 의존의 관계이다. 갑을대응과 갑

7) 저자주: 장둥쑨(张东荪)은 또 중국인은 개념만 있고 범주는 없다고 하였다. 범주가 없다는 것은 서양과 같은 필요충분조건을 사용하여 확정한 범주가 없음을 의미한다. 그는 또 서양의 '类'는 범주(category)를 말하지만, 중국의 '类'는 가장 우선시되는 의미가 유추(analogy)라고 하였다.

을 포함은 하나의 일에 대한 두 가지 표현이다. '대응'이라고 말하는 것은 갑과 을의 '차이점'에 치중한 것이고, '포함'이라고 말하는 것은 갑과 을의 '공통점'에 치중한 것이다. 예를 들어, 중국어 명사와 동사는 '다르지만 같다'. 다르다는 것에 치중하여 명사가 모두 동사는 아님을 강조하는 것을 '명동대응(名动对待)'이라고 한다. 반면, 같다는 것에 치중하여 동사도 역시 명사임을 강조하는 것은 '명동포함'이라고 한다. 상호 배타적인 대립구도에서는 갑과 을이 교집합을 이룰 때에만 '이이동'이라고 한다. 그런데 대립을 포용하는 구도에서는 그 자체가 바로 '이이동'이어서 갑과 을은 최대치로 호환된다.

대응관계에 대한 이러한 이해와 설명은 갑과 을의 관계가 정적인 평등의 대응이 아님을 말해준다. 만약 정적인 평등대응이라면 서양의 형식논리에 포함될 수 있을 것이다. 논리 정방행렬에서 대립은 모순관계이고 대응은 반대관계로, 대응관계는 서양의 '대립통일'적인 변증법 관념에 포함될 수 있다. 하지만 대응은 정적인 대립 통일과는 다르다. 유포섭관계로 설명한 갑을대응에서 갑과 을은 본말과 원류(源流)의 차이가 있다. 즉, 갑은 본원(本源)이고, 을은 하류(末流)라는 것이다. 이것을 '명동포함'에 적용하면, 명사는 본원이고 동사는 하류가 된다. 언어 진화의 각도에서 보면, 독립된 동사류는 명사류에서 분화되어 왔다는 것을 많은 언어 사실들이 보여주고 있다. 따라서 주어와 술어의 대립은 언어의 원시적인 모습이 아니다. 이와 마찬가지로 용법은 문법을 포함한다. 용법은 본원이고, 문법은 하류인 것이다. 따라서 대응범주관은 '하나에서 둘이 생겨나는(一生二)' 일종의 동적 범주관이다.

중국철학에서 사변을 하기 위하여 대를 이루는 범주인 천(天) - 인(人), 인(人) - 성(圣), 용(用) - 체(体), 기(器) - 도(道), 무(无) - 유(有), 물(物) - 사(事)는, 모두 동적이며 하나에서 둘이 생겨나는 갑을 포함의 관계이자 대응의 관계이다. 중국인들의 마음속에서 '이이동'의 관계는 비정상적이고 과도기적인 상태가 아니라 정상적인 상태이며, 세상의 상태가 원래 그러하다. '물－사', 즉 '사물-사건'의 범주를 예로 들면, 정현(郑玄)은 『대학(大学)』에서 '사물'을 정의할 때 '사물은 사건과 같다(物犹事也)'라고 하였다. 이 정의는 후대의 철학자들에게 줄곧 인정을 받게 된다. 이러한 사물과 사건의 관념은 중국어와 직접적인 관계가 있다. 중국어에서 명사는 '사물'을 나타내고, 동사는 '사건'을 나타낸다. 그런데 중국어의 명동관계는 포함과 대응의 관계로, 동사도 명사에 속한다. 사건도 당연히 사물이어서 '事物'이 된다. 그러므로 중국인에게 '사건은 곧 사물이다(事即物也)'라고 하는 말은 무의미한 쓸데없는 말과 같다. '사물은 사건과 같다(物犹事也)'라고 해야 비로소 의미가 생성된다(make sense). 중국어는 대비의 방식으로 단어를 구성하는데, '事物'이라는 단어의 구성이 바로 사건 역시 사물이며, 사물이 근본임을 나타낸다.

이 책의 제1장에서는 서양의 논리와 언어에서 말하는 주어와 술어는 모두 명사와 동사로부터 확정되었으며, 주술대립의 이분관계는 명동대립의 이분관계에서 비롯되었음을 지적하였다. 중국어 '명동포함' 구도는 중국어의 주어와 술어(유추 표현) 역시 대립관계가 아니라는 것을 의미한다. 주어는 기설(起说)이고 술어는 속설(续说)인데, 기설이 속설로 쓰일 때는 속설도 기설이 된다. 기설과 속설은 대응관계이자 포함관계여서 하나로 통합될 수가 있다. 이에 대해서는 제12장 '주술 동일어휘' 절에서 상세히 설명하였다.

요컨대, 갑을대응의 '유포섭' 구도는 중국어의 정상적인 상태로, 언어와 사유 전반에 걸쳐 나타난다. 이에 대한 상세한 설명은 선쟈쉬안(沈家煊 2017c)을 참조할 수 있다.

2.2 대응과 대화 원칙

중국어의 대언문법은 대화를 기초로 세워졌다. 대화는 상호작용의 과정에서 진행되는 협력 활동인데, 상호작용적 협력은 대화 쌍방이 '이이동'의 상태를 수용한다는 것을 전제로 한다. 바흐친이 말한 '대화적 대립'은 곧 대화 쌍방의 이이동의 대응관계를 가리키는 것으로, '교제이성(交往理性)'에 속한다. 같은 점은 없고 다른 점만 있으면 대화를 할 수가 없고, 같은 점만 있고 다른 점이 없다면 대화를 할 필요가 없다. 대화의 전제는 이이동의 쌍방이 그것을 서로 인정하는 것이다. 대응하는 범주관은 동적 범주관으로, 대화의 동태성 및 상호작용성과 일치한다. 이 절에서는 '유포섭'의 대응 구도가 대화의 기본원칙에 부합한다는 것을 중점적으로 설명하고자 한다.

그라이스(Grice 1957)의 독창적인 공헌은 '대화협력의 원칙'을 제시하였으며, 특히 협력이 어떻게 '양의 격률'을 준수하는지를 설명하였다는 것이다. 이 격률은 말을 할 때 제공하는 정보는 대화 목적을 위해서 필요한 만큼 충분해야 하고, 필요 이상의 정보는 제공하지 말아야 한다는 것을 말한다. '대화함축 의미'는 흔히 말하는 언외지의(言外之意)로, 양의 격률을 근거로 유추한 의미이다. 예를 들어, '老王有三个孩子(라오왕은 아이가 세 명이다)'라고 할 때는 '라오왕은 아이가 세 명뿐이다'라는 함축의미를 유추할 수 있다. 이때 근거가 되는 것은 정보는 충분해야 한다는 격률이다. 또 '我割破了一个手指头(나는 손가락 하나를 베었다)'라고 할 때는 '베인 것은 나의 손가락이다'라는 함축의미를 유추할 수 있다. 이때 근거가 되는 것은 필요 이상의 정보는 제공하지 말아야 한다는 격률이다. 이는 이미 화용론의 상식이 되었으므로 여기서 더 이상 자세히 설명하지 않기로 한다.

이제 단어 의미의 상하위(上下位) 관계를 살펴보자. 이 관계는 보통 '유포섭'의 관계로 처리한다. 예를 들어, 영어의 dog-bitch와 man-woman이라는 두 쌍의 단어는 모두 유포섭에 속한다. dog라는 단어의 의미는 bitch를 포함하므로 (dog(bitch))로 나타낸다. 또 man이라는 단어의 의미는 woman을 포함하므로 (man(woman))으로 나타낸다. 그런데 이 두 가지 포함관계는 차이가 있다. (dog(bitch))의 경우는 따로 bitch라는 단어가 존재하기 때문에, dog는 '수캐'라는 의미가 파생되었다. 하지만 (man(woman))의 경우는 이와 반대이다. man이 일반적으로 남자를 가리켜서 '남자'라는 의미가 파생되었기 때문에, woman이라는 단어를 만들어 전적으로 여성을 가리키게 되었다.

대화협력에서 dog-bitch와 같은 유형의 단어 의미 파생은 제공된 정보는 충분해야 한다는 양의 격률을 따른다. 정보량이 더 많은 유표적인 단어 bitch가 존재하기 때문에 충분한 정보(개의 성별을 안다)를 획득한 화자가 이를 사용하는 대신, 오히려 정보량이 적은 미표(未标记)적인 단어 dog를 사용하였다. 또 당시의 문맥에서 개의 성별에 관한 정보가 관련성이 있다면, 청자는 양의 격률에 따라서 화자가 정보량이 더 많은 bitch라는 단어를 사용할 수 없는 상황에 처해있다고 유추할 수 있다. 따라서 이때 dog는 암캐를 배제한 수캐만을 가리킨다.(It's not a dog. It's a bitch.) 그런데 man-woman과 같은 유형의 단어 의미 파생은 불필요한 정보는 제공하지 말아야 한다는 양의 격률을 따른다. 이 격률에 따르면, 화자가 man이라는 단어를 사용할 때는 일반적으로 남자를 가리키며, 여기에 특별한 설명을 할 필요가 없다. 따라서 이러한 일반적인 상황이 아닌 특수한 경우를 나타내기 위해서 여성만을 가리키는 정보량이 더 큰 woman이라는 단어를 만들어 낸 것이다.

정보는 충분해야 한다는 격률과 필요이상의 정보를 제공하지 말아야 한다는 격률은 서로를 제약하고 의미와 형식에서 일종의 균형을 이룸으로써 실제 언어사용에서 분업을 형성한다. 즉, 일반적인 의미(man은 일반적으로 남자를 의미한다)는 미표적인 형식으로 나타내고 (필요 이상의 정보는 제공하지 말아야 한다), 특수한 의미(woman은 여자를 특별히 가리킨다)는 유표적인 형식으로 나타낸다.(정보는 필요한 만큼 충분해야 한다) 이에 대해서는 트라우고트 & 대셔(Traugott & Dasher 2002)의 설명을 참조하기 바란다. 양의 격률을 준수하는 것이 정상적인 대화이고, 대화가 또 언어의 기본 형태라면 단어 의미의 유포섭 구도는 어구 사용의 비정상적인 모습이 아니라 정상적인 모습이라는 것을 인정해야 한다. 이 원리는 또한 명사와 동사의 유포섭 구도에도 적용된다. 명사가 동사를 포함한다는 것도 역시 양의 격률을 통해서 형식(품사의 분포 형식)과 의미(품사의 문법적 의미) 사이에 균형을 이루는데, 이러한 균형 상태는 실제 언어사용의 일반적인 형태이다.

요컨대, 대화는 다르지만 같다는 '이이동'을 전제로 하며 상호작용적인 협력의 원칙을 따른다. 대응범주관은 '이이동'의 범주를 정상적인 상태로 보기 때문에 대화의 협력원칙(특히 정보전달에 있어서의 양의 격률)에 부합한다. 이는 중국인들의 성향을 나타내는 대응범주관이 중국어는 대언이 기본이며 대언은 대화가 기본이라는 것의 영향을 받았음을 증명하고 있다. 이로써 언어가 사유에 미치는 영향이 다시 한 번 입증된 것이다.

❸ 중국과 서양의 대화

3.1 언어관

중국어의 대언문법과 대언격식은 대구식 사유와 대응범주관의 지배를 받는다. 그런데 이는 또 중국인들의 언어관과도 관련이 있다. 사람들은 언어와 논리가 표현과 교류의 도구이자 인식의 사유형식이라는 것을 흔히 보면서도, 언어와 논리의 한계성에 대해서는 간과한다. 중국인들은 일종의 부정적인 언어관의 경향이 있다. 다시 말해, 언어는 단순히 선형적이지만 세계는 복잡하고 다중적이기 때문에 필연적으로 의미를 모두 다 언어로 표현할 수는 없다고 보는 것이다. 유가(儒家)는 어떤 사람의 말을 듣고도 그의 행실을 살펴보며(听其言而观其行)[8], 하늘이 무슨 말을 하던가(天何言哉)[9]라고 하여 언어에 회의적인 태도를 가졌다. 도가(道家)도 역시 천도는 말이 없으며(天道无言), 도가 말로 표현할 수 있는 것은 진정한 도가 아니고, 이름이 이름으로 표현할 수 있는 것은 진정한 이름이 아니다(道可道非常道, 名可名非常名)[10]라고 하였다. 이러한 부정적인 언어관에 대해서 선종(禅宗)은 더더욱 말할 필요가 없겠다. 말과 뜻의 관계는 위진(魏晋)시기 현학(玄学)에서 열띤 토론이 벌어진 문제였다. 말로 뜻을 다 표현할 수 있다고 주장하는 사람도 있지만, 말로는 뜻을 다 표현할 수 없으며 말이 없이도 뜻을 깨닫는다는 것이 주류 관점이었는데, 이는 노자(老子)의 사상과 일치다. 중국철학은 사람과 사람 사이에 마음이 통하고, 사람

---

8) 역자주: 『论语·公冶长』

9) 역자주: 『论语·阳货』

10) 역자주: 『道德经』

과 사물과 자연이 서로 통하는 것을 중시한다. 또 시문을 구상하는 방식에서 체험과 깨달음, 가치를 중시한다. 사람들은 세계 밖에서 세계를 인식하는 것이 아니라 자신을 세계 안으로 편입시킴으로써 주와 객을 하나로 융합하였다. 이 때문에 최고의 경지를 추구하는 과정에서 종종 언어와 논리가 오히려 '도'를 깨닫는 데 장벽이 되어 진리를 은폐하고 사상의 답습과 경직, 단편, 단절 등을 초래하기도 하였다. 서양 현대 언어철학의 관점 가운데는 중국의 언어관과 서로 부합하는 것도 있다. 비트겐슈타인(Wittgenstein)[11] 『논리철학 논고』에서 "말할 수 있는 것은 분명하게 말해질 수 있어야 하며, 말할 수 없는 것에 대해서는 침묵해야 한다"라고 말해, 언어 기능의 한계를 설명하는 또 다른 형태의 주장이다.

중국 고대 많은 철학자들은 논리 자체의 문제에 대해서는 중시하지 않았다. 하지만 이것이 중국 철학자의 표현과 논저가 인간 사유의 논리규칙에 맞지 않음을 의미하지는 않는다. 진웨린(金岳霖 1955)은 "중국의 철학자는 발달된 논리의식이 없어도, 쉽고 논리에 맞게 생각을 배치할 수 있다. 그들의 철학은 발달된 논리의식은 부족하지만, 과거에 획득한 인식을 바탕으로도 성립이 가능하다"고 하였다. 자오위안런(趙元任 1955) 역시 같은 생각을 나타냈는데, 이에 대해서는 제7장 '논리 요소의 대언 표현' 절을 참조할 수 있다. 중요한 것은 언어가 의미를 모두 표현하지 못하는 한계와 표현의 불확실성, 모호성을 가지기 때문에 중국 고대의 성인과 철학자들은 대언의 방식에 의존할 수밖에 없다고 생각했다는 것이다. 다시 말해서, 그들은 호문과 우언(비유),

---

11) 역자주: 루트비히 비트겐슈타(Wittgenstein, Ludwig Josef Johann, 1889-1951) 오스트리아 태생의 영국 분석 철학자로 수학 철학, 심리 철학, 언어 철학에 대해 논하였다.

중언(인용어)과 시의 형식을 통해 최대한 언어의 부족함을 보완해야 한다고 생각한 것이다. 대언이 되어야 상대적으로 완전한 의미에 가까우며 새로운 의미를 생성할 수가 있고, 이로써 감정의 표현과 의미의 전달이 하나로 통합된다. 언어의 상호작용성과 대화성을 중시하는 것은 중국철학의 한 특징이다. 중국의 경전들은 대부분 대화체로 이루어져 있다.

중국인들은 일종의 부정적인 언어관을 가지는 경향과 동시에 동적인 시각에서 언어를 바라보는 경향이 있다. 그런데 이러한 경향성은 소쉬르의 공시언어학이 유입되기 시작하면서 변화가 나타났다. 류쟈허(刘家和 2002, 2003)는 중국과 서양 학문의 가장 근본적인 차이에 대해서 다음과 같이 결론지었다. 서양인은 영원 속에서 진리를 모색하고, 논리적인 이성이 주도적인 지위를 차지한다. 반면, 중국인은 운동 속에서 진리를 모색하고 역사이성이 주도적인 지위를 차지한다. 그는 또 인간은 영원 속에서 진리를 모색하지 않으면 안 되지만, 마찬가지로 운동 속에서 진리를 모색하는 능력 또한 없어서는 안 된다고 지적하였다. 언어에 대한 동적인 견해는 언어는 끊임없이 변화하고, 언어 범주는 다른 범주와 마찬가지로 '갑을 포함'이 일반적인 상태라고 생각한다. 이는 범주에 대해서 정적인 '이다(是)'의 관점이 아니라, 일종의 '있다(有)'의 관점이다. '있다'는 무에서 유로의 동적인 변화를 말한다. 언어가 문자를 포함한다는 것은, 논리적으로는 반드시 언어가 있어야 문자가 있고, 역사적으로는 언어가 먼저 생겨났고 문자는 뒤에 만들어졌다는 것이다. 용법이 문법을 포함한다는 것은, 논리적으로는 반드시 용법이 있어야 문법이 있고, 역사적으로는 용법이 먼저 존재하고 문법은 뒤에 만들어졌다는 것이다. 이 과정을 '용법의 문법화(用法的语法化)'라고 한다. 그리고 명사가 동사를 포함하고, 실사가 허사를 포함한다는 것은, 논리적으로는 반드시 명사와 실사가 있어야 동사와 허사가 있고, 역사적으로는 명사와 실사가 먼저 출현하였고 동사와 허사는 뒤에 만들어졌다는 것이다. 이 과정을 '실사의 허화(实词的虚化)'라고 한다.(이에 대한 자세한 설명은 沈家煊(2017e)을 참조할 수 있다)

3.2 '니덤의 난제'에 관하여

서양의 논리학은 인도유럽어의 주술구조 기초 위에 세워졌다. 따라서 주술구조가 있어야 동일율이 있고, 삼단논법의 연역추론이 존재한다. 그런데 중국어에는 형식적으로 전해진 주술구조가 없다. 주어가 없는 문장도 정상적인 문장이어서, 영어 It rains(독일어 Esregnet, 프랑스어 Il pleut) 속의 추상적인 체언성 명사인 IT가 존재하지 않으며, 연결사(系词)인 BE도 없다. 따라서 어떤 사람들은 중국인의 사유가 실체의 사물을 객관적으로 고찰하는 능력과 연역추론의 능력이 부족할 것이라는 추측을 '니덤[12]의 난제(the Needham Problem, 李约瑟之间)'에 대한 대답으로 제시한다. 니덤의 난제는 서양 과학이 전래되기 전에 왜 중국은 자연과학 체계를 발전시키지 못했는가라는 의문이다.

이러한 추측에 대해 자오위안런(赵元任 1955)은 다음과 같이 답했다. 첫째, 현대 서양 과학의 역사는 3, 4백 년에 불과할 뿐이어서 전체 인류문화사에서 차지하는 비중이 극히 미미하다. 둘째, 실체로서 물질의 개념은 단지 서양의 과학사상이 발전하는 단계에서 나타나는 하나

---

12) 역자주: 조지프 니덤(Joseph Needham, 1900-1995) 영국의 생화학자, 과학사가. 『중국의 과학과 문명』은 중국이 과학기술 분야에서 어떻게 서구에 뒤처지게 되었는지를 밝히는 데 초점을 두고 있다.

의 산물일 뿐이다. 20세기 현대물리학 이론에서는 마침 물질이 없이도 생기는 (역)장((力)場)이 나타났고, 물질의 진동 없이도 발생하는 파가 발견되었다. 따라서 자오위안런은 다음과 같이 말했다. "중국어가 모국어인 사람으로서 나는 이렇게 말하고 싶다. 봐라, 이것이 바로 중국어가 서양 언어보다 과학적으로 뛰어나다는 예증이다. 하지만 언어를 연구하는 한 사람의 학자로서는 반드시 불편부당해야 한다. 언어와 과학에 대한 최선의 개괄은 어떠한 개괄도 하지 않는 것이다."

그의 이 대답이 설득력이 없는 것은 아니다. 자연과학 자체가 현대에 큰 변화를 거치면서 고전적인 인과관념과 존재관념이 모두 흔들리게 되었으며, 이를 지지하는 사례는 더 많이 들 수가 있다. 이 책 제7장 '논리 요소의 대언 표현'에서는 중국어에서 존재양사 SOME의 표현이 바로 현대 술어논리의 직접적인 해석이라는 것을 설명하였다. 제9장 '지칭어대'에서는 병치를 통해 표현하고 이해되는 중국어가 역시 술어논리에 더 가깝다고 설명하였다. 필자는 또 중국어의 동사는 '명사-동사 이중성'을 가진다고 주장하였는데, 이는 양자물리학에서 빛이 '파동-입자 이중성(Wave-particle duality)'을 가지는 것과 유사하다.(沈家煊 2016a:부록 5) 호문견의는 언어학의 '양자 얽힘'(제7장)이며, 확대·축소형 대칭격식, 즉 '대언의 동일구조성'은 천체물리학의 우주 확대·축소의 '척도불변성'과 일치한다.(제11장) 시적 언어는 계열성(类聚性)을 결합축(组合轴)에 첨가함으로써 '상대성 이론'의 시간과 공간의 통일을 실현한다. "시간은 단지 예정대로 도래하는 흐름이 아니라, 병렬적인 여러 가지 가능성이 되었다".(赵汀阳 2017:56) 라이프니츠(Leibniz)[13]가 미적분을 창안한 것은 복희(伏羲) 8괘(八卦)

---

13) 역자주: 고트프리트 빌헬름 라이프니츠(Gottfried Wilhelm von Leibniz,

의 도해로부터 영감을 받아 컴퓨터에서 사용하는 2진수 숫자의 수수께끼를 풀었기 때문이다.(胡阳·李长铎 2006) DNA 3연체로 이루어진 64개의 배열 순서인 유전자 암호 64개는 놀랍게도 『주역(周易)』의 64괘 배열 순서와 일치한다.(谢文纬 2006)

고전 물리학의 언어(거시적인 객체를 묘사하는 언어체계)는 본질적으로 양자역학이 미시적인 객체의 특징과 운동 상태를 묘사하기 위한 것으로는 적합하지가 않다. 그런데 또 다른 언어로 그것을 대체할 수도 없다. 이는 양자역학자들이 고전 물리학 언어의 특정한 함의를 알고 있다고 해도 마찬가지다. 이것이 바로 과학자들이 직면한 '언어 딜레마(语言困境)'이다.(谢丰泰 1999, 成素梅 2019) 하물며 현대 이론 물리학은 하나의 보편적인 대칭원리의 지배를 받으므로 대칭적인 미에 대한 탐구는 이론물리학의 중요한 결과를 도출하는 하나의 지침이다.(热 1992:제1, 2장) 그러므로 언어와 과학이 연결되어 있더라도 과학의 발전은 두 가지 언어와 두 가지 사유 방식을 필요로 한다. 대비와 연상적 사고(Associative thinking)는 사실 창의성을 가진 과학자라면 반드시 갖추어야 할 능력이다.

자오위안런이 위에서 한 대답이 과학의 발전에 나름의 법칙이 있음을 부정하는 것은 아니다. 물리학의 발전에 있어서도 니덤은 뉴턴의 단계가 반드시 필요하다고 생각하였다. 그는 도가를 두고 "뉴턴식 세계의 토대가 마련되기도 전에 일종의 아인슈타인식 세계를 모색"하는 격이라며, "과학이 이 길을 따라간다면 발전할 수가 없다"라고 주장하였다.(李约瑟 2016:294)

1646-1716) 독일의 철학자, 수학자, 자연과학자, 법학자, 신학자, 언어학자, 역사가.

3.3 대언과 문명의 계승

인류 역사의 큰 잣대에서 보면 '니덤의 난제'보다 더 가치가 있는 질문은 왜 지구상에 탄생한 수많은 고대문명 가운데 유독 중국문명만이 탄생 이래로 지금까지 끊임없이 지속되어 왔느냐는 것이다. 언어와 사유의 상대성 이론이 아마도 이 문제에 답을 제공할 수 있을 것으로 생각된다.

1980년대 말 이탈리아 과학자 자코모 리졸라티(Giacomo Rizzolatti)는 원숭이의 뇌 속에는 일종의 거울 뉴런(mirror nuron)이 있다는 것을 발견하였다. 원숭이가 스스로 먹이를 잡을 때 나타나는 반응(방전)이 먹이를 잡는 것을 관찰하는 실험자에게도 똑같이 나타난다는 것이다. 또한 후속 연구를 통해 이러한 거울 뉴런 세포는 원숭이가 다른 사람의 동작을 볼 때, 마치 자신이 똑같은 동작을 하는 것처럼 같은 동작이 뇌에 재현되도록 도와준다는 것이 확인되었다. 이러한 '공감' 뉴런세포는 원숭이의 뇌뿐 아니라 인간의 뇌 속에서도 여러 곳에서 계속 발견되고 있다. 대칭적으로 외적인 세계를 반영하는 이러한 뉴런을 가지고 있다는 바로 이 이유 때문에 우리는 타인의 마음을 느낄 수 있고, 모방과 의사소통을 통해서 생존기능과 생활경험을 대대로 전승해나갈 수가 있다. 거울 뉴런의 발견으로 우리는 대뇌의 기능이 어떻게 사교적인 상호작용을 하는지에 대한 새로운 차원의 인식이 가능해졌다. 이는 신경과학의 하나의 중요한 이정표가 되었다. 심지어 어떤 학자들은 거울 뉴런이 신경과학에 미치는 영향력은 DNA의 발견이 생명과학에 미치는 영향력과 같이 엄청나다고 주장한다. 거울 뉴런은 마음이론(theory of mind)의 토대가 되었다. 왜냐하면 거울 뉴런의 본질은 자동적이고 무의식적인 모방을 통해서 다른 사람이 무엇을 생각하는지 알게 해주는 것인데, 이것이 바로 사람들의 느낌과 생각이 같다는 생리적인 기초가 되기 때문이다.

알비브(Arbib 2012)의 『뇌가 언어를 갖게 된 방법: 대뇌 거울 시스템 가설(How the Brain Got Language: The Mirror System Hypothesis)』[14]이라는 책은 신경메커니즘과 언어 진화를 결합하여 연구한 중요한 저작이다. 저자는 이 책에서 생물의 진화와 문화의 진화라는 두 가지 관점에서 언어의 진화에 관한 이론의 틀을 세웠다. 이 이론의 틀은 다음 세 가지 가설을 포함하고 있다. 첫 번째 가설은 선천적인 보편문법은 없다는 것이다. 인간의 유전체인 게놈이 제공하는 것은 단지 언어 대응 조건(language-ready)일 뿐이다. 이는 다시 말해, 언어 공동체에서 성장하는 어린이는 언어와 언어사용 능력을 습득할 수 있는데, 여기서 게놈이 제공하는 것은 보편적인 문법에서 이미 부호화된 상세한 통사지식은 아니라는 것이다. 두 번째 가설은 언어대응이 손짓, 얼굴 표정, 성조 등 다양한 형태를 가진다는 것이다. 이들은 원시언어(proto-language, 원시수화와 원시구어를 포함한다)의 뼈대를 제공하며, 문화 혁신을 거쳐 원시언어로부터 언어가 탄생한다는 것이다. 손 동작, 특히 지시(pointing) 동작에 기반한 의사소통은 인류의 언어 진화에서 핵심적인 역할을 하였다. 세 번째 가설은 인간의 뇌에서 언어를 지원하는 메커니즘이 거울신경계의 기본 메커니즘에서 진화되었다는 거울체계가설이다. 구체적으로 말해서, 거울체계에서 만들어지는 동작인식 능력이 '언어 동등성(language parity)'을 위한 진화의 기초를 제공한다. '언어 동등성'은 한마디 말이나 하나의 화행의 의미가 화자

---

14) 역자주: 이 책의 중국어 번역서 제목은 '人如何学会语言:从大脑镜像神经机制看人类语言的演化(인간은 어떻게 언어를 습득하는가: 대뇌 거울신경 메커니즘으로 본 인류 언어의 진화)'이다. 여기서는 원래 서명에 근거하여 번역하였다.

와 청자에게 모두 대체로 같은 것을 말한다.

'언어 동등성'은 의미의 동등성과 형식의 동등성을 모두 뜻한다. 언어는 상징부호로서 형식과 의미가 일체화된 것이며, 형식의 동등성은 의미의 동등성을 상징한다. 이로써 원시언어는 대화성과 대언성을 가지며, 가장 간단한 대언은 중언이라는 네 번째 가설을 합리적으로 제시할 수가 있다. 예를 들어, 갑은 을이 자기에게 "안녕하세요(你好)"라고 말하는 것을 들었을 때, 그는 을이 이렇게 말을 할 때의 동기와 느낌이 자기가 다른 사람에게 "안녕하세요"라고 말할 때의 그것과 동등하다는 것을 알고 있다. 또 갑이 을에게 "안녕하세요"라고 대답했을 때, 갑은 자기가 이렇게 말을 할 때의 동기와 느낌을 을도 마찬가지로 알 것이라고 믿는다. 동일한 언어 형식은 동일한 의미를 전달하므로 대화의 쌍방은 상호 소통과 정서적인 교감에 이르게 된다. 또 갑과 을 두 사업가의 대화에서, 갑이 "사업 하는 게 쉽지 않아."라고 하자 을이 "사업 하는 게 쉽지 않지."라고 대답함으로써 감정의 토로와 정서적인 공감대를 형성한다. 노동요에서 선창 "영차"에 대응한 후창 "영차"는 더욱 그러하다. 언어의 개별적인 단어나 문장의 발생으로 보면, 엄마가 아기에게 "엄마"라고 가르쳐주면 아기는 엄마의 입술 모양과 목소리 톤을 흉내 내어 "엄마-엄마"라고 대답한다. 이것이 아기가 배우는 첫마디 말이다.

요컨대, 언어의 기본적인 사용형태는 대화이다. '교대로 말하기'(제8장 '대화분석' 참조)와 '동등한 이해'는 대화의 기본조건이다. 동등한 이해는 신경생리학적 기초가 있고, 원시언어는 거울신경 메커니즘을 바탕으로 대화를 통해 대를 이룬 것이다.

언어는 문명의 중요한 운반체이자 문명의 계승에 필수 불가결한 수단이다. 언어는 대화를 기본으로 하는데, 가장 기본적인 대화 형식은 중언식 대화이다. 이러한 대화는 공명의 율동 속에서 새로운 가능성을 열어주어 주체와 객체의 존재와 가치를 확립한다. 오늘날 영국인들은 옛 영어는 물론이고, 중세인 초서(Chaucer)[15]시대의 영어조차 이해하기 어려워한다. 하지만 오늘날 중국인들은 고대의 문헌인 『시경(诗经)』과 『논어(论语)』를 이해하는데도 큰 어려움이 없다. 중국어는 예나 지금이나 대언과 대언격식을 기본으로 한다는 점에서 변함이 없기 때문일 것이다. 이는 한편으로는 중국의 전통이 대화의 상호작용과 문명의 계승을 중시한다는 것을 말해준다. 그런데 또 다른 한편으로는 중국어의 대언문법과 대언격식(기억과 전승에 용이함)이 중국문명을 면면히 전승되게 하는 하나의 중요한 요소일 가능성이 크다는 점을 시사한다. 이는 단지 가정에 불과하지만, 하나의 합리적인 가설이 될 수는 있을 것이다.

3.4 심도 있는 대화

대화의 전제는 '이이동(异而同)'의 쌍방이 그것을 서로 인정하는 것이다. 마찬가지로 중국과 서양의 대화 역시 전제는 서로 다르지만 같음을 인정하는 것이다. 같다는 것은 사람들의 생각과 느낌이 같다는 것을 말한다. '동해와 서해는 마음이 같다(东海西海, 心理攸同)'. (钱钟书의 말)[16] 같음 속에 다름이 있다는 것에 대해서, 형이상학적인 방

---

15) 역자주: 제프리 초서(Geoffrey Chaucer, 1343-1400) 중세 영국의 시인으로 근대 연시의 창시자이며, '영시의 아버지'로 불린다.
16) 역자주: 첸중수(钱钟书)는 『谈艺录』의 서문에서 '东海西海, 心理攸同, 南学北学, 道术未裂(동해와 서해는 마음이 같고, 남학과 북학은 더덕과 학술이 나뉘지 않는다)'라고 하였다. 이 말은 전 세계 사람들의 마음에 공통점이 있으며, 학문에 국경이 없음을 비유한다.

법으로 평여우란(冯友兰 2013:311-325)은 서양과 중국의 차이를 정면 (正)과 배면(负)으로 귀결하였다. 정면적인 방법은 형이상학적인 대상 이 무엇인지 말하는 것이지만, 배면적인 방법은 이를 말하지 않는 것 이다. 예를 들어, 『노자(老子)』와 『장자(庄子)』는 '도(道)'가 실제로 무 엇인지는 말하지 않고, 무엇이 도가 아닌지에 대해서만 말하였다. 그 런데 무엇이 도가 아닌지를 알면, 도가 무엇인지도 어느 정도 깨닫게 된다. 위의 설명에 따르면, 서양과 중국의 범주관 역시 하나의 정면과 하나의 배면이다. 서양은 일종의 '정면'의 범주관이다. 이는 명확성이 장점이므로 반드시 '하나인지 둘인지(是一是二)'를 격식으로 나타내 야 만족할 수가 있다. 그런데 중국은 일종의 '배면'의 범주관이다. 이 는 단순성이 장점이므로 하나인지 둘인지를 따지지 않는다. '하나에서 둘이 생긴다(一生二)'는 것을 알면 그만이다. 정상적인 상태로 간주되 는 '갑을 포함'의 구도에서 을에 속하지 않는 갑의 부분은 '을이 아니 다'라는 배면적인 각도에서 정의하면 되고, 또 그렇게 정의할 수밖에 없다. 서양에서는 지금까지 충분히 발전된 배면의 범주관이 만들어지 지 못했다. 비트켄슈타인의 '가족유사성'을 기초로 세워진 '연속범주 관'은 전통적인 '이산범주관'을 해소하기 위한 것으로, 배면의 범주관 에 가깝기는('대립'을 약화시켰다) 하지만, 그래도 아직 충분히 발전된 배면의 범주관은 아니다.(沈家煊 2017c) 근대 중국은 서양으로부터 일종의 새로운 사상적 방법인 정면의 범주관을 도입하였는데, 이는 상 당히 큰 의의를 가진다. 배면은 정면을 통해 보충할 필요가 있기 때문 이다.

언어들 간에 총체적으로 고저와 우열의 차이는 없다. 인도유럽어와 중국어는 감정을 표현하고 의미를 전달하는 데 있어 각각의 장단점이 있으며, 심지어 그 언어의 장점이 곧 단점이 되기도 한다. 인도유럽어는 주술구조를 기본으로 주와 종이 확실히 구분되고, 계층이 분명하기 때문에, 표현의 명확성이 장점이다. 그런데 중국어는 대언구조를 기본으로 주와 종을 구분하지 않고, 병치 연결과 확대·축소가 자연적인 정보순서 원칙과 동일구조 원칙에 따라 의미를 도출하고 이해하기 때문에, 표현의 단순성이 장점이다. 단순성은 명확성을 통해 보충해야 한다. 근대 중국이 서양의 언어와 사유의 명확성을 배운 것은 상당한 의미가 있다. 명확한 사상과 표현은 특히 모든 학자들에게는 반드시 필요한 자질이다. 주술구조의 명확성과 연역추론의 엄밀성이라는 두 가지 중요성에 대해서, 과거 중국인들은 인식이 많이 부족하였다. 하지만 지금은 이를 보완하고 있으며, 이는 앞으로도 계속 되어야 할 것이다. 지난 100여 년간 중국어는 인도유럽어의 명확한 표현 방식을 흡수함으로써 주어와 술어가 모두 갖추어진 문장을 많이 사용하고 있는데, 그것이 너무 과하지만 않다면 충분히 인정받아야 할 것이다. 하지만 언어 표현은 줄곧 명확함만을 추구할 수는 없으며, 단순함과 간결함 역시 명확함 못지않게 중요하다. 중국어의 대언과 대언격식이라는 인간의 원시적인 표현방식은 여전히 대체 불가능한 강인한 생명력을 가지고 있다. 언어는 하나의 유기체이기 때문에, 다른 언어의 장점을 가져다가 한 언어에 억지로 접목하는 것은 성공하기도 어렵거니와 그 언어 자체의 활력까지 잃게 만든다. 따라서 자신의 근본을 지키면서 새로운 것을 개척해야 한다. 즉, 자기의 모국어를 지키면서 동시에 다양한 언어와 문화의 장점을 흡수하는 노력을 병행해야 한다.

펑여우란의 말처럼 과학 연구의 목적은 명확성이 아니라 결국은 단순성에 도달하는 것이다. 언어학이라는 학문이 인간의 언어 본질에 대한 인식을 심화하기 위해서는 역시 중국과 서양 학자들의 대화가 필요하다. 이는 버나드 쇼(Bernard Shaw)[17]의 다음 말과 같다. "당신의 손에 사과 하나가 있고 내 손에 사과 하나가 있다면, 이를 서로 교환해도 우리는 여전히 사과 하나를 가지고 있다. 하지만 만약 당신과 내가 각각 생각 하나씩을 가지고 있다면, 이들을 서로 교류하면 우리는 모두 두 가지 생각을 가지게 될 것이다." 『마씨문통(马氏文通)』이래로 중국인들은 자신의 이야기를 할 가능성을 점점 잃었고, 논의되는 중국어 문법은 기본적으로 서양 문법의 일부분이 되어버렸다. 이는 서양의 지식인들이 바라는 모습이 아니다. 따라서 뤼수샹(吕叔湘)은 생전에 중국어 문법 연구가 '파격적으로 타파해야 한다(大破特破)'고 호소하였다.(吕叔湘 2002) 주술구조를 넘어서 대언격식을 말하는 것은 우리 스스로 자신의 이야기를 할 수 있는 가능성을 회복한다는 의미가 있다. 그런데 이러한 가능성의 회복은 중국과 서양의 대화를 통해서만 실현이 가능하다. 주술구조의 본질과 의의를 깊이 인식해야만 비로소 대언격식의 본질과 의의도 깊이 인식할 수가 있다. '루산의 진면목을 알지 못하는 것은 단지 자신이 그 산 속에 있기 때문(不识庐山真面目, 只缘身在此山中)'이다.

대언과 대구적인 사유는 말과 사유의 활동이자 생명의 활동이다. 이는 기술이나 방법일 뿐 아니라 일종의 존재방식이기도 하다. 대언이 없으면 대구적인 사유는 없으며, 생명 역시 존재하지 않는다. "중국의 학문을 연구할 때는 대부분 서양의 학문을 참고하는 것을 중시한다. 하지만 서양의 학문을 연구할 때는 종종 중국의 학문을 참고하는 것을 그다지 중시하지 않는다."(叶秀山 2002:225) 이것이 실제 현실이다. 중국과 서양의 대화는 더욱 심화되어야 한다. 상대방이 이해할 수

---

17) 역자주: 조지 버나드 쇼(George Bernard Shaw, 1856-1950) 영국의 극작가이자 소설가, 비평가.

있는 언어로 자신의 것, 공허한 것이 아니라 실제적인 것, 단편적인 것이 아니라 체계적인 것을 어떻게 표현할 수 있는지에 대해서 중국의 언어학자들은 앞으로 노력을 지속해야 할 것이다.

④ 대칭과 비대칭

중국과 서양의 심도 있는 대화는 언어의 대칭과 비대칭에 대한 우리의 탐색과 인식, 그리고 유구한 역사에도 항상 새로운 대칭성 개념에 대한 우리의 탐색과 인식을 심화시켰다.

대칭성은 아직까지 우리가 완전히 이해하지 못한 중요한 개념이다. 이는 점점 더 많은 자연과학자들과 철학자들의 주목을 받고 있으며, 본체론과 인식론, 방법론에 있어서 엄청난 가치를 가진다.(许良 1993) 물리학계에서 양전닝(杨振宁 1986)은 대칭성을 물리학의 가장 원초적이고 심오한 기본문제 가운데 하나로 보았다. 규범장 이론의 막대한 성공과 군론(group theory)의 발전으로 대칭성 개념은 이미 종속적이고 부차적인 지위에서 벗어나 당대 물리학에서 지배적이고 지도적인 지위를 가진 개념으로 탈바꿈하였다. 자연계의 모든 기본적인 힘은 몇몇 대칭 원리에서 비롯되었으며, 이는 이미 물리학자들이 보편적으로 수용하는 하나의 신조가 되었다.

언어학은 물리학이 아니다. 물리학에서 탐구하는 대칭성은 주로 지수학적 변환불변성이지만, 언어의 대칭성에 대한 연구와 인식은 물리학에서 유익한 영감을 얻을 수 있다는 점에서 두 분야는 대응하면서 상통한다. 이 책 제11장 '확대·축소대의 형성요인' 절에서는, 호문과 대언에 적합한 통일된 분석법은 IP와 IA분석법 가운데 IP(항목과 변화)분석법이며, '你来我往(너와 내가 서로 왕래하다)', '綠水靑山(푸른 물과 푸른 산)'과 같은 4언호문은 언어학의 '양자 얽힘'이며, 그 생성은 2+2의 덧셈방식이 아니라 2×2의 곱셈방식이라고 설명하였다. 물리학자는 군론을 빌려서 대칭 변환을 나타낸다. 하나의 군은 곱셈으로 연결되는 일련의 변환인데, 이러한 곱셈은 변환의 순서와 관련 있는 고등곱셈의 일종이다. 구체적으로 말해서, 일반 곱셈은 3×5=5×3과 같이 가역적인데, 변환 곱셈은 반드시 가역적이지는 않아서 $T_1 \times T_2 \neq T_2 \times T_1$이 가능하다. 예컨대, 음식을 먼저 양념에 절여서 끓이는 것과 먼저 끓여서 양념에 절이는 것은 결과가 다르다. 일반 곱셈은 변환 곱셈의 특수한 사례로 보아야 한다.(熱 1992:제9장) 중국어 4언호문의 곱셈이 바로 이러한 경우에 속하는데, 예를 들어 '屢敗屢战(여러 차례 패하고도 여러 차례 싸우다. 연패연전)'≠'屢战屢敗(여러 차례 싸워서 여러 차례 패하다. 연전연패)'인 것이다. 언어대칭성에 대한 이 책의 탐색과 인식은 극히 초보적이어서 앞으로 깊이 연구해야 할 문제들이 산적해 있다. 대언과 대구적인 사유의 관계 외에 다음 세 가지 측면을 생각할 수 있겠다.

첫째, 언어의 대칭과 비대칭(또는 '대칭의 파괴와 결여'라고도 한다) 사이의 관계는 무엇인가이다. 필자는 언어의 비대칭에 대해 이야기하는 것은 실제로 존재하는 것과 '예상하고 있는' 대칭을 전제로 하고 있음을 지적한 바 있다.(沈家煊 1999a:1, 362, 1999b) 언어에 부분적인 비대칭이 있더라도 전체적으로는 대칭이며, 낮은 단계의 비대칭은 더 높은 단계의 대칭을 의미한다.(石毓智 1992:203) 대칭 속에서 비대칭이 생기고, 비대칭 속에서 대칭을 찾는 것은 언어의 생명이자 언어 진화의 동력이다. 물리학의 대칭과 비대칭에 대해서 리정다오(李政道 1991)는 물질세계의 비대칭 원인이 진공(眞空)의 복합한 구조에 있다고 가정하였으며, 만약 물질세계와 진공을 하나의 전체로 묶으면 대칭성을 회복할 수 있다고 주장한다. 그는 또 모든 대칭성은 관찰할 수 없는 어떤 기본량의 전제 위에 세워지는 것인데, 관찰할 수 없는 양이 일단 관찰 가능한 것이 되면 대칭성이 파괴되고 기존의 대칭성의 근사성이 드러나게 된다고 생각하였다. 언어는 특히 사용자의 직접적인 참여가 필수적이므로, 언어의 대칭성에 더 기본적인 전제나 깊은 단계의 내용이 있는지 여부에 대해서는 좀 더 깊이 있는 연구를 필요로 한다.

둘째, 언어 자체의 대칭성과 언어 규칙의 대칭성 사이에 어떤 대응 관계가 있는가이다. 다시 말해, 이는 언어의 대칭성이 언어 규칙의 대칭성에 반드시 반영되는가의 문제이다. 언어 규칙의 대칭성은 그것이 묘사한 언어의 대칭성을 반드시 반영하고 있는가? 이에 대해 리정다오(李政道 1991)는 사물의 대칭성과 규칙의 대칭성은 등가가 아니라고 주장한다. 즉, 하나의 비대칭 규칙은 하나의 비대칭 세계를 의미하지만, 하나의 비대칭 세계는 기본적인 규칙이 반드시 비대칭을 나타내지는 않는다는 것이다.(이 '메타규칙'은 그 자체가 대칭 속의 비대칭을 나타내는 듯하다) 그렇다면 언어는 대칭 속에 많은 비대칭이 나타나지만, 언어 조직의 기본법칙은 대칭이라고 말할 수 있을까?

셋째, 언어는 상호작용하기 때문에 대칭일까 아니면 대칭이기 때문에 상호작용하는 것일까? 이 책의 관점은 언어의 대칭성은 대화의 상호작용성에 뿌리를 두고 있으며, 대화 쌍방의 협력과 공명을 상징한다는 것이다. 그런데 당대 물리학에서 양전닝(楊振宁 1986)은 "아인슈타인은 실험적으로 입증된 맥스웰 방정식(Maxwell's equations)에서 출발하여 이들 방정식의 대칭성이 무엇인지를 묻지 않고, 상황을 반전시켜서 대칭성에서부터 방정식이 어떤지를 물었다. 원래의 지위를 뒤바꾸는 이러한 참신한 절차를 나는 일찍이 대칭성이 상호작용을 지배한 다고 칭한다"라고 하였다. 이는 언어의 상호작용과 언어의 대칭 사이의 관계에 대해 진일보한 토론을 촉진하였다.

언어의 대칭과 비대칭에 대한 인식이 심화되면서 자연과 사회에 대한 우리의 인식과 인간이 왜 인간인가에 대한 인식 역시 심화될 것이 자명하다.

巴赫金 1998『诗学与访谈』, 白春仁·顾亚铃等译, 河北教育出版社.

班弨·宫领强 2013「壮语四音格及其类型学意义」,『民族语文』第4期, 65-69.

布鲁梅特 2018「修辞的功能与形式」,『当代修辞学』第6期, 1-6.

蔡维天 2017「及物化、施用结构与轻动词分析」,『現代中國語研究』〔日〕第19期, 1-13.

蔡维天 2018「汉语驴子句解读的韵律条件」, 第五届韵律语法研究国际研讨会(上海, 复旦大学)论文.

曹逢甫 2004「从主题—评论的观点看唐宋诗的句法与赏析」, 载曹逢甫著『从语言学看文学：唐宋近体诗三论』, "中研院"语言学研究所.

曹天元 2005『上帝掷骰子吗—量子物理史话』, 辽宁教育出版社.

陈嘉映 2003『语言哲学』, 北京大学出版社.

陈嘉映 2011「罗素, 刊登于网上黑蓝论坛"语言哲学"」, 11月28日.

陈来 1991『有无之境—王阳明哲学的精神』, 人民出版社.

陈满华 2007「体词谓语句形式的熟语考察」, 载陈满华著『汉语事实的描写和考察』, 中央文献出版社, 64-78.

成素梅 2019「量子理论的哲学宣言」,『中国社会科学』第2期, 49-58.

程工 2018「层级结构和线性顺序之新探」,『外语教学』第1期, 1-7.

池田晋 2018「多様性の複文—疑問詞連鎖構文の形式と意味」,『ことばとそのひろがり(6)—島津幸子教授追悼论集』, 立命館大學法學會, 59-82.

初敏·王韫佳·包明真 2004「普通话节律组织中的局部语法约束和长度约束」,『语言学论丛』第30辑, 129-146.

崔希亮 1993「汉语四字格的平起仄收势—统计及分析」,『当代修辞学』第1期, 13-15.

达马西奥(安东尼奥) 2007『笛卡尔的错误』, 毛彩凤译, 教育科学出版社.

戴庆厦 2017「论"分析性语言"研究眼光」,『云南师范大学学报』(哲学社会科学版) 第5期, 1-8.

邓思颖 2018「延伸句的句法分析」,『语言教学与研究』第3期, 48-57.

邸永君 2016「长忆恩师度金针」,『中国社会科学报』8月12日 第8版.

丁邦新 1969「国语中双音节并列语两成分间的声调关系」, "中研院"历史语言研究所集刊39 本下册.

丁四新 2019「汉末易学的象数逻辑与"中"的人文价值理念的象数化」,『哲学研究』第5期, 57-66.

董秀芳 2012「上古汉语议论语篇的结构特点：兼论联系语篇结构分析虚词的功能」,『中国语文』第4期, 356-366.

董秀芳 2018「从指别到描述」,『语文研究』第3期, 1-7.

端木三 2007「重音、信息和语言的分类」,『语言科学』第5期, 3-16.

范继淹 1985「汉语句段结构」,『中国语文』第1期, 52-61.

方 梅 2004「汉语口语后置关系从句研究」, 中国社会科学语言研究所『中国语文』编辑部编『庆祝〈中国语文〉创刊50 周年学术论文集』, 商务印书馆, 70-78.

方 梅 2005「篇章语法与汉语篇章语法研究」,『中国社会科学』第6期, 165-172.

方 梅 2017「负面评价表达的规约化」,『中国语文』第2期, 131-147.

方 梅・李先银・谢心阳 2018「互动语言学与互动视角的汉语研究」,『语言教学与研究』第3期, 1-16.

冯胜利 1997『汉语的韵律、词法和句法』, 北京大学出版社.

冯胜利 2000『汉语韵律句法学』, 上海教育出版社.

冯友兰 2013『中国哲学简史』, 涂又光译, 北京大学出版社.

傅益瑶 2018「给好奇心留一点空间—傅抱石的"育儿经"」,『中外书摘：经典版』第1期, 52-55.

高名凯 1948/1986『汉语语法论』新一版, 商务印书馆.

高 松 2013「真理之争—胡塞尔与弗雷格论"真"」,『哲学研究』第5期, 73-81.

高迎泽 2010「施受同辞辨」,『燕山大学学报』(哲学社会科学版) 第1期, 34-38.

公孙龙 2012「指物论」, 载黄克剑译注『公孙龙子』, 中华书局.

龚千炎 1997『中国语法学史』(修订本), 语文出版社.

古川裕 2017「汉语"对举形式"的语法特点及其教学对策」,『現代中國語研究』〔日〕第19期, 50-59.

郭绍虞 1938「中国语词之弹性作用」,『燕京学报』第24期 ; 另载祝克懿等编『启林有声』, 商务印书馆, 61-88.

郭绍虞 1979『汉语语法修辞新探』上下册, 商务印书馆.

郭书春 2009『九章筭术译注』, 上海古籍出版社.

海森堡 1999『物理学和哲学』, 范岱年译, 商务印书馆.

汉乐逸 2010『发现卞之琳——一位西方学者的探索之旅』, 李永毅译, 外语教学与研究出版社.

何 丹 2001「『诗经』四言体起源探论」, 中国社会科学出版社.

侯世达·桑德尔 2018『表象与本质—类比, 思考之源和思维之火』, 刘健等译, 浙江人民出版社.

胡建华 2008「现代汉语不及物动词的论元和宾语—从抽象动词"有"到句法—信息结构接口」,『中国语文』第5期, 396-409.

胡明扬·劲 松 1989「流水句初探」,『语言教学与研究』第4期, 42-54.

胡 适 1919「谈新诗」, 载耿云志·宋广波编『学问与人生—新编胡适文选』, 外语教学与研究出版社, 人民出版社, 2011, 37-52.

胡 阳·李长铎 2006『莱布尼茨—二进制与伏羲八卦图考』, 上海人民出版社.

黄 键 2018「还原"间距"—王国维"境界"说的文化身份辨析」,『文学评论』第2期, 99-107.

吉狄马加 2018「诗歌语言的透明与微暗」,『语言战略研究』第4期, 5-6.

江蓝生 2012「汉语连—介词的来源及其语法化的路线和类型」,『中国语文』第4期, 291-308.

江蓝生 2014「连—介词表处所功能的来源及其非同质性」,『中国语文』第6期, 483-497.

姜望琪 2005「"并置"本身就是一种衔接手段」,『中国外语』第2期, 37-43.

姜望琪 2006「汉语的"句子"与英语的sentence」, 载杨自俭主编『英汉语比较与翻译』6, 上海外语教育出版社, 198-217.

蒋绍愚 1990 『唐诗语言研究』, 中州古籍出版社.

蒋韬成 2006 「论现代汉语中的对称结构」, 华中科技大学硕士学位论文.

金友博 2015 『枝丫集』, 山西人民出版社.

金岳霖 1985 「中国哲学」, 『哲学研究』第9期, 38-44.

金兆梓 1955 『国文法之研究』, 中华书局.

柯　航 2012 『现代汉语单双音节搭配研究』, 商务印书馆.

柯　航 2018 『韵律和语法』, 学林出版社.

克里斯蒂娃 2016 『主体·互文·精神分析—克里斯蒂娃复旦大学演讲集』, 祝克懿、黄蓓编译, 三联书店.

克里斯蒂娃 2018 「普遍的语言学与"可怜的语言学家"」, 龚兆华·王东亮 译, 『当代修辞学』第3期, 2-16.

库　尔 2015 「婴儿, 天生的语言学家」, 陈萍译, 『南方周末』12月3日科学 版;原文载『Scientific American』中文版『环球科学』.

黎锦熙 1954 『新著国语文法』, 商务印书馆.

李国男 1998 「"Antithesis"与"对偶"比较研究」, 载刘重德主编『英汉语比较 与翻译』, 青岛出版社, 157-170.

李如龙 2018a 「"书""口"之异与汉语教学」, 『海外华文教育』第3期, 5-12.

李如龙 2018b 「略论汉语的字辞构造特征」, 载李如龙著『汉语特征研究』, 厦门大学出版社, 249-264.

李　巍 2016 「物的可指性」, 『哲学研究』第11期, 40-45.

李文山 2019 「从词类问题的再讨论看中国特色语言学的困局和出路」, 『中 国語文法研究』〔日〕通卷第8期, 15-24.

李宇凤 2010 「从语用回应视角看反问否定」, 『语言科学』第5期, 464-474.

李约瑟 2016 『文明的滴定—东西方的科学与社会』, 张卜天译, 商务印书馆.

李政道 1991 『对称不对称和粒子世界』, 吴元芳译, 科学出版社.

李子玲 2014 「『论语』第一人称的指示义」, 『当代语言学』第2期, 142-156.

李宗江 2004 「语法化的逆过程:汉语量词的实义化」, 『古汉语研究』第4期, 62-67.

连淑能 1993 『英汉对比研究』, 高等教育出版社.

林　庚 1957「关于新诗的问题和建议」,『新建设』第5期;另载『林庚诗文集』(第二卷), 2005, 清华大学出版社.

刘大为 2017 「作为语体变量的情景现场与现场描述语篇中的视点引导结构」,『当代修辞学』第6期, 1-22.

刘丹青 1982「对称格式的语法作用及表达功能」, 载北京市语言学会编『语文知识丛刊』第3期, 109.

刘丹青编著 2008『语法调查研究手册』, 上海教育出版社.

刘丹青 2016「汉语中的非话题主语」,『中国语文』第3期, 259-275.

刘家和 2002「论通史」,『史学史研究』第4期, 3-10.

刘家和 2003「论历史理性在古代中国的发生」,『史学理论研究』第2期, 18-31.

刘梁剑 2018「有"思"有"想"的语言—金岳霖的语言哲学及其当代意义」,『哲学动态』第4期, 59-65.

刘探宙 2009「一元非作格动词带宾语现象」,『中国语文』第2期, 110-119.

刘探宙 2016『汉语同位同指组合研究』, 中国社会科学出版社.

刘探宙 2018『说"王冕死了父亲"句』, 学林出版社.

刘兴兵 2015「对话句法理论与意义」,『四川外语学院学报』第6期, 63-69.

陆丙甫 2005「语序优势的认知解释(上、下)」,『当代语言学』第1、2期, 1-15, 132-138.

陆丙甫 2012「汉、英主要"事件名词"语义特征」,『当代语言学』第1期, 1-11.

陆丙甫·蔡振光 2009「"组块"与语言结构难度」,『世界汉语教学』第1期, 3-16.

陆丙甫·应学凤 2013「节律和形态里的前后不对称」,『中国语文』第5期, 387-405.

陆俭明 1980「汉语口语句法里的易位现象」,『中国语文』第1期, 28-41.

陆镜光 2004「说"延伸句"」, 载中国社会科学语言研究所、『中国语文』编辑部编『庆祝『中国语文』创刊50周年学术论文集』, 商务印书馆, 39-48.

陆志韦 1955「对于单音词的一种错误见解」,『中国语文』4月号, 11-12.

陆志韦 1956「汉语的并立四字格」,『语言研究』第2期, 45-82.

陆志韦 1963「从"谓语结构"的主语谈起」,『中国语文』第4期, 284-290.

陆志韦 1982『中国诗五讲』, 外语教学与研究出版社.

吕叔湘 1942/1982『中国文法要略』(新一版), 商务印书馆.

吕叔湘 1963「现代汉语单双音节问题初探」,『中国语文』第1期, 10-22.

吕叔湘 1979 『汉语语法分析问题』, 商务印书馆.

吕叔湘 1984 『语文杂记』, 上海教育出版社.

吕叔湘 1987 「说"胜"和"败"」, 『中国语文』第1期, 1-5.

吕叔湘 2002 「语法研究中的破与立」, 『吕叔湘全集』第十三卷, 辽宁教育出版社, 402-404.

吕叔湘・王海棻 2000 『马氏文通读本』, 上海教育出版社.

吕叔湘・朱德熙 1952 『语法修辞讲话』, 中国青年出版社.

马建忠 1898/1983 『马氏文通』新一版, 商务印书馆.

马清华 2005 『并列结构的自组织研究』, 复旦大学出版社.

马庆株 1991 「顺序义对体词语法功能的影响」, 『中国语言学报』第4期, 59-83.

孟　乐・张积家 2018 「语言间词序差异的认知加工解释」, 『中国社会科学报』3月5日 第6版.

苗　晶 2002 『汉族民歌旋律论』, 中国文联出版社.

牛　军 2019 「牟宗三语言观探微」, 『中国语言文学研究』(春之卷), 河北师范大学出版社, 165-171.

潘文国 1997 『汉英语比较纲要』, 北京语言大学出版社.

潘文国 2002 『字本位与汉语研究』, 华东师范大学出版社.

启　功 1997 『汉语现象论丛』, 中华书局.

启　功・张中行・金克木 1994 『说八股』, 中华书局.

钱歌川 1981 『英文疑难译解续篇』, 中国对外翻译出版公司.

钱曾怡主编 2001 『山东方言研究』, 齐鲁书社.

乔姆斯基 2018 「语言结构体系及其对进化的重要性」, 司富珍译, 『语言科学』第3期, 225-234.

热(阿) 1992 『可怕的对称—现代物理学中美的探索』, 荀坤、劳玉军译, 湖南科学技术出版社.

申小龙 1988 『中国句型文化』, 东北师范大学出版社.

沈家煊 1989 「不加说明的话题」, 『中国语文』第5期, 326-333.

沈家煊 1995 「"有界"与"无界"」, 『中国语文』第5期, 367-380.

沈家煊 1999a 『不对称和标记论』, 江西教育出版社 ; 商务印书馆(2015年新版).

沈家煊 1999b 「语法化和形义间的扭曲关系」, 载石锋、潘悟云主编『中国语言学的新开拓」, 香港城市大学出版社, 217-230.

沈家煊 2003「现代汉语"动补结构"的类型学考察」,『世界汉语教学』第3期, 17-23.

沈家煊 2004「再谈"有界"与"无界"」,『语言学论丛』第30 辑, 40-54.

沈家煊 2006「"王冕死了父亲"的生成方式—兼说汉语糅合造句」,『中国语文』第4期, 291-300.

沈家煊 2009a「我只是接着向前跨了半步—再谈汉语的名词和动词」,『语言学论丛』第40 辑, 3-22.

沈家煊 2009b「"计量得失"和"计较得失"—再论"王冕死了父亲"的句式意义和生成方式」,『语言教学与研究』第5期, 15-22.

沈家煊 2012a「"零句"和"流水句"」, 为赵元任先生诞生120周年而作,『中国语文』第5期, 403-415.

沈家煊 2012b「论"虚实象似"原理—韵律和语法之间的扭曲对应」, CASLAR(Chinese as a Second Language and Research)1(1): 89-103, Berlin & New York: de Gruyter, Mouton.

沈家煊 2016a,『名词和动词』, 商务印书馆.

沈家煊 2016b「从唐诗的对偶看汉语的词类和语法」,『当代修辞学』第3期, 1-12.

沈家煊 2016c「从英汉答问方式的差异说起」, 载方梅主编『互动语言学与汉语研究』, 世界图书出版公司, 1-18.

沈家煊 2017a「"结构的平行性"和语法体系的构建」,『华东师范大学学报』(哲学社会科学版)第4期, 1-11.

沈家煊 2017b「汉语有没有主谓结构」,『现代外语』第1期, 1-13.

沈家煊 2017c「从语言看中西方的范畴观」,『中国社会科学』第7期, 131-143.

沈家煊 2017d「汉语"大语法"包含韵律」,『世界汉语教学』第1期, 3-19.

沈家煊 2017e「"能简则简"和"分清主次"—语言研究方法论谈」,『南开语言学刊』第2期, 1-10.

沈家煊 2017f『『繁花』语言札记』, 二十一世纪出版集团.

沈家煊 2018「比附"主谓结构"引起的问题」,『外国语』第6期, 2-15.

沈家煊 2019「说四言格」,『世界汉语教学』第3期, 300-316.

沈家煊·柯航 2014「汉语的节奏是松紧控制轻重」,『语言学论丛』第50辑, 47-72.

沈家煊·完权 2009「也谈"之字结构"和"之"字的功能」,『语言研究』第2期, 1-12.

沈家煊·许立群 2016「从"流水句"的特性看先秦"名而动"结构」,『语言教学与研究』第6期, 1-11.

沈　力 2017「在汉语中附加成分能充当主语吗?」, 在中国社会科学院语言研究所的报告.

施春宏 2018『形式和意义互动的句式系统研究—互动构式语法探索』, 商务印书馆.

石　厉 2019「李陵与五言诗之滥觞」,『作家文摘』(文史版)7月5日, 原载6月26日『中华读书报』.

石毓智 1992『肯定和否定的对称与不对称』, 台湾学生书局.

石毓智 2017「复杂系统科学对语言学的启迪」,『华南理工大学学报』(社会科学版) 第6期, 94-100.

宋　柔 2013「汉语篇章广义话题结构的流水模型」,『中国语文』第6期, 483-494.

宋文辉 2018『主语和话题』, 学林出版社.

宋作艳 2018「名词转动词和语义基础—从动词视角到名词视角」,『中国语文』第3期, 295-310.

孙大雨 1956「诗歌底格律」,『复旦学报』(人文科学)第2期, 1-30, 续1957年第1期, 1-28.

孙　艳 2005『汉藏语四音格词研究』, 民族出版社.

索萨尼斯 2018『非平面』, 严安若译, 北京联合出版公司.

唐晓峰 2018『给孩子的历史地理』, 中信出版社.

托马塞洛 2012『人类沟通的起源』, 蔡雅菁译, 商务印书馆.

完　权 2012「说"惨败"」,『语言教学与研究』第6期, 43-50.

完　权 2018a「零句是汉语中语法与社会互动的根本所在」, 载方梅主编『互动语言学与汉语研究』第二辑, 16-32.

完　权 2018b『说"的"和"的"字结构』, 学林出版社.

王冬梅 2014「从"是"和"的"、"有"和"了"看肯定和叙述」,『中国语文』第1期, 22-34.

王冬梅 2018『汉语词类问题』,学林出版社.

王洪君 2001「音节单双、音域展敛(重音)与语法结构类型和成分次序」,『当代语言学』第4期, 241-252.

王洪君 2002「普通话中节律边界与节律模式、语法、语用的关联」,『语言学论丛』第26辑, 279-300.

王洪君 2008『汉语非线性音系学』(增订版), 北京大学出版社.

王洪君 2011「汉语语法的基本单位与研究策略(作者补记)」, 载王洪君著『基于单字的现代汉语词法研究』, 商务印书馆, 414-420.

王 力 1962/1980「略论语言形式美」,『光明日报』10月9至11日; 另载王力著『龙虫并雕斋文集』(第一卷), 中华书局.

王 力 1984「中国语法理论」,『王力文集』第一卷, 山东教育出版社.

王 力 2005『汉语诗律学』(第二版), 上海教育出版社.

王 力 2011『中国现代语法』, 商务印书馆.

王铭宇 2014『四字文笺注』考辨,『辞书研究』第2期, 64-71.

王 伟 2019「"了""有"平行—"了"句法语义定位的关键」, 中国社会科学院语言研究所语言学沙龙第342 次.

王文斌·赵朝永 2016「汉语流水句的空间性特质」,『外语研究』第4期, 17-21.

王希杰 1996『修辞学通论』, 南京大学出版社.

王远杰 2018「单双音节搭配限制的作用范围」, 未刊稿.

汪福祥 1998『汉译英难点解析500例』, 外文出版社.

文 炼·陆丙甫 1979「关于新诗节律」,『语文教学研究』第2期, 云南人民出版社, 170-181.

温锁林 2018「当代新兴构式"我A, 我B"研究」,『当代修辞学』第1期, 82-91.

吴福祥 2012「试说汉语几种富有特色的句法模式—兼论汉语语法特点的探求」,『语言研究』第1期, 1-13.

吴福祥 2017「汉语方言中的若干逆语法化现象」,『中国语文』第3期, 259-276.

吴怀成·沈家煊 2017「古汉语"者":自指和转指如何统一」,『中国语文』第3期, 277-289.

吴玲兰 2018「句法演化渐变论—评Ljiljana Progovac 教授的『演化句法』」,『北京第二外国语学院院报』第5期, 135-143.

西　渡　2008 「孙大雨新诗格律理论探析」,『江汉大学学报』(人文科学版)
　　　　　第3期, 13-19.

夏晓虹　1987 「杜甫律诗语序研究」,『文学遗产』第2期, 60-65.

项梦冰　1994 「是"V/A 儿"还是"N 儿"」,『语文建设』第8期, 2-4.

肖　军　2018「追寻时间的原点, 寻找我们内心的中」,『北京青年报』1月8日
　　　　　『青睐有约』版.

谢丰泰　1999「"言意"之辩及其语言哲学的意义」,『西藏民族学院学报』第1
　　　　　期, 56-62.

谢文纬　2006『两部天书的对话—『易经』与DNA』, 北京科学技术出版社.

徐长福　2017「主词与谓词的辩证—马克思哲学的逻辑基础探察」,『哲学研
　　　　　究』第5期, 11-18.

徐通锵　2005『汉语结构的基本原理』, 中国海洋大学出版社.

徐通锵　2008『汉语字本位语法导论』, 山东教育出版社.

许国璋　1991『论语言』, 外语教学与研究出版社.

许立群　2016「汉语流水句研究—兼论单复句问题」, 中国社会科学院研究
　　　　　生院博士学位论文.

许立群　2018『从"单复句"到"流水句"』, 学林出版社.

许　良　1993「对称性:一个我们尚未完全理解的重要概念」,『哲学动态』第
　　　　　5期, 14-16.

严辰松　2011「汉语没有"中动结构"」,『解放军外国语学院学报』第5期, 7-12.

杨树达　1956「古书疑义举例续补」, 载俞樾等著『古书疑义举例五种』, 中华
　　　　　书局.

杨振宁　1986「场与对称性」,『物理学史研究(二)』, 复旦大学出版社, 6-7.

杨振宁　1998「美与物理学」,『杨振宁文集』(下册), 华东师范大学出版社.

杨竹剑　2004「金圣叹"诗在字前"说文抄」,『读书』第4期, 152.

伊尧什·斯坦哈特·勒 布　2017「宇宙大爆炸不曾发生过? 邱涛涛译」,『南
　　　　　方周末』3月1日 ; 原文载Scientific American 中文版『环球科学』.

叶嘉莹　1997『杜甫「秋兴」八首集说』, 河北教育出版社.

叶　狂　2018「平行合并理论及其对超局部性句法的解释」, 未刊稿.

叶秀山　2002『中西智慧的贯通—叶秀山中国哲学文化论集』, 江苏人民出

版社.

殷祯岑 2016「克里斯蒂娃的思想源流」, 载祝克懿 · 黄蓓编译, 克里斯蒂娃
著『主体 · 互文 · 精神分析—克里斯蒂娃复旦大学演讲集』, 三联书
店, 240-266.

俞　敏 1999 「古汉语的"所"字」, 载『俞敏语言学论文集』, 商务印书馆,
375-386.

余光中 1987 「怎样改进英式中文?—论中文的常态与变态」,『明报月刊』10
月号.

袁毓林 1999「定语顺序的认知解释及其理论蕴涵」,『中国社会科学』第2期,
185-201.

袁毓林 2014 「汉语名词物性结构的描写体系和运用案例」,『当代语言学』
第1期, 31-48.

袁毓林 2015「汉语反事实表达及其思维特点」,『中国社会科学』第8期, 126-144.

曾冬梅 · 邓云华 · 石毓智 2017「汉语兼表原因和结果的语法标记」,『语言
研究』第3期, 1-6.

曾昭式 2015「庄子的"寓言"、"重言"、"卮言"论式研究」,『哲学动态』第2期,
49-54.

张　博 2017「汉语合并造词法的特质及形成机制」,『语文研究』第2期, 1-6.

张伯江 2013「汉语话题结构的根本性」,『中國語文法論叢』(木村英樹教授還
曆纪念)〔日〕, 白帝社, 130-141.

张伯江 2017「语言主观性与传统艺术主观性的同构」,『社会科学评论』第3
期, 89-99.

张伯江 2018「现代汉语的非论元性句法成分」,『世界汉语教学』第4期, 442-455.

张东荪 1936「从中国语言构造上看中国哲学」,『东方杂志』第33卷(7月), 89-99.

张东荪 1938/2013「思想言语与文化」,『社会学界』第10卷(6月);节选载『当
代修辞学』2013年第5期, 38-47.

张国宪 1993「论对举格式的句法、语义和语用功能」,『淮北师范大学学报』
(社会科学版)第1期, 96-100.

张　辉 2016『熟语表征与加工的神经认知研究』, 上海外语教育出版社.

张隆溪 1986「诗的解剖:结构主义诗论」,载张隆溪著『二十世纪西方文论述评』,三联书店, 110-128.

张　敏 2019「时间顺序原则与像似性的"所指困境"」,『世界汉语教学』第2期, 166-188.

张汝伦 2005「现代中国的理性主义」,『读书』第7期, 132-141.

张汝舟 1952「谈谈"句子"构造」,『语文教学』第8期, 7-8.

张洵如 1948「国语中之复音词」,『国文月刊』第63期, 12-16.

张一鸣·张增一 2012「论爱因斯坦逻辑简单性思想及其渊源」,『自然辩证法研究』第28卷　第9期, 112-116.

张谊生 2011「略谈汉语语法化研究中的若干疑难现象」,『河南师范大学学报』(哲学社会科学版)第2期, 148-152.

张　翼 2018　「语序在认知语法"提取和激活"模型中的作用:以副词修饰为例」,『外语教学与研究』第5期, 656-667.

张与竞·张幼军 2018「汉译『道行性般若经』中的特殊定语」,『古汉语研究』第2期, 63-68.

赵汀阳 1994『论可能生活』,三联书店.

赵汀阳 2017『四种分叉』,华东师范大学出版社.

赵元任 1916「中国语言的问题」, 原文(英)载美国*The Chinest Students' Monthly*(『中国留美学生月报』)5、6月号;中译文载赵元任(2002), 668-712.

赵元任 1955「汉语语法与逻辑杂谈」,原文(英)载*Philosophy East and West* 9(1);中译文载赵元任(2002), 796-808.

赵元任 1956「汉语结构各层次间形态与语义的脱节现象」,原文(英)载"中研院"史语所集刊第28本;中译文载赵元任(2002), 809-819.

赵元任 1968a『中国话的文法』(英), 加州大学出版社;吕叔湘节译本『汉语口语语法』, 商务印书馆, 1979;丁邦新全译本『中国话的文法』(增订版), 香港中文大学出版社, 2002.

赵元任 1968b「中文里音节跟体裁的关系」,"中研院"史语所集刊第40本;另载赵元任(2002), 591-600.

赵元任 1969「论翻译中信、达、雅的信的幅度」,"中研院"史语所集刊第39

本；另载赵元任(2002), 601-616.

赵元任 1970a「国语统一中方言对比的各方面」,『"中研院"民族学研究所集刊』第29期, 37-42；另载赵元任(2002), 635-641.

赵元任 1970b「中英文里反成式的语词」,『"中研院"史语所集刊』第42本；另载赵元任(2002), 632-634.

赵元任 1973「谈谈汉语这个符号系统」, 原文(英)载*Papers of the CIC Far Eastern Language Institute* IV；中译文载赵元任(2002), 877-889.

赵元任 1975「汉语词的概念及其结构和节奏」, 原文(英)载台湾大学『考古人类学学刊』第37-38合刊；中译文载赵元任(2002), 890-908.

赵元任 1976「汉语中的歧义现象」, 原文(英) 载*Aspects of Chinest Socioling-uistics, Essays by Yuen Ren* Chao, ed. by Anwar S. Dil, Stanford Univesity Press；中译文载赵元任(2002), 820-835.

赵元任 1980『语言问题』, 商务印书馆.

赵元任 1994『赵元任音乐论文集』, 中国文联出版公司.

赵元任 2002『赵元任语言学论文集』, 商务印书馆.

郑　萦·魏　郁 2004「"X+子"词汇化与语法化过程」,『兴大中文学报』第20期, 163-208.

钟敬文 1925「海丰的邪歌」,『歌谣周刊』第81 号.

周　韧 2017「汉语韵律语法研究中的轻重象似、松紧象似和多少象似」,『中国语文』第5期, 536-552.

周　韧 2019a「汉语韵律语法研究中的双音节和四音节」,『世界汉语教学』第3期, 318-335.

周　韧 2019「从半逗律看"的"字分布的韵律因素」,『语文研究』第2期, 30-37.

朱德熙 1956「现代汉语形容词研究」,『语言研究』第1期, 83-111.

朱德熙 1961「说"的"」,『中国语文』第12期, 1-15.

朱德熙 1982『语法讲义』, 商务印书馆.

朱德熙 1983「自指和转指—汉语名词化标记"的、者、之"的语法功能和语义功能」,『方言』第1期, 16-31.

朱德熙 1985『语法答问』, 商务印书馆.

朱德熙 1987「句子和主语-印欧语影响现代书面汉语和汉语句法分析的一

个实例」,『世界汉语教学』(创刊号), 31-34.

朱光潜 1980 『谈美书简』, 中华书局.

朱光潜 1981a「诗与散文(对话)」, 载朱光潜著『艺文杂谈』, 安徽人民出版社.

朱光潜 1981b「诗的实质与形式(对话)」, 载朱光潜著『艺文杂谈』, 安徽人民出版社.

朱赛萍 2015 『汉语的四字格』, 北京语言大学出版社.

朱晓农 2015 「语言限制逻辑再限制科学:为什么中国产生不了科学?」,『华东师范大学学报』(哲学社会科学版) 第6期, 10-28.

朱晓农 2018a「同构对言法:中国逻辑如何论证」,『华东师范大学学报』(哲学社会科学版)第3期, 80-97.

朱晓农 2018b「汉语中三条与中国逻辑相关的语法原理」,『中国語文法研究』〔日〕通卷第7期, 1-46.

朱自清 1957 『中国歌谣』, 作家出版社.

祝克懿 2017「论"对偶"体式在汉语写作中的认知意义」, 载祝克懿等编『启林有声』, 商务印书馆, 334-354.

宗白华 2005「中国书画中所表现的空间意识」, 载宗白华著『美向何处寻』, 江苏教育出版社.

宗廷虎·陈光磊主编 2007 『中国修辞史』, 吉林教育出版社.

Abney, S. 1987 The English noun phrases in its sentential aspect. Doctoral dissertation, MIT, Cambridge, Mass.

Arbib, M. A. 2012/2014 *How the Brain Got Language: The Mirror System Hypothesis*. Oxford: Oxford University Presss. 中译本『人如何学会语言:从大脑镜像神经机制看人类语言的演化』, 钟沛君译, (台北)商周出版社.

Aure, Peter 1992 Neverending sentence: rightward expansion in spoken language. *Studies in Spoken Languages: English, German, Finno- Ugric*, eds. Miklós Kontra and Tamás Váradi, Budapest: Linguistics Institute, Hungarian Academic Sciences, 41-49.

Bejarano, T. 2011 *Becoming Human: From Pointing Gestures to Syntax*. Amsterdam: Benjamins.

Bickerton, D. 1990 *Language and Species*. Chicago: University of Chicago Press.

Bloomfield, L. 1917 Subject and predicate. *Transactions of the American Philological Association* 47: 13-22.

Brinton, L. 1995 Non-anaphoric reflexives in free indirect style: Expressing the subjectivity of the non-speaker. In Stein, D. & S. Wright eds. 173-194.

Broschart, J. 1997 Why Tongan does it differently: Categorial distinctions in a language without nouns and verbs. *Linguistic Typology* 1: 123-165.

Brown, G. & G. Yule 1983 *Discourse Analysis*. Cambridge: Cambridge University Press.

Bruza, P., K. Kitto, D. Nelson, & C. McEvoy 2009 Is there something quantum like about the human mental lexicon. *Journal of Mathematical Psychology* 53(5): 362-377.

Cann, R., R. Kempson, & L. Marten 2005 *The Dynamics of Language: An Introducion*. Oxford: Elsevier Academic Press.

Chao Yuen Ren 1959 How Chinese logic operates. *Anthropological Linguistics* 1(1) : 1-8.

Cheng Qingrong, Gu Wentao, & C. Scheepers 2016 Effects of text segmentation on silent reading of Chinese regulated poems: Evidence from eye movements. *Journal of Chinese Linguistics* 44 (2): 265-286.

Citko, B. 2005 On the nature of merge: External merge, internal merge, and parallel merge. *Linguistic Inquiry* 36: 475-496.

Coulthard, M. 1977 *An Introduction to Discourse Analysis*. London: Longman.

Couper-Kuhlen, E. & M. Selting 2018. *Interactional Linguistics: Studying Language in Social Interaction*. Cambridge: Cambridge University Press.

Cowan, N. 2001 The magical number 4 in short term memory: A reconsideration of mental storage capacity. *Behavioral and Brain Sciences* 24 (1): 87-114.

Croft, W. 2001 *Radical Construction Grammar: Syntactic Theory in Typological Perspective*. New York & Oxford: Oxford University Press.

Crystal, D. 1997 *A Dictionary of Linguitics and Phonetics*. 4th ed. Blackwell Publishers.

Diessel, H. 2013 Where does language come from: Some reflections on the role deictic gesture and demonstratives in the evolution of language. *Language and Cognition* 5(2-3): 230-249.

Dixon, R. 1972 *The Dyirbal Language of North Queensland.* Cambridge: Cambridge University Press.

Dixon, R. 2004 Adjective classes in typological perspective. In R. Dixon & A. Aikhenvald eds. *Adjective Classes: A Cross-linguistic Typology.* Oxford: Oxford University Press.

Du Bois, J. W. 2014 Towards a dialogic syntax. *Cognitive Linguistics* 25 (3): 359-410.

Duanmu, San 1997 Phonologically motivated word order movement: Evidence from Chinese compounds. *Studies in the Linguistic Sciences* 27 (1): 49-77.

Edmondson, W. 1981 *Spoken Discourse : A Model for Analysis.* London: Longman.

Evans, N. & S. C. Levinson 2009 The myth of language universals: Language diversity and its importance for cognitive science. *Behavioral and Brain Sciences* 32: 429-492.

Fauconnier, G. & M. Turner 2003 *The Way We Think: Conceptual Blending and the Mind's Hidden Complexities.* New York: Basic Books.

Goffman, E. 1976 Replies and responses. *Language in Society* 5: 257-313.

Goldberg, A. E. 1995 *Constructions: A Construction Grammar Approach to Argument Structure.* Chicago: Chicago Univeristy Press.

Grice, H. P. 1975 Logic and conversation. In P. Cole & J. L. Morgan eds. *Syntax and Semantics* 3: *Speech Acts.* New York: Academic Press. 41-58.

Haiman, J. 1985 *Natural Syntax.* Cambridge: Cambridge University Press.

Halliday, M. H. K. 1985 *An Introduction to Functional Grammar.* Edward Arnold.

Hauser, M. D., N. Chomsky, and W. T. Fitch 2002 The faculty of language: What is it, who has it, and how did it evolve? *Science* 298: 1569-1579.

Hockett, C. 1960 The origin of speech. *Scientific American* 293: 88.

Huang, C.-T. James 2018 Analyticity and wh-conditionals as unselective binding par excellenc. Keynote speech at Inaruguration Ceremony of the Department of Linguistics at BLCU & International Forum on Frontieers in Linguistics, BLCU, Beijing.

Jackendoff, R. 2011 What is the human language faculty? Two views. *Language* 87(3): 586-624.

Jakobson, R. 1960 Linguistics and poetics. In T. A. Sebeok ed. *Style in Language.*

Cambridge, Mass.: The MIT Press. 350-374.

Jespersen, Otto 1922 *Language: Its Nature, Development and Origin*. London: George Allen & Unwin LTD.

Jespersen, Otto 1924 *Philosophy of Grammar*. London Allen & Unwin Ltd.

Jiang, Xinjian, *et al.* 2018 Production of supra-regular spatial sequences by macaque monkeys. *Current Biology*. https://dai.org/10.1016/j.cub.2018. 04.047.

Kampen, J. van 2006 Subject and the extended projection principle. In Keith Brown ed. *Encyclopedia of Language & Linguistics*. 2nd ed., Vol.12, Amsterdam: Elsevier Ltd. 242-248.

Kaufman, Daniel 2009 Austronesian nominalism and its consequences: A Tagalog case study. *Theoretical Linguistics* 35(1): 1-49.

Kempson, R., W. Meyer-Viol, & D. Gabbay 2001 *Dynamic Syntax: The Flow of Language Understanding*. Oxford: Oxford Blackwell Publishers, Ltd.

Kita, S. 2003 *Pointing: Where Language, Culture, and Cognition Meet*. Lawrence Erlbaum Association Publication.

Lakoff, George and M. Johnson 1980 *Metaphors We Live By*. Chicago, London: University of Chicago Press.

Langacker, R. W. 1987 Nouns and verbs. *Language* 63 (1): 53-94.

Langacker, R. W. 1991 *Foundations of Cognitive Grammar*. Vol. 2, Stanford: Stanford University Press.

Langacker, R. W. 2008 *Cognitive Grammar: A Basic Introduction*. Oxford: Oxford University Press.

Langacker, R. W. 2012 Access, acitivation, and overlap: Foucusing on the differential. *Journal of Foreign Languages* 35 (1): 2-25.

LaPolla, R. J. 1993 Aruguments against"subject"and"direct object"as viable concepts in Chinese. *Bulletin of the Institute of History and Philology* 63 (4): 759-813.

LaPolla, R. J. 1995 Pragmatic relations and word order in Chinese. In Downing, Pamela and Michael Noonan eds. *Word Order in Discourse*. Amsterdam/Philadelphia: John Benjamin. 297-330.

LaPolla, R. J. & D. Poa 2006 On describing word order. In Ameka, F., A. Dench & N. Evans eds. *Catching Language: The Standing Challenge of Grammar*

Writing. Berlin: Mouton de Gruyter. 269-295.

Larson, R. K. 2009 Chinese as a reverse *ezafe* language.『语言学论丛』第39辑. 30-85.

Leech, G. N. 1981 Pragmatics and conversational rehoric. In H. Parret, M. Sbisà & J. Vershueren eds. *Possibilities and Limitations of Pragmatics*. Amsterdam: Benjamins. 413-439.

Lerner, G. H. 1991 On the syntax of sentenes-in-progress. *Language in Society*20(3) : 441-458.

Levinson, S. C. 1983 *Pragmatics*. Cambridge: Cambridge University Press.

Li, C. N. & S. A. Thompson 1976 Subject and topic: A new typology of language. In Li, Charles N.ed. *Subject and Topic*. New York: Acdademic Press. 457-490.

Liberman, M. & A. Prince 1977 On stress and linguistic rhythm. *Linguistic Inquiry* 8: 249-336.

Luo, Qiong-peng & Stephen Crain 2011 Do Chinese wh-conditionals have relatives in other languages? *Language and Linguistics* 12 (4): 753-798.

Lyons, J. 1977 *Semantics*. Vol.2. Cambridge: Cambridge University Press.

Lyons, J. 1982 Deixis and subjectivity: *Loquor, ergo sum*? In R. J. Jarvella & W. Klein eds. *Speech, Place, and Action: Studies in Deixis and Related Topics*.

Chichester and New York: John Wiley. 101-124.

Matthews, P. H. 1981 *Syntax*. Cambridge: Cambridge University Press.

Miller, G. A. 1956 The magical number seven plus or minus two: Some limits on our capacity for processing information. *Psychological Review* 63 (2): 81-97.

Mooij, J. 1976 *A Study of Metaphor*. North-Holland Publishing Company.

Palmer, F. 1994 *Grammatical Roles and Relations*. Cambridge: Cambridge University Press.

Payne, T. E. 1997 *Describing Morphosyntax: A Guide for Field Linguistics*. Cambridge: Cambridge University Press.

Progovac, L. 2006 The syntax of nonsententials: Small clauses and phrases at the root. In L. Progovac, K. Paesani, E. Casielles, and E. Barton eds. *The Syntax of Nonsententials*. Amsterdam: John Benjamins. 33-71.

Progovac, L. 2007 Grammars within without recursion: Implications for evolutionary studies. Paper presented at the Illinois State University Conference on Recursion in Human Languages. Normal, IL.

Progovac, L. 2015 *Evolutionary Syntax*. Oxford: Oxford University Press.

Qrirk, R., *et al.* 1972 *A Grammar of Contemporary English*. Longman Group Limited.

Richards, A. 1965 *The Philosophy of Rhetoric*. New York: Oxford University Press.

Saussure, F. de 1916 *Cours de linguistique générale*. Edited by C. Bally and A. Sechehaye, Paris: Payot & Cie. 1972. Translated into English by R. Harris as *Course in General Linguistics*. La salle, Illinois: Open Court Publishing Co. 1986.

Shen, Jiaxuan 2017 Nouns and verbs: Evolution of grammatical forms. In G. Peng, and F. Wang eds. *New Horizons in Evolutionary Linguistics, Journal of Chinese Linguistics* Monograph Series 27: 222-253.

Stein, D. & S. Wright(eds.) 1995 *Subjectivity and Subjectivisation*. Cambridge: Cambridge University Press.

Swan, M. 1980 *Practical English Usage*. Oxford: Oxford University Press.

Sweetser, E. 1990 *From Etymology to Pragmatics: Metaphorical and Cultural Aspects of Semantic Structure*. Cambridge: Cambridge University Press.

Tai, James 1985 Temporal sequences and Chinese word order. In J. Haiman ed. *Iconicity in Syntax*. TSL 6. Amsterdam: John Benjamins. 49-72.

Tai, James 1989 Toward a cognition-based functional grammer of Chinese. In J. Tai and F. Hsueh eds. *Functionalism and Chinese Grammar. Chinese Language Teachers Association Monograph Series* 1: 187-226.

Talmy, L. 2000 *Toward A Cognitive Semantics*. Vols. 1&2. Cambridge, Massachusetts:The MIT Press.

Traugott, E. C. & R. B. Dasher 2002 *Regularity in Semantic Change*. Cambridge: Cambridge University Press.

Ungerer, F. & H. -J. Schmid 1996 *An Introduction to Cognitive Linguistics*. London and New York: Longman.

Wang, William S. -Y. 1965 Two aspect markers in Mandarin. *Language* 41 (3):457-470.

※ 검은 동그라미 안의 숫자는 책의 권수, 그 다음의 숫자는 쪽수를 나타낸다.
　예) ❶32 → 1권 32쪽

Abstract

Beyond Subject and Predicate—Dui-speech Grammar and Dui-speech Format is a companion volume of Noun and Verb by the same author SHEN Jiaxuan. In Nouns and Verbs(2016) the author argues that in Chinese nouns and verbs are pragmatic categories, with nouns being a super-noun category to which verbs are a subcategory. This volume steps further to argue that Chinese grammar is a dui-speech grammar which goes beyond subject and predicate.

The book is composed of Part One and Part Two, containing all together 15 chapters.

In Part One titled'Does Chinese have subject-predicate structure', the author claims that it is only an analogy to say Chinese grammar also has subject and predicate, since the language has no formal criteria defining subject and predicate which do exit in Indo-European languages. On the other hand, Chinese is characteristic of no-subject (pro-drop) sentence, multi-subject sentence, run-on sentence, serial verb sentence, pivotal sentence, and parallel sentence, with'sentence'actually referring to utterance. Modeling Chinese grammar with the template of subject and predicate has caused many problems, especially in the topics arousing general interest and heated argument. To tackle these problems, we should adhere to the'fundamental principle of linguistic study that we have no right to inject into our analysis of a language distinctions not expressed in the language'as pointed out by Leonard

Bloomfield and seriously consider the possibility of studying Chinese grammar beyond subject and predicate.

In Part Two, the main body with the same title of the book, the author explicates the following key notions and viewpoints.

The word dui 对 in Chinese represents a comprehensive notion which covers 'reply', 'treat', 'be directed at', 'compare', 'suit'. 'correct', and 'pair', among others. 'Reply in various ways' 詹无方 is its root meaning. The disyllabic word dui-yan 对言, or dui-speech, means both 'dialogue' and 'parallel expression'.

Dui-speech grammar is a grammar which has parallel format as the structural backbone of a language. Reduplication which is widespread in Chinese is only a specific form of parallel speech. The parallel format is symbolic of as well as rooted in dialogue and interaction between speaker and hearer and between human and nature. The formation of parallel format, including formation of disyllabic words and quadrasyllabic phrases, is actually grammaticalization in Chinese. Since dialogue is the primary and primitive form of language, there occurred a bifurcating in the evolution of grammatical forms: While Indo-European languages developed towards subject-predicate structure, Chinese proceeded to parallel format.

Dui-speech grammar is also named 'macro-grammar' 大语法 in the sense that it exceeds the scope of syntax in three respects: (1) It extends from word formation to text organization; (2) it combines syntax with metrical phonology, semantics, and pragmatics; and (3) it unifies message transmission and emotional conveyance.

The parallel patterns in Chinese, as the structural backbone, are characteristic of intertextuality and represent both syntagmatic and paradigmatic relations. To Chinese speakers almost only parallel expressions count as perfectly well-formed and make real sense. Intertextuality is not just a rhetoric device, rather, it is a general structural feature of the language. While parallel expressions accommodate subject-predicate analysis, the latter fails to cover the former. Parallel expressions require parallel processing.

In dui-speech grammar, all sorts of structural relations, such as subject-predicate, attributive-noun, verb-compliment, are derived from a pair of referential terms in juxtaposition, which is called 'referential pair' 指语对 in the book. Subject and predicate are originally a referential pair composed of two equated terms, so are attributive and noun, and verb and compliment at the same time.'Noun and verb unified' 名动不二 and'agent and patient oneness'施受同辞 are structural features of Chinese. The linear order of terms in referential pairs is determined by a simple and natural principle of information processing, i.e., putting the easier one first. Like intertextuality, palindrome and anadiplosis are not merely rhetoric but are structural features of Chinese.

Referential pairs extend from a phrase to a text through amplification and successive linking. By amplification, the parallel format can be scaled from a compound up to a text, with the four-term (quadrasyllabic) pattern 四言格 (in a coupled two-two form) as the backbone, which is the source of all kinds of expressions, large or small, parallel or non-parallel. The cause of formation of the four-term pattern is the equality of characters (syllables) in meaning and form on the one side and the uniqueness of number four, being the result of both 2 +2 and 2×2, on the other side.

The four terms in the four-term pattern are linked successively, following the four-steps of qi-cheng-zhuan-he 起承转合, i.e., introduction, elucidation of the theme, transition to another point, and summing up. Successive linking is rooted in successive turn-taking in dialogue, and like animated cartoon it requires dynamic processing of access and activation.

Dui-speech format unifies sound and meaning, and sound parallelism, which is symboic of parallel in meaning and cooperation in dialogue, plays an important role in the macro-grammar of Chinese.

While prosodic grammar is the interface between prosody and gramᵬ mar in English and other Indo-European languages, in Chinese it is a component of grammar, since zi 字 (word-syllable) rather than word is the basic unit of its grammar. Zi is a monosyllable which carries a tone and meaning, and is composed of an initial and a rime. To keep a good rhythm in Chinese it is important to take into consideration agreement of tones and rimes, and to control the number of word-syllables, in order to make pauses appear at the middle position of an utterance. In a word Chinese speakers need a comprehensive consideration of prosodic, syntactic, semantic, and pragmatic factors simultaneously. The flexibility of Chinese rhythm results from the free variation of tightness in syllable combination, which reflects tightness in semantic and syntactic structure. Therefore, prosodic means by itself is an important grammatical means in Chinese.

To sum up, the structural existence in Chinese which corresponds to and accommodates subject-predicate structure in Indo-European languages is a parallel format in three respects:

Semiotics: signifié— significant coupling

Linguistics: that predicated— that predicates coupling

Naming Logic: reality— name coupling

Dui-speech is not just'the living fossil of language'with limited scope of use. It has been living in Chinese for several thousand years and is still very active and popular. Although dui-speech format may be close to the Proto-grammar, it must not be deemed as a lower stage in language evolution. Language evolution has no far-sighted target.

According to the Whorf-Sapir Hypothesis, dui-speech also influᵬences the Chinese way of thinking. While deductive inference is based on subject-predicate structure, Chinese parallel inference relies on parallel patterns. Important notions in Chinese philosophy like yinyang 阴阳 are in parallel form.

| 지은이 소개 |

선쟈쉬안沈家煊

1946년 상하이 출생.
중국사회과학원 언어연구소 소장, 국제중국언어학회 회장 등 역임. 영중(英中)문법
비교, 문법이론, 중국어 문법의 화용과 인지 영역에 많은 논저를 내고 있다. 주요
저서로는 『不对称与标记论』(1999), 『现代汉语语法的功能、语用、认知研究』(2005),
『认知与汉语语法研究』(2006), 『语法六讲』(2011), 『名词和动词』(2016), 『从语言看
中西方的范畴观』(2021) 등이 있고, 주요 논문으로는 「汉语动补结构的类型学考
察」, 「再谈"有界"与"无界"」, 「也谈能性述补结构"V得C"和"V不C"的不对称」 등
이 있다.

| 옮긴이 소개 |

이선희李善熙

현 계명대학교 인문국제학대학 중국어중국학과 교수
이화여자대학교 중어중문학과 졸업
북경사범대학교 대학원 중문과 석사
중국사회과학원 언어연구소 박사
영국 University of Cambridge 방문학자
주로 중국어 인지언어학, 중국어 통사론, 중한 한중 번역, 한중비교언어학 등
에 관심을 가지고 연구하고 있다.

주술구조를 넘어서 ❷
중국어 대언문법과 대언격식

超越主谓结构 —— 对言语法和对言格式

초판 인쇄 2022년 6월 20일
초판 발행 2022년 6월 30일

지 은 이 | 선쟈쉬안(沈家煊)
옮 긴 이 | 이 선 희(李善熙)
펴 낸 이 | 하 운 근
펴 낸 곳 | 學古房

주   소 | 경기도 고양시 덕양구 통일로 140 삼송테크노밸리 A동 B224
전   화 | (02)353-9908 편집부(02)356-9903
팩   스 | (02)6959-8234
홈페이지 | http://hakgobang.co.kr/
전자우편 | hakgobang@naver.com, hakgobang@chol.com
등록번호 | 제311-1994-000001호

ISBN 979-11-6586-441-5 93720

값: 22,000원